湖北经济学院学术专著出版基金资助

价格指数理论及
中国之实践问题研究

陈立双　著

九 州 出 版 社
JIUZHOUPRESS

图书在版编目(CIP)数据

价格指数理论及中国之实践问题研究 / 陈立双著
. --北京：九州出版社，2021.9
ISBN 978-7-5225-0536-7

Ⅰ.①价…　Ⅱ.①陈…　Ⅲ.①价格指数－研究－中国
Ⅳ.①F726

中国版本图书馆 CIP 数据核字(2021)第 191429 号

价格指数理论及中国之实践问题研究

作　　者　陈立双　著
责任编辑　李　品
出版发行　九州出版社
地　　址　北京市西城区阜外大街甲 35 号(100037)
发行电话　(010)68992190/3/5/6
网　　址　www.jiuzhoupress.com
印　　刷　三河市德贤弘印务有限公司
开　　本　710 毫米×1000 毫米　16 开
印　　张　17.75
字　　数　318 千字
版　　次　2022 年 4 月第 1 版
印　　次　2022 年 4 月第 1 次印刷
书　　号　ISBN 978-7-5225-0536-7
定　　价　88.00 元

前　言

从 1984 年开始,中国统计官方开始编制真正意义上的价格指数,也即居民消费价格指数(CPI),并于之后的 2000 年开始正式启用了一套新的、旨在更好地与国际接轨的 CPI 编制方法,中国 CPI 的编制工作也由此迈出了极其重要的一步。不过目前中国依然处于向国际规范《消费者价格指数手册:理论与实践》(2004,以下简称《CPI 手册》)转变的过渡期,CPI 编制方法还存在一些亟须解决的理论与实践问题。这些问题的合理解决将有利于进一步促进中国 CPI 编制方法与国际接轨,有助于 CPI 数据质量的不断提高,从而促进该指标更好地服务于宏观经济管理与经济预测。

基于此,本书在吸取国际学术界关于指数基本理论研究成果的基础上,立足中国实践,突出重点并兼顾系统性编制方法的指导思想下,对中国 CPI 编制中的重要理论与实践问题进行了较为全面的深入研究。

全书共分为七章:第一、二章为指数的理论部分;第三、四、五章为相应的编制方法及中国实践问题部分,也即特殊群体 CPI 的编制问题、核心 CPI 的编制问题及自有住房的处理方法问题等;第六章为 CPI 编制方法的系统性比较及分析;第七章为国民经济核算中链式指数序列编制问题研究等。

事实上,CPI 的编制是一个极其复杂的系统性工程,世界上任何国家在 CPI 编制的理论与实践问题上都难以做到尽善尽美,对于中国而言,也同样如此。在向相关国际规范接轨的过程中,中国价格统计也存在不少问题。但遗憾的是,本书只是从极为有限的几个方面,就中国价格指数编制过程中存在的理论与实践问题,展开了较具针对性的分析和探讨。同时,在以后的研究中,本人将坚持脚踏实地,怀揣自强不息的斗志,秉持止于至善的追求,一如既往地关注和思考价格指数的有关理论及中国相关的重要实践问题。

目　录

绪　论

一、选题背景

居民消费价格指数(CPI)用于衡量住户消费品(货物或服务)在某一时期内的相对变化情况。该指标在国民经济核算和政府宏观经济分析与管理中有着极其广泛的应用,也是学术界研究宏观经济现象不可或缺的关键性经济指标。该指标反映的通货膨胀,是测量社会总供需失衡情况的重要指示器,对整个经济社会而言,CPI 指标值的变动可谓牵一发而动全身。因而,对一国而言,编制更为准确的 CPI 指数事关宏旨,也是政府和统计机构长期努力和为之奋斗的主要目标。

事实上,早在 4000 年前,当商品价格变化对社会造成不利影响时,官方就将商品价格的稳定作为一项重要任务加以管制。时至今日,CPI 指标已经受到国际社会的普遍重视,各国政府也都为提高 CPI 的数据质量和实用性,而不断地进行着一系列的改革和方法上的持续完善。

然而,CPI 指数的编制却是一个非常复杂、烦琐的过程,包括从整个数据的采集到整理、汇总及指数公式的选择和具体指数序列的编制等。其复杂性,一方面源于指数基本理论本身,同时也与 CPI 指数所反映总体自身的复杂性有着直接关系。正基于此,国际劳工组织曾多次组织国际知名经济和统计学家编写有关 CPI 编制理论和实践方法的国际规范性指导文件,并于 2004 年出版了最新的《CPI 手册》。

对中国而言,从 2000 年开始,国家统计局正式启用了一套新的、旨在更好地与国际接轨的 CPI 编制方法。经过 20 年来理论上的不断突破和实践操作方法上的不断优化,中国 CPI 编制工作取得了长足的进步,CPI 指标更好地满足了国民核算和社会大众的广泛需求。但作为目前世界上最大的发展中国家,中国 CPI 的编制工作依然处于向《CPI 手册》转变的过渡期,在CPI 编制的理论和实践方法上依然存在一些亟待完善之处。

第一,中国 CPI 编制的基本理论及其体系尚需进一步明确。价格指数的基本理论可分为固定篮子指数理论、指数的公理化方法、指数的随机构造方法、指数的积分构造理论、指数的"经济学"理论等几种。目前,美国、荷兰、瑞典等少数国家已明确提出以"生活费用指数",亦即指数的"经济学"理论为其CPI编制的基本理论。相应地,中国有必要进一步明确CPI指数编制的基本理论及其统一理论体系的构建性问题。

第二,近年来居民对CPI数据失真的感觉较为明显,对CPI编制方法出现误解的现象较为普遍。尤其是通货膨胀较为严重的时期,失真感尤其突出,以致居民对CPI编制方法及数据的准确性产生了不必要的误解和质疑。究其原因,主要源于商品价格分化严重,以及不同阶层居民消费支出结构差异明显而导致指数的代表性下降。因此,如何针对社会特殊群体或者不同收入阶层编制更具针对性的分类CPI指数,以进一步提高CPI的代表性和实用性,将是事关CPI数据权威性和居民生活福利测度的重大民生问题。

第三,核心CPI更好地反映了通货膨胀的潜在变化趋势,在反映一国客观经济形势,进行经济预测与决策等方面发挥着极其重要的作用。越来越多的国家和地区的中央银行也都重点关注核心CPI,并着力构建更为准确的核心CPI指标。但中国目前只有个别机构(如中央银行)和少数学者对核心CPI有所研究或涉及。从而导致核心CPI的实践应用和理论研究,均显得较为滞后。基于此,借助现有指数的基本理论与方法,探讨从现有标题CPI中分离出核心CPI的可行性,并结合中国宏观经济特征与居民消费行为特征,以及其他新兴市场国家的相关经验,探讨适合于中国现实经济情况的核心CPI编制方法及其应用方向,具有较强的理论与现实意义。

第四,目前,社会各界关于自有住房属于投资品还是消费品的争论,可谓喋喋不休,各执一词,相关解释也五花八门;另外,自有住房服务在CPI中的权重过低也引发了一些质疑。显然,自有住房商品属性的进一步确认,以及在其CPI中处理方法的优化,都是亟须解决的重要统计实践问题。

第五,尽管《CPI手册》从理论到实践方面,对CPI的编制方法和过程都做了详细的规范和指导,但其实践指导作用仍然是相对有限的,各国CPI编制过程中也仍然存在一些悬而未决的难题。就中国而言,如何在系统、全面地吸收学术界最新研究成果,充分了解西方发达国家更为先进的经验和方法基础上,立足中国实践搞好CPI的编制工作也是我们理应考虑的关键性问题。

第六,国民核算中,广泛地应用到各种价格指数序列,国际标准意义上的链式指数序列以较定基指数序列更为明显的综合优势,正受到越来越多国家统计机构的青睐。但实践中,该指数的编制仍面临着一些问题。基于此,详细探讨国民核算中链式指数序列的编制方法,尤其是季度链式指数序列的编制方法,并就其实践中存在的主要问题进行分析,同时据此进行相关比较与国际实践经验的归纳与概括,可获得一些供中国加以参考的方法与经验。

正是基于上述中国价格指数理论及相关实践中存在的诸多问题,本书拟在基本理论和实践应用方面,对中国价格指数编制的理论及重要实践问题,展开更具针对性的深入研究。具体而言,本书一方面在对指数的基本理论进行系统性回顾的基础上,深入分析了各种理论间的相互关系,并据此探讨了中国价格指数的构造理论及统一的理论体系问题;另一方面,本书还针对上述问题组织了更具针对性的专题性研究,具体内容包括特殊群体 CPI编制的基本理论与中国实践问题、核心 CPI 估计及中国实践问题、CPI 中自有住房处理方法及中国实践问题等的研究;同时,本书还兼顾 CPI 编制方法的系统性及其应用中的有关问题,据此安排了更为完整意义上的国际比较与讨论;最后就 GDP 中有关价格指数及其序列编制问题与方法进行了探讨与研究,以为中国价格指数编制方法的进一步优化和改进提供参考建议。

二、研究意义和目标

(一)研究意义

价格指数,尤其是居民消费价格指数作为世界各国极为重要的宏观经济指数,历来受到各国政府、居民、企业和投资者的广泛关注和高度重视。因此,各国政府为了编制更为准确的 CPI 指数,长期以来都在努力完善其编制理论、优化其编制方法;同时,学术界也对价格指数理论与方法进行了系统、深入广泛的持续性研究,并积累了极其丰硕的研究成果。

人们开始与指数打交道,最早可追溯至 5000 多年前古埃及的"录事"中有关物价比的记载,这也是指数实践先于指数基本理论的有力证据。相对于指数实践,人们对于指数基本理论的认识和研究则要晚得多。早期指数理论的研究,较有代表性的要数 1707 年英国主教威廉·弗利特伍德(William Fleetwood)在其著作 *Chronicon Preciosum*(An Account of English Money,the Price of Corn and Other Commodities for the Last 600 Years)中关于货币购买力和商品价格变化的研究。这一研究思想所涉及的理论即至今人们依然广为应用的固定篮子法,弗利特伍德的这一研究,也被认为是指数理论发展史上具有划时代意义的。继弗利特伍德开创了指数理论研究之先河后,学术界展开了长期而广泛的指数理论相关问题的研究,并据此形成了系列的基本指数理论等。经过学术界关于理论与实践问题的长期研究,人们获得了极为丰硕的研究成果,也为CPI指数实践问题的解决积累了大量的宝贵经验。尤其是,国际劳工组织(ILO)、国际货币基金组织(IMF)、经济合作与发展组织(OECD)、欧洲共同体统计处(Eurostat)、联合国欧洲经济委员会(UNECE)和世界银行与一些国家的统计部门和大学的专家一道合作编写的国际《CPI手册》,则是人们关于指数研究集体智慧的结晶,也是指数理论研究的集大成者。尽管如此,指数的研究却难窥尽头,社会经济现象的日趋复杂化及人类经济活动领域的扩展与延伸,不断为指数提出了新的研究课题,带来了新的挑战。正如杨灿(2002)所言,指数理论是经济统计学中,既传统又常青的研究课题之一,源远流长,积累丰厚。[①]

对于如此重要的宏观经济价格指数,中国政府历来也极为重视CPI编制理论的不断完善和寻求实践问题的合理解决。尽管中国CPI的编制方法在与国际接轨的过程中积累了宝贵经验,取得了显著进步,但与国际《CPI手册》规范及一些发达国家相比,还需要更加努力。

立足中国价格指数编制的现实情况及疑难杂症,结合社会公众所密切关注和极为关心的焦点问题,进一步研究并探索CPI的基本理论及中国相关实践等各种问题的有效解决途径,为政府宏观经济调控和财政及货币政策的选择与实施,提供更为准确、可靠的CPI指数,为居民提供更具适用性的生活成本和货币购买力指数,为投资者和企业制定投资策略和实施投资计划提供可靠的决策依据,充分体现了本书研究的重要理论价值和现实意义。

(二)研究目标

CPI指数的复杂性也正是其魅力之所在,从理论构造到实践编制都充满着烦琐与艰辛,也吸引着众多指数理论与方法研究的有志之士,投入其中并为之不懈努力。

本书主要立足于中国目前的现实情况,从理论与实践两方面,针对CPI编制过程中亟须解决的突出问题进行深入研究,以实现本书研究目的。

1. 结合国内外关于价格指数研究的最新成果,深入分析各大指数理论间的相互关系与差异,以进一步确立中国价格指数编制的基本理论及其统一的体系,从而为中国价格指数的编制提供一个更具针对性的理论框架。

2. 立足于中国现实情况,针对中国价格指数,尤其是CPI编制过程中较为突出的问题,从理论到实践应用上展开专题性研究,以在深入剖析其问题所在的同时,寻求更为合理的解决方案,从而促进其编制方法的持续优化

---

① 杨灿. 现代指数形式理论评析[J]. 厦门大学学报(哲学社会科学版),2002(3):32-40.

和数据质量的不断提升。

3. 通过将中国 CPI 的编制方法与国际《CPI 手册》的规范,以及其他相关国家 CPI 的编制实践进行系统深入地比较,在系统性把握中国 CPI 编制工作的规范性的同时,厘清中国 CPI 编制工作可能存在的规范性问题和亟待完善的方向。

4. 本书的系统性研究,还将进一步化解居民对中国 CPI 编制理论与方法既存的相关误解和偏见,以引导居民对中国 CPI 编制技术与方法的客观认识,以促进大众对 CPI 的合理有效利用。

三、国内外研究综述

(一)国外研究综述

肇始于 300 多年前英国主教威廉·弗利特伍德关于货币购买力和商品价格变化的研究,开创了指数研究之先河,并被 Balk(2008)称为真正的统计指数之父。经过 300 多年指数理论与实践问题的研究和探索,人类形成了系统而丰富的指数基本理论,并积累了大量实践问题解决的经验。国际《CPI 手册》对其做了极为精辟的概括和系统的总结,并据此形成了一套 CPI 指数编制的国际规范,以供各国统计官方编制本国 CPI 指数时作为重要参考依据。

然而,被视为宏观经济价格指数集大成者,并堪称知识性全球公共品的《CPI 手册》也并非尽善尽美,对于 CPI 编制过程中一些亟须解决的理论与实践问题,也并未提供更为详细的具体指导。一方面,这些问题的存在为学术界关于价格指数理论与实践问题的后续研究留下了广阔的空间,同时统计水平的不断提高,信息化技术水平的不断发展,也为人们解决这些问题提供了历史性的机遇。

在继联合国出版《工业货物生产者价格指数手册》与《外贸中价格指数与数量测量的战略》及国际劳工组织出版《CPI 手册》后的时间里,学术界关于价格指数有关问题的研究,也取得了不少成果。本书将从以下几个方面对其研究及成果加以简单综述。

1. 关于价格指数基本理论研究的文献回顾

Robert(2004)的研究指出,尽管从二阶泰勒展式来看,所有最高级指数是极为近似的,但并非都是超越指数。因为有时最大值的最高级指数与最小值的最高级指数间的差异甚至超过了拉氏和帕氏指数间的差异。Silver and Heravi(2007)的研究显示,Jevons 和 Dutot 价格指数间的差异主要来源于观察的不同时间点上商品价格间的方差不同,也即如果价格出现了较大程度的离散,则两类价格指数间将会表现出一定程度的差异。Milana(2005)对 Diewert(1976)基于二阶泰勒展式对最高级指数进行了研究,并得出了一些重要结论:(1)最高级指数相关的二次展式可能被应用于其他一般化的情况;(2)不仅最高级指数无须依赖线性位似性,而且一些其他的指数也可以不依赖于该条件;(3)实践中由于时滞问题,人们可能难以构建真正意义上的 Diewert 最高级指数等。同时,作者还指出,利用实际观察数据编制价格指数,其不可能依赖于二阶差分条件,实践中构建非最高级指数可能更为可取。Fattore(2006)利用群的有关理论研究了价格指数对称性和不变性特征,并以群理论的基本方法对可逆性检验进行了系统性分析,在研究其代数特征的基础上,作者进一步研究了其对称性和对立性。Van and Weide(2008)在其论文中针对指数检验公理与经济指数理论间的差异展开了详细分析后并指出,尽管 Neary(2004)关于上述理论间差异的描述与 Frisch(1936)的观点较为一致,但两者差异更为准确的表达应该是:是否行为最优化的代理人或代表性消费者被假定最优化同样的效用函数。作者同时指出,两者的差别在于,前者是从最优化单个效用函数的角度来研究商品价格和物量的;而指数检验公理则是在放弃商品消费支出的线性同质性(也即位似偏好)的假设条件下来尝试一些相关比较。不过,如果同质性假定合理,则公理化方法可能会让人们错失寻找更优指数的机会。但如果关于消费者行为的假设失当,则经济指数理论在构造指数上的作用必将是有限的。因此,关于指数理论的挑战也将来自于进一步明确同质性假定的合理性。针对 Van and Weide(2008)的研究,Diewert(2009)指出其研究中所存在的问题,还认为该作者所提到的真实指数和精确指数,并非指数理论文献中的标准定义。Milana(2010)基于上个世纪指数理论的研究成果,并以 Afriat 的方法及与学术界最先提出的一系列加总的真实指数相一致的定义,提出了关于指数问题的解,作者还借助 Fisher(1927)的数据,从实践的角度对该方法进行了说明。Breuer and Lipper(2011)就 Diewert(2009)关于真实生活成本指数近似下的最高级价格指数理论做了进一步的研究,并认为在许多情况下,Diewert 最高级指数的要求过于严格、该近似法也是存在争议的。相应地,作者据此构建了似理想需求系统和二次似理想需求系统下的真实生活成本指数。

由此可知,学术界关于价格指数基本理论的认识并没有达成较为一致的观点。例如,指数基本理论间的相互区别和联系,基本理论假设前提的合理性,最高级指数是否真正意义上的超越指数,以及如何构造更为合理的指数等,都是悬而未决的历史性难题。但上述的研究无疑为我们继续深入了解指数的基本理论及其扩展性研究奠定了坚实基础。

2. 链式指数的漂移性及其处理的文献回顾

近年来,学术界的大量研究已经指出,权重基期不断更新的链式指数相对于权重较为固定的定基指数,在纳入新产品、优化权偏误和替代偏误等方面,具有更为明显的优势及更高的应用价值。因此,近些年国际学术界针对链式指数的编制方法及其漂移性问题,展开了广泛的研究,下面简要回顾一些代表性的研究成果。

Ehemman(2005)的研究指出,尽管较短的链接期内,Fisher 理想指数与 Törnqvist 指数结果较为近似,但随着链接期的明显增加,这两类指数会出现显著的分化。作者使用实际 GDP 和实际私人部门投资数据的研究表明,无论是季度还是年度数据,Fisher 指数都要较 Törnqvist 指数分化更快;另外,尽管在缺乏位似性偏好的情况下,所有的指数都会出现一定程度的漂移性。但 Törnqvist 指数的漂移性最为理想。该作者同时指出,从链接的短期来看,链式指数公式的选择无关紧要;但从长期链接来看,作者极力推荐后者。Oulton(2008)针对 Divisia 链式指数可能存在路径依赖的问题展开了研究,指出可用二次似理想需求系统模型解决该问题,并用英国零售数据就其实践应用性进行了论证。Haan and Grient(2009)基于扫描数据的研究表明,一般而言,链式指数的编制频率越高,其漂移程度越严重;Ivancic,Fox,Diewert(2009)对扫描数据的研究也指出,每月和每周的链式指数会产生较大的漂移性,而季度链式指数的漂移性则相对较小。当然,链式漂移性还受指数公式选择的影响。也即,对同一样本而言,超越链式指数的漂移性相对较小。不过,编制频率仍然是其主要影响因素。Ivancic,Diewert,Fox(2011)将 Gini(1931),Eltetö,Köves(1964)和 Szulc(1964)等人提出的,用于国际多边比较的 GEKS 指数引入双边比较的 CPI 编制中。该指数是所有可能基于同样指数公式的,双边价格指数之比的几何平均。Diewert,Fox(2011)提出了"滚动年指数",也即 RGEKS 指数方法,以消除 GEKS 指数的时间更新问题。该指数中,作者选择 13 个月的窗口长度作为 GEKS 指数序列的起始点,并与最近的月度环比指数链接成时间序列。但 Haan and Krsinich(2012)的研究指出,GEKS 并不是绝对不存在链漂移的。Ribe(2012)的研究也同样认为,(R)GEKS 指数是否具备漂移衰减特征,有赖于进一步的理论研究。事实上,Lippe(2012)关于 GEKS 和 RGEKS 指数的系统性研究中就指出,在 CPI 的指数序列中,由于对比的"媒介基期"不可能是固定不变的。因此,在较长的时间跨度中,GEKS 以及 RGEKS 显然是不满足循环性检验的,也即并不是免漂移的。同时作者还指出,(R)GEKS 链式指数还受参考期选择的影响,并非像拉氏或帕氏链式指数那样,独立于指数的参考期。另外,Greenlees 和 McClelland(2010)关于服装的扫描价格指数表明,匹配项目的 GEKS 指数可能存在严重下偏。

3. 商品质量调整问题的文献回顾

Triplett(2006)针对商品质量调整问题,编写了有关 Hedonic 商品质量调整方法的手册《Hedonic 指数和价格指数的质量调整手册》(*Handbook on Hedonic Indexes and Quality Adjustments in Price Indexes*)一书,为 OECD 国家及其他众多国家 CPI 中商品质量调整提供了有益的指导。全书共分为七章及理论附录,其具体内容如表 1 所示。

表 1　《Hedonic 指数和价格指数的质量调整手册》目录

第一章	介绍
第二章	传统价格指数的质量调整方法
第三章	Hedonic 价格指数及 Hedonic 质量调整方法
第四章	Hedonic 和模型匹配指数何时会给出不同结果? 其原因是什么?
第五章	Hedonic 函数的估计原理:变量的选择
第六章	估计 Hedonic 函数:其他的研究问题
第七章	关于 Hedonic 指数的一些批评
理论附录	Hedonic 函数和 Hedonic 指数的理论

另外,Hill and Melser(2006)研究了 Hedonic 虚拟方法及价格指数的有关问题。作者指出,该方法主要适用于存在不完全匹配产品的情况。另外,该方法除了存在指数公式上的选择外,还涉及到函数变量的选择性问题。Haan(2007)广泛地比较了 Hedonic 虚拟价格指数法、Hedonic 时间虚拟变量指数法及其他方法等。Diewert,Heravi and Silver(2009)比较了两大主要的,但极具差别的 Hedonic 价格指数测量方法——时间虚拟变量 Hedonic 指数法和 Hedonic 虚拟指数方法,并阐述了差异的影响因素及相应方法的选择。Haan and Krsinich(2012,2013)针对商品项目在整个指数期内出现和消失的具体情况,提出了使用滚动年份的 GEKS 价格指数方法加以解决。Diewert(2013)对 Haan and Krsinich 所涉及的方法进行了相关比较,并高度评价了他们的工作对商品质量调整的重要贡献。

总之,商品质量调整并非一项简单工程。其中,对于方法和模型的选择、新产品的处理都充满着复杂性。但这些研究成果,为我们开展商品质量调整工作提供了理论与方法上的重要指导。

4. 自有住房服务核算问题的文献回顾

目前,人们越来越认识到 CPI 并没有真实反映包括房地产市场在内的泡沫,尤其是 20 世纪 80 年代日本的房地产市场泡沫,以及 2007 年开始的美国次贷危机在内的通胀水平。而近些年快速增长的住房价格与缓慢增长的住房服务价格间的不协调性,则再次引起了国际社会的广泛关注。包括华尔街、美联储及学术界在内的众多经济学家,也纷纷开始关注住房价格的测量,以及 CPI 中自有住房服务统计方法等问题。

而实践中自有住房处理方法却缺乏统一的国际规范及操作范式,CPI 中自有住房服务的核算自然也就成为了人们研究的热点和难点问题。Poole,Ptacek,Verbrugge(2005)对四种自有住房服务核算方法进行了系统的比较性研究。Woolford(2006)利用 1998—1999 及 2003—2004 年间美国住户支出调查数据,计算了剔除自有住房服务与包含自有住房服务等四种方法下的住房权重,并编制了相应指数。其研究发现,自有住房服务核算方法的选择对标题 CPI 指数值会产生显著影响。针对近些年,房地产价格与住房服务成本差异不断扩大,以及房地产市场泡沫日趋严重的现实情况,Diewert and Nakamura(2009,2011)提出了使用机会成本法代替使用者成本估算自有住房的服务。其中,机会成本包括虚拟租金和自有住房在金融方面的机会成本。

Baldwin,Nakamura,Prud(2009)借助 Hedonic 质量调整方法,从不同统计口径,用租金等价法、获取法和支付法分别核算了加拿大自有住房服务消费中各项目支出的结构,并分析了不同统计口径对自有住房服务价格统计的影响。Shimizu,et al(2012)借助 Hedonic 技术,应用使用者成本法和 Diewert(2009,2011)提出的机会成本法,计算了日本东京都的自有住房指数。根据其研究结果,在上个世纪 90 年代日本房地产泡沫的顶峰期,结合 Hedonic 和租金等价法计算得出的住户自有单位虚拟租金为日本官方核算的 11 倍;而在 2009 年,则快速下降到 1.6 倍。不过,当作者使用 Diewert 提出的机会成本法进行估计后,上述差异则分别缩减为 3.5 倍、1.7 倍。据此,作者指出,即使对相关方法进行优化,不同方法间的差异依然是存在的。Crone,Nakamura,Voith(2009)利用 1985—1999 年间住户调查数据,并借助 Hedonic 方法估计了美国自有住房服务成本及实际房屋出租成本,发现前者被显著地高估了,而后者则被轻微高估了。

自有住房服务处理问题仍然是政府亟须解决的棘手难题,也是学术界研究的重要实践问题。目前相关方面的研究,主要集中于从实践的角度比较几种核算方法的实际测算结果;关于纯理论方面的研究,除了 Diewert 关于机会成本的系统性研究外极为少见。但总体来看,目前学术界也并未就何为最佳方法达成一致观点。据此,Diewert(2013)认为,有必要要求各国提供使用五种方法分别估算自有住房服务的数据。但时至今日,这一提议尚未真正落实。由此可知,CPI 编制过程中,要处理好自有住房服务有关的核算问题绝非易事。

5. CPI 编制过程中对扫描数据的收集、处理及应用问题的文献回顾

随着全球信息技术的快速发展,各国政府统计部门都在试图利用信息化手段采集源头数据。信息化采集在降低调查成本,提高数据采集效率,改进 CPI 编制方法、提高 CPI 数据质量、检验 CPI 编制方法的合理性和疑难问题的解决等诸多方面发挥着十分重要的作用。基于此,学术界也展开了关于 CPI 中针对信息化数据若干理论与实践问题的系统性研究高潮。

实际上,指数理论界积累了大量 CPI 中有关扫描数据研究问题的文献,这些文献分别围绕 CPI 编制的不同问题,阐述了扫描数据的有关理论及实践应用问题。这些研究有来自学术界的,也有来自统计官方和国际组织机构的。例如,Silver(1995)研究了扫描数据下基本价格指数的编制问题;Bradley,et al(1997)回顾了 CPI 编制过程中应用扫描数据的潜在作用;Feenstra,Shapiro(2003)从机会与挑战方面分析了扫描数据在 CPI 编制过程中的应用问题。Melser(2006)研究了 CPI 中如何利用扫描数据处理新产品及退市产品的问题;Krsinich(2011)利用澳大利亚超市扫描数据,针对几类链式指数进行了比较性研究,Ivancic,Diewert,Fox(2011)研究了扫描数据的汇总问题,以及如何利用扫描数据构造指数等问题。同时,作者还指出,使用例如年度链式的 Törnqvist 指数可能是更为理想的,而且该指数也易于向用户解释。又如,隶属于美国商务部的经济分析局,于 21 世纪初期组织两位专家 Feenstra and Matthew 对研究扫描数据的相关论文进行了梳理,并由美国芝加哥大学出版社出版了相关论文集《扫描数据和价格指数》(*Scanner Data and Price Indexes*)。该书于 2003 年出版,共从四个方面系统地整理了扫描数据及价格指数领域的经典论文。

目前,世界上越来越多的国家,开始探讨在 CPI 中引入扫描数据的问题。一些欧洲国家,例如瑞士,挪威和荷兰已经开始在 CPI 的编制过程中使用扫描数据;同时许多其他国家也开始了相关方面的研究,例如,法国国家统计局(INSEE)为了深入了解扫描数据是否适合于编制 CPI,于 2010 年进行了应用扫描数据的试点项目;另外,美国和新西兰等国也已经开始探讨

在 CPI 中如何使用扫描数据。

扫描数据是全球互联网以及信息技术快速发展的产物,而扫描数据在 CPI 中的应用问题则是各国统计官方面临的新课题。尽管目前在 CPI 中广泛地使用扫描数据的条件还不成熟,但这已经是一种不可阻挡的趋势。因此,如何在 CPI 中科学、合理地使用扫描数据,也将是学术界面临的重大挑战和需要长期关注的焦点问题。

经过长期发展,指数编制的基本理论日趋成熟,但存在的问题也不少,诸多难题至今悬而未决。同时,CPI 的编制,也面临着例如扫描数据编制理论与实践应用的诸多新课题。如何有效地解决这些问题,既是指数基本理论不断向前发展的原动力,也为指数基本理论的发展指明了前进的方向。

(二)国内研究综述

相对于国外的研究,国内关于指数理论与实践应用问题研究的时间较晚。从文献记载来看,这一研究始于 1927 年,曾经师从于克莱夫·岱(Clive·Day)和欧文·费舍(Irving·Fisher)的中国著名经济学家何廉教授在《三十年天津外汇指数及外汇循环》一文中关于外汇指数的研究。1929年,丁同力、蔡正雅翻译了国际劳工局的著作,并于上海商务印书馆出版了《生活费指数之编制法》一书。

不过,直到 20 世纪 50 年代,有关指数理论与应用问题的研究工作才得以正式展开。而这一工作又以王健真在论文《编制职工生活费指数的几个问题》及《综合物价指数方法在中国的应用》中,关于中国物价指数的研究为主要标志。随后,学术界展开了一场针对经济指数同度量因素研究的高潮。例如,杨波(1956)的《关于如何编制职工生活费用指数问题的商榷》、汪祥春(1956)的《关于经济指数的权数问题》、王健真(1956)的《论确定经济指数同度量因素的一般原则》、刘都庆(1956)的《也论确定经济指数同度量因素的一般原则》、徐唐龄(1956)的《编制因素指数时遵循指数体系原则是否就是形式数学主义?——"论确定经济指数同度量因素的一般原则"一文的商榷》、吴慧、黄慧(1956)的《解决经济指数同度量因素问题的一个途径》及钟其生(1956)的《关于经济指数的同度量系数问题》等的研究。

此后,学术界开始研究西方国家物价指数的编制方法,以为中用。例如,发表于文汇杂志的《主要资本主义国家的工业生产指数》的论文,上海财经学院教研处编译室(1958)翻译的《资本主义国家工业产品指数》、陈兆兴(1961)的论文《美国官方生活费指数是怎样编的?》、陈织女(1961)的论文《美国工业生产指数》、朱景尧(1965)的论文《美国联邦准备工业生产指数批判》等研究主要介绍了国外关于工业品指数编制的有关情况。

　　20 世纪 80 年代开始,学术界开始探讨中国物价指数的编制方法。其中,比较典型的研究有:梁作楫、俞文华(1980)的《怎样编制中国物价指数?》论文、宋锦剑(1980)的《对零售物价指数计算方法的商榷》论文、马富泉(1981)关于《编制基本建设投资价格指数的初步设想》的论文,陈善林(1981)关于《谈谈生活费用指数的编制问题》的论文;江宏、梁和祥(1981)关于《经济指数及其测算方法》的论文等。从 1984 年开始,中国统计官方开始编制真正意义上的价格指数,也即居民消费价格指数(CPI)。之后,学术界也相应地展开了一系列关于 CPI 编制基本理论与实践问题的研究,其研究的主要特点在于对西方统计指数理论方法加以引进、消化吸收和拓展。其中较具代表性的研究主要有:杨曾武(1987)的《中国指数理论研究改革刍议——读匈牙利〈指数理论与经济现实〉一书有感》的论文,杨灿(1987)的《指数性质的数学测验问题》论文,陈宛贞(1987)的《关于两套经济指数的分析方法:与王健真同志商榷》论文,韩嘉骏(1992)的《价格指数理论与实践》的专著,孙慧君(1998)的《指数理论研究》,杨灿(2001)的《经济指数理论问题研究》,徐国祥(2004)的《统计指数理论及应用》,伍超标(2005)的《统计指数的随机方法及应用》,王力宾(2006)的《特征价格指数研究》,张瑾(2007)的《随机指数方法及其应用问题研究》,焦鹏(2008)的《现代指数理论与实践若干问题的研究》等等。这些研究都从某种程度上,为中国 CPI 进一步的改革和完善提供了重要理论指导。但其中,针对中国经济指数具体编制方法进行研究的文献,却显得较为欠缺。

　　随着近些年中国 CPI 编制方法与国际接轨的不断扩展和深化,人们开始将研究的目光转向了将中国 CPI 编制方法与国际进行比较的视角。例如,莫万贵(2007)的《在 CPI 中体现住房消费成本变动的基本方法及国际比较》,许涤龙、谢敏(2008)的《CPI 编制方法的国际比较》,高艳云(2008)的《中美 CPI 数据质量的比较分析——基于国际货币基金组织的 DQAF 框架》,高艳云(2009)的《CPI 编制及公布的国际比较》,栾江、仇焕广、李强(2012)的《CPI 权重确定的国际比较研究》,徐强(2013)的《OECD 国家 CPI 编制的国际比较及借鉴》及陈立双、祝丹(2013)的《中国 CPI 编制方法与国际〈CPI 手册〉及美国之比较分析》等等。这些关于比较的论文在指出中国 CPI 编制方法和技术方面所存在的不足的同时,也为中国 CPI 的进一步改革指明了方向。

　　CPI 的编制是一个逐步改革和完善的过程,上述系列问题的研究对中国 CPI 编制方法和手段的不断优化做出了重要贡献,但中国 CPI 的编制却也依然存在不少亟须解决的方法与实践难题。例如,CPI 指数以标题 CPI 为"一家独大"的局面,导致中低收入居民感受失真的现象较为严重;居民自有住房服务支出核算依然采用传统的方式,致使其在 CPI 中权重过低而遭受质疑;CPI 指数序列的编制问题;CPI 编制过程中未能有效地解决商品质量变化问题;至今未对外正式发布较为权威的核心 CPI 等等。这些突出问题均不同程度地影响着中国 CPI 的数据质量及国际可比性。

四、结构安排及主要工作

(一)本书结构安排

本书按照前述研究思路,除绪论外,共分为七章。

第一章,主要指数理论流派的系统性介绍。本章内容主要包括:(1)指数理论的萌芽与发展;(2)指数检验理论的产生、发展及评述;(3)指数的积分构造理论——Divisia 指数理论;(4)指数的经济学理论等。这一章较为系统地梳理并介绍了几种较为典型的指数基本理论。

第二章,指数理论体系及统一指数的构建问题。本章内容主要包括:指数理论体系的构建问题、指数的统一性构建问题研究、CPI 指数构造方法的实践应用。本章主要结合第一章,进一步探讨 CPI 编制理论的统一性问题,并就常数替代函数指数的实践应用问题展开实证分析。

第三章,特殊群体 CPI 编制方法及中国实践问题研究。本章内容主要包括:(1)编制特殊群体 CPI 的基本理论依据;(2)特殊群体 CPI 编制的基本理论与方法;(3)部分国家或地区特殊群体 CPI 的编制情况及问题分析;(4)特殊群体 CPI 在中国的有关实践。

第四章,核心 CPI 及中国实践问题研究。本章主要内容包括:(1)核心 CPI 估计方法及国际实践;(2)基于指数理论的核心 CPI 估计方法与应用;(3)中国 CPI 的影响因素及传导机制研究。

第五章,CPI 中自有住房处理方法及中国实践问题研究。本章内容主要包括:(1)自有住房经济属性及相关问题研究;(2)CPI 中自有住房处理方法之比较;(3)CPI 中自有住房服务核算方法及权重的国际比较;(4)中国 CPI 中自有住房处理问题及优化。

第六章,CPI 编制方法的国际比较与借鉴。本章内容主要包括:(1)中国 CPI 编制方法与国际《CPI 手册》及美国之比较;(2)G20 国家 CPI 编制方法之比较;(3)关于中国 CPI 编制方法进一步改革的思考。

第七章,国民核算中链式指数序列编制问题研究。本章内容主要包括:(1)GDP 中常用指数及其链式指数的重要作用;(2)国民经济核算中链式指数序列方法与问题;(3)GDP 中链式指数序列编制的国际经验与比较;(4)中国 GDP 中指数序列问题与改进方向。

(二)本书的主要工作

1. 基于指数基本理论的主要工作

(1)Divisia 指数理论特征及与指数经济学理论间相互关系的介绍。

本书详细介绍了 Divisia 指数基本理论的几种检验性质,并进一步探讨了两者间的相互关系。这一内容一方面为国内学术界进一步深入了解 Divisia 指数提供了帮助,同时也有助于国内学术界就统一的指数理论体系展开进一步的研究。

(2)本书梳理了国际学术界的重要理论研究成果,并针对其中(R)GEKS 指数的漂移性展开了进一步分析,从而指出使用该指数编制的链式指数也是存在链式漂移性的,实践中编制超越链式指数将是更具实际应用意义的选择。关于这一问题的研究,也正是本书关于指数基本理论问题研究上的创新之所在。

2. 基于中国 CPI 实践问题研究的主要工作

本书针对中国 CPI 编制过程中的突出问题——特殊群体 CPI 的编制问题、核心 CPI 估算问题、自有住房处理等相关问题,展开了专题性的研究和分析。其主要工作与创新之处主要表现在以下几方面。

(1)在探讨特殊群体 CPI 指数编制方法的基础上,构造了体现消费者消费行为差异的指数公式,并应用中国的宏观经济统计数据,针对城镇地区不同收入阶层,编制了七大类分层 CPI 指数及其序列,并针对各分层 CPI 的动态变化特征及其差异展开了深入的对比性研究。

(2)现有核心 CPI 估算法主要以标题 CPI 为研究对象,容易造成代表性估算偏误。基于指数的经济学基本理论,本书提出了以分层 CPI 估计核心 CPI 的方法。具体来说,本书以各分层 CPI 指数为研究对象,主要通过模型的方法提取各分层 CPI 的长期趋势值,并通过加权估计出总的核心 CPI。本书将这一方法应用于中国实践,并获得了较好的估计效果。与传统方法相比,该方法的突出特点是,充分利用了指数的基本理论,并系统性地考虑到了不同收入阶层 CPI 的异质性,编制方法更具经济理论基础。

(3)国内不少学者就自有住房的经济属性进行了大量研究,并得出了不尽相同,甚至截然相反的结论。本书从国民核算和居民消费与投资的角度,再次深入分析了自有住房并非消费品的逻辑关系。并认为,自有住房属于宏观意义上的投资品,其中纯建筑物部分属于固定资产,而土地的使用权

(或所有权)则属于自然资源等,这一结论厘清了学术界将自有住房笼统地看作固定资产的不当认识;另外,本书从理论到实践应用上深入分析并比较了学术界关于 CPI 中自有住房处理的几大方法,同时结合国际最新研究成果提出了中国城镇地区和农村地区处理自有住房的相关方法。

(4)详细探讨了国民核算中链式指数序列的编制方法,尤其是季度链式指数序列的编制方法,同时就其实践中存在的主要问题进行分析,并据此进行相关比较与国际实践经验的归纳与概括,可获得一些供中国国民核算中编制链式指数序列时加以参考的方法与经验。

3. 基于研究方法的主要工作

(1)在做专题性研究的同时兼顾系统性研究。在针对中国 CPI 编制问题展开专题性分析的同时,还从更为系统的层面将中国 CPI 编制方法与国际《CPI 手册》、美国及 G20 国家展开了全面性的对比分析。这一系统性研究更有利于我们较为详细地了解中国 CPI 的编制情况。

(2)从国际比较的视角寻找解决问题的突破口。时至今日,中国 CPI 的编制中也存在这样那样的问题,且不乏悬而未决的难题,实践中关于这些问题的处理,并无最佳做法和通用解法。本书就其中的诸多问题进行了必要的国际比较与借鉴,以期从中找到解决中国 CPI 编制中疑难问题的解决方法。

第一章　主要指数理论流派的系统性介绍

被称为智囊团、富人俱乐部及非学术性大学的经济合作发展组织(简称经合组织,Organization for Economic Co-operation and Development,亦或OECD),将指数定义为"反映时间或空间内数量变化情况的指标"(A quantity which shows by its variations the changes of a magnitude over time or space)。根据指数所反映的主体、指数编制目的和方法的不同,人们编制了若干种不同性质的指数,这些指数广泛地分布于人类社会实践活动的各个领域,并且其数量呈突飞猛进发展之势。

从目前来看,指数在经济领域的应用最为广泛,人们已经在社会经济与管理的各个领域中编制了各种类型的统计指数。而这些指数中,最早编制的要数价格指数,社会其他领域所应用的指数也都源于此。众所周知,指数在经济领域的应用历史最具悠久,其理论也已发展成较为完善的固定篮子方法、指数检验方法、指数随机方法、指数的经济方法和指数的 Divisia 方法等。① 但从早期指数的实践到指数理论的产生与发展,期间经历了一个相当漫长的历时过程。本书将从人类社会经济发展的历史进程和指数理论发展的历程方面,进行逐一介绍与回顾。

---

① 本书综合 Diewert 对统计指数理论的分类方法,将指数基本理论分为上述五类。但 1936 年,美国经济学家 Frisch,R. 在 *Annual of General Economic Theory:The Problem of Index Numbers* 一文中根据对变量相关性处理方式的不同,将指数理论分为两大类:原子法(Atomistic Approach)和函数法(Functional Approach)。根据本书研究的需要,本书采用第一种分类方式。

第一节　指数理论的萌芽与发展

一、欧洲资本主义的诞生及价格指数的出现

(一)欧洲资本主义的萌芽与诞生

资本主义经济是商品经济充分发展的产物。1096—1291 年间,在罗马天主教教皇的准许下,由西欧的封建领主和骑士,对有着先进的科学、经济与文化的地中海东岸的国家发动持续了近 200 年的十字军东征战争。这一战争在客观上刺激了意大利北方一些城市商业的发展,包括手工业工场和银行在城市里的发展,以及城市共和国的产生等,并导致 14、15 世纪,在地中海沿岸的某些城市,如意大利地中海沿岸的威尼斯、佛罗伦萨等城市开始稀疏地出现了资本主义手工业生产的最初萌芽。尽管如此,对于资本主义在历史上出现的具体时间,马克思则认为:"资本主义时代是从 16 世纪才开始的。"[①]而后于 17、18 世纪,继尼德兰革命之后,在欧洲和北美相继爆发了英国资产阶级革命[②]、北美独立战争、法国大革命,于是这些国家开始逐步确立了资本主义制度。

(二)价格指数的出现

16—17 世纪的"人口革命"迫使一部分英国人移居海外,为了生计,大多数劳动者只得加入家庭手工业和商业活动的行列。日益增长的需求使商业活动变得有利可图,中产阶级也投身其中。地理大发现后新大陆贵重金属的陆续涌入,引发了欧洲范围内的"价格革命"。在英国,1630—1649 年谷物价格较 1510—1529 年增长了 6 倍,畜牧业产品和原材料价格均增长了 5 倍多,但工资的涨幅仅为 3 倍。[③]

随着人类文明从封建社会开始向资本主义社会转变,社会生产能力得到了显著提高,商品交换经济实现了空前的发展。与此同时,作为货币材料

---

① 马克思,恩格斯.马克思恩格斯全集:第 23 卷[M].北京:人民出版社,1972:784.

② 1640 年,英国资产阶级革命的爆发标志着人类历史进入资本主义时代。此后的一个多世纪里,资本主义在英国得到了迅猛的发展。

③ Coleman,D..*The Economy of Englang* 1450-175[M].Oxford:Oxford University Press,1982:23.

的贵金属——金和银的劳动生产率也在不断提高,货币的价值随之开始下降;另一方面,早期西方资本主义萌芽和发展的原始资本积累主要靠掠夺他国的资源。相应地,连年的战争也使社会出现了较大动荡,社会生产力因此遭受了巨大的破坏。由于商品的价格既取决于商品所包含的社会劳动,又与货币本身的价值有着密切的联系。因而,在货币所包含的劳动价值不断下降,而商品相对价值不断上涨的作用下,一些资本主义萌芽较早的欧洲国家,商品价格不但没有趋于下降,反而出现了快速上涨的现象,并引发了社会各界对商品价格通货膨胀的极大关注。1568 年,法国著名政论家和社会活动家让·博丹(Jean Bodin)在其政论著作《答公民马勒斯特卢亚特的异论》中最先运用了物价总指数的思想讨论问题。此后引发了人们关于物价总指数概念及其计算方法的广泛探索。英国学者沃汉(R. Voughan)于1675 年撰写了《铸币及货币铸造论》一书。该书将谷物、家畜、鱼、布和皮革等商品作为研究对象,将 1650 年的商品价格与 1352 年的进行了对比。[①]国内外学术界普遍认为此即为价格指数的萌芽,这也是人类有记录以来历史上首次编制的价格指数,沃汉也因此被认为是物价指数的创始人。

二、简单总指数的萌芽与发展

自从英国学者沃汉于 1675 年开启商品价格研究工作之先河后,指数编制的实践工作和理论发展也由此拉开了历史序幕。1707 年,英国主教威廉·弗利特伍德(William Fleetwood)在其著作 *Chronicon Preciosum*(An Account of English Money, the Price of CornandOther Commodities for the Last 600 Years)[②]中,计算了牛津(Oxford)大学某学院的学生在 1460 年和 1707 年分别购买固定数量的 5 夸特(quarters)小麦、4 桶(hogsheads)啤酒和 6 码(yards)布匹等[③]商品组合的支出情况,以研究货币的购买力和商品价格的变化。事实上,弗利特伍德运用的正是固定篮子法的基本思想,人们通常认为弗利特伍德的这一工作在指数理论的发展史上具有划时代的意义,Balk(2008)也据此称其为统计指数之父。[④]

---

① Voughan, R.. *A Discourse of Coin and Coinage*[M]. England, 1675.

② 该书的最初版本于 1704 年出版, Edgeworth(1925a), Ferger(1946), and Kendall(1969)等均对其进行了较为详细的介绍。

③ Balk(2008)将弗利特伍德所研究的商品种类介绍为四种商品。

④ Fisher(1922)认为 Jevons 是统计指数之父, Walsh(1932)将这种认定解释为由于 Jevons 开创了指数的新理论;而 Edgeworth(1925), Kendall(1969)及 Diewert(1988)则统一将 Lowe 看作统计指数之父;而 Balk(2008)则认为,真正的统计指数之父应是 Fleetwood。

1738 年,法国经济学家杜托(Dutot)在其所著的《从政治上考虑财政和商业》一书中,运用下列公式:

$$P_D(\boldsymbol{p}^0, \boldsymbol{p}^1) = \frac{\sum\limits_{i=1}^{n} p_i^1}{\sum\limits_{i=1}^{n} p_i^0} = \frac{\dfrac{1}{n}\sum\limits_{i=1}^{n} p_i^1}{\dfrac{1}{n}\sum\limits_{i=1}^{n} p_i^0} \tag{1.1}$$

率先计算了路易斯十四时期和十二时期相比较的简单综合物价指数。几乎所有的指数史学家都认为杜托是第一个真正构建价格指数的人,杜托也因此成为简单综合指数法的创始人。

1764 年,意大利经济学家卡利(Carli)在其所著的《铸币金属的价值与比例》一文中使用下列简单算术平均公式:

$$P_C(\boldsymbol{p}^0, \boldsymbol{p}^1) = \frac{1}{n}\sum_{i=1}^{n} \frac{p_i^1}{p_i^0} \tag{1.2}$$

计算了包括谷、油和酒三种商品的物价总指数,并据此首先建立了简单平均指数。

1864 年,拉斯佩雷斯(E. Laspeyres)在《1850—1863 年间德国汉堡商品的价格》(*The price of goods in Hamburg from 1850—1863*)一文中,使用没有加权的算术平均价格指数,其本质上使用的就是 Carli 指数。

上述 Dutot 和 Carli 指数均为简单未加权性质的总指数,这一指数的出现从时间上来看显然要晚于个体指数,但却早于加权总指数的出现。

1865 年杰文斯(Jevons)在他的论文《1782 年以来价格与货币价值的波动》(*Variations of Prices and the Value of Currency since 1782*)一文中,使用了下列简单几何平均指数:

$$P_J(\boldsymbol{p}^0, \boldsymbol{p}^1) = \prod_{i=1}^{n} \left(\frac{p_i^1}{p_i^0}\right)^{1/n} \tag{1.3}$$

该文章中,杰文斯认为,部分金价值的变化将同比例地影响其他所有商品的价格,因而使用上述方法进行测算是合理的;同时,价格指数中价格比率也即相对价格要比商品本身的价格更为重要。杰文斯有关指数新理论的开创及其相应工作被西方统计学界广泛推崇,著名经济、统计学家欧文·费雪(Irving Fisher)称之为"统计指数之父"。

三、加权总指数的萌芽与发展

(一)主观加权总指数

主观加权法是通过专家咨询,用经验判断的方法来实施的。[①] 由于扬

---

① 王京芹,石山铭.一种简便的二元对比加权法[J]. 数量经济技术经济研究,1993(8):49.

格(Young,1812)和罗威(Joseph Lowe,1822)都没有明确指出指数权数的参考期,因而此处将其称为主观加权法。

1. Young 指数

尽管未加权的指数在计算过程中较为简单方便,但却不利于体现各商品价格的相对重要性。于是,英国经济学家扬格(Young,1812)在其出版的书籍《英国币值递增的研究》中,首次采用对个体价格指数进行加权平均的形式计算价格总指数,其使用的权重为各种商品在基期总消费支出中所占的份额,也即为:

$$P_Y(\boldsymbol{p}^0,\boldsymbol{p}^1,\boldsymbol{q}) = \frac{\sum_{i=1}^{n} \frac{p_i^1}{p_i^0} p_i q_i}{\sum_{i=1}^{n} p_i q_i} \tag{1.4}$$

2. Lowe 指数

1822 年,英国著名经济学家罗威(Joseph,Lowe,1822)在《英国农业的现状》(*The Present State of England in Regard to Agriculture*)一文的研究中沿用了这一思想方法。具体地,他研究了拿破仑战争与战后期间,商品价格变化对不同阶层居民所造成的影响。文中他构建了基于典型年份数量加权的价格指数,以研究包括国家工人、城市技工和中产阶级等不同类型家庭的消费预算问题。其所编制的价格指数形式为:

$$P_{\text{Lowe}}(\boldsymbol{p}^0,\boldsymbol{p}^1,\boldsymbol{q}) = \frac{\sum_{i=1}^{n} p_i^1 q_i}{\sum_{i=1}^{n} p_i^0 q_i} \tag{1.5}$$

该指数本质上是一种固定加权平均指数。由于罗威首次对固定篮子的概念、篮子确定与更新及应用范围等问题进行了较为详细的阐述,此后固定篮子的方法在实践中得到了广泛的应用。因而,加拿大著名经济、统计学家迪沃特(Diewert,1993)称罗威为"消费者价格指数之父"。

(二)固定期加权的总指数

1. 基期加权平均总指数

罗威提出的指数获得了许多经济、统计学家,包括美国经济学家菲利普斯(Willard Phillips,1828)、英国统计学者索尔贝克(Sauerbeck,1886)、斯克罗普(Scrope,1833)等的一致认可。尽管如此,对于究竟应该如何确定其常数权重,学者们也无定论。针对这一难题,1871 年,拉斯佩雷斯(E. Laspeyres,又译拉斯贝尔等)在《商品平均价格上涨的计算》(*Die Berechnung Einer Mittleren Waaren Preissteigerung*)一文中提出了著名的基期数量加权指数公式,后人称其为拉氏指数公式[①]:

$$P_L(\boldsymbol{p}^0, \boldsymbol{p}^1; \boldsymbol{q}^0) = \frac{\sum\limits_{i=1}^{n} p_i^1 q_i^0}{\sum\limits_{i=1}^{n} p_i^0 q_i^0} \quad\quad (1.6)$$

尽管拉斯佩雷斯已经提出了该指数,但在价格指数的实践应用中,他却很少使用该公式,例如在 1901 年发表的最后一篇论文:《1821—1895 年间普鲁士蔬菜和动物产品单位价格的平均价格》(*Einzelpreise und Durchschnittspreise vegetabilischer und animalischer Produkte in Preussen während der 75 Jahre 1821 bis 1895*)中使用的却是未加权指数。拉斯佩雷斯一方面极力推荐拉氏指数公式,而在实践中却又很少使用的这一做法,令人颇为费解。这或许与拉斯佩雷斯认为商品交易数量存在获取上的困难密不可分。[②]

2. 当期加权平均总指数

其实,拉氏指数的提出引来了学术界的诸多争议,其主要争议在于基期常数权重的合理性问题。针对该问题,德国统计学家帕舍(H. Paasche)于 1874 年,在其论文《过去几年里汉堡交易所价格行情的走势》(*Über die Preisentwicklung der letzten Jahre nach den Hamburger Borsennotirungen*)一文中,提出了著名的当期数量加权的价格指数公式,被后人称为帕氏价格指数公式:

$$P_P(\boldsymbol{p}^0, \boldsymbol{p}^1; \boldsymbol{q}^1) = \frac{\sum\limits_{i=1}^{n} p_i^1 q_i^1}{\sum\limits_{i=1}^{n} p_i^0 q_i^1} \quad\quad (1.7)$$

上述两类加权总指数的编制,事实上都是基于一组相对固定的商品组合来实现的,也即该指数研究了消费者购买某一固定商品篮子时,当期支出

---

① 从目前的文献资料来看,关于杰文斯指数和拉氏指数的出现时间有两种说法:第一种说法是:Diewert(1988)及 Roberts(2000)等认为两者出现的时间分别是 1864 年和 1871 年;而 Fisher(1922)则认为两者出现的时间分别是 1863 年和 1864 年。由于笔者并没有找到原始文献,因此对上述说法持保留意见。

② 相关方面的内容可以参考:Roberts, H. *Laspeyres and His Index* [C]//European Conference on the History of Economics,2000:20-22.

相对于基期支出的变化。这种编制价格指数的方法实则为固定篮子法,这一思想最早起源于英国主教威廉·弗利特伍德(1707),Young(1812)和Lower(1822)对其做了继承和推广。拉斯佩雷斯(1871)和帕舍(1874)则对其做了进一步的扩展和深化,并分别提出了具体的篮子确定方法。

尽管固定篮子法构造指数的基本原理和方法较为简单,实践中也易于操作,但其缺点也是显而易见的。因为在不同时期,消费者所购买的商品篮子不是固定不变的,而是在有限信息或相应经济环境下进行适应性调整的。因而使用该方法编制的指数是存在偏误的,例如拉氏指数就可能存在上偏误,帕氏指数则可能存在下偏误。所以,对于权重固定在当期或基期的加权总指数公式,很多经济统计学家并不十分赞同,他们认为应该使用权重固定在其他某一时期的 Lowe 价格指数。例如,Jovons(1865,1884),Sidgwick(1883),Edgeworth(1925,最初版本出现于 1887 年),Marshall(1887),Bowley(1899,1901,1928),Walsh(1901,1921,1924),Pigou(1912)等。[①]

继拉氏和帕氏指数提出后,20 世纪 20 年代以来现代指数理论获得了长足的发展,一些重要的指数理论相继形成并得到了快速的发展,从而迎来了指数理论发展史上的黄金期。这些指数理论主要包括指数的公理化方法、指数的随机构造方法、指数的积分构造理论、指数的"经济学"理论等。下文将针对其中几种较为重要的理论进行逐一介绍。

第二节　指数的检验理论

一、指数检验理论的萌芽

指数公理化方法,起源于早期指数统计学者们对当时指数公式特征的考察和相互比较,其相关工作最早可追溯至 19 世纪晚期,杰文斯(1884)关于基期的选择对简单几何平均价格指数影响的研究,该作者认为在比较两年价格水平的变化时,基期的选择并不对其产生影响,Edgeworth(1896)将这一特征归纳为基期不变性检验(Base Invariance Test)[②],也即:

---

① Diewert. *The Early History of Price Index Research*, in Essays in Index Number Theory, Volume 1. *Diewert and A. O. Nakamura, eds*[M]. Amsterdam:Elsevier,1993:33-65.
② Edgeworth 曾误将这一条目归功于 Westergaard(1890)。

$$P_J(\pmb{p}^0, \pmb{p}^1) = \sqrt[n]{\prod_{i=1}^{n} \frac{p_i^1}{p_i^0}} = \sqrt[n]{\prod_{i=1}^{n} \frac{p_i^1}{p_i^k}} \bigg/ \sqrt[n]{\prod_{i=1}^{n} \frac{p_i^0}{p_i^k}} \tag{1.8}$$

其中，k 为某一有别于基期 0 的另一时期。

而后，1871 年，拉斯佩雷斯在《商品平均价格上涨的计算》一文中提出著名的拉氏指数公式时，同时发现了该指数的某种特征，也即恒等性检验（Strong Identity Test）：

$$P(\pmb{p}^0, \pmb{p}^1; \pmb{q}^0, \pmb{q}^1) = 1, \text{其中} \ \pmb{p}^0 = \pmb{p}^1 \tag{1.9}$$

上述的基本含义是，只要商品两期（第 0 期和第 1 期）的价格均保持不变，即使篮子内所购买商品的数量发生变化（但商品的种类应该保持不变），其指数值应该等于单位值。

显然，在两期价格保持不变的情况下，固定基期权重价格指数，例如扬格、罗威及拉氏和帕氏等价格指数均是满足恒等性检验的；另外，未加权的简单指数也是满足该性质的。但是，如果商品篮子是动态的，例如两期商品篮子所包含的商品种类不相同时，上述性质则不再成立，这也是该条检验备受争议的主要原因。

另外，当两期内各种商品价格和消费数量均不发生变化时，商品价格总指数为单位值，此即为指数的弱等性检验（Weaker Identity Test），其基本含义为：

$$P(\pmb{p}^0, \pmb{p}^1; \pmb{q}^0, \pmb{q}^1) = 1, \text{其中} \ \pmb{p}^0 = \pmb{p}^1; \pmb{q}^0 = \pmb{q}^1 \tag{1.10}$$

显然，几乎每一种指数都满足该条件。

从前述指数发展的历程及当时的现实背景来看，上述三条指数检验的性质更倾向于针对未加权的简单指数。因此，我们可以认为，早期指数公理化的出现主要源于人们对简单未加权指数认识的驱动。

而后随着人们对加权综合指数研究的不断深入，更多的指数检验相继被提出来。例如：统计学家韦斯特伽德（H. Westergaard，1890）指出，双边指数应该满足下列性质：

$$P(\pmb{p}^0, \pmb{p}^1; \pmb{q}^0, \pmb{q}^1)P(\pmb{p}^1, \pmb{p}^2; \pmb{q}^1, \pmb{q}^2) = P(\pmb{p}^0, \pmb{p}^2; \pmb{q}^0, \pmb{q}^2) \tag{1.11}$$

该性质后来被欧文·费雪（Fisher，1922）界定为传递性检验（Circularity Test），其基本含义为：基于统一指数构造下的、连续的、相邻两期环比指数之连乘积等于相应的定基指数。

对该检验作进一步分析，我们可以发现其具有以下特点：

（1）只要任意相邻三个时期的环比指数满足上述等式，则推广到相应任意有限期时该结论仍成立。

（2）该检验的理论指导意义更为突出。因为，实践中除了固定不变权重指数和简单未加权指数及个体指数外，极少有（加权性质的综合）指数能够满足该检验。

（3）对指数进行长期动态跟踪分析时，该检验则具有较强的现实指导意义。

皮尔逊（Pierson，1896）提出了时间互换检验（Time Reversal Test）和公度性检验（Commensurability Test，又称同度量性检验）[1]。

时间互换检验（Time Reversal Test），即将指标对比基期（第 0 期）与当期（第 1 期）的数据互换后，价格指数应为原指数的倒数。其数学表达式为：

$$P(\boldsymbol{p}^0, \boldsymbol{p}^1; \boldsymbol{q}^0, \boldsymbol{q}^1) = 1/P(\boldsymbol{p}^1, \boldsymbol{p}^0; \boldsymbol{q}^1, \boldsymbol{q}^0) \tag{1.12}$$

同度量性检验（Commensurability Test），即商品价格指数不会因为篮子内任何一种商品计价单位的变化而发生改变。[2]

对于上述两类检验，前者并无实际经济意义，因为时间本身就具有不可逆性。但作为统计指数的一种数学性质，依然具有一定的参考价值。相对而言，同度量性检验更具实践意义，这主要表现在：

一般而言，在双边指数的情况下，几乎所有价格统计人员都承认该检验的有效性；在实践中，每个基本分类中通常有数以千计的项目。因此，项目同质性的假设并不可靠。在这样的情况下，基本指数能够通过共量性检验就很重要，因为基本分类中异质性项目的度量单位具有不一致性。因此，价格统计人员只是改变某些项目的度量单位就有可能使指数发生改变。[3] 这也是在构造基本指数时，人们更倾向于使用 Jevons 指数，而不是 Dutot 指数的原因。

至此为止，人们关于指数检验的研究具有明显的偶然性和非系统性特征。但这一时期，理论研究者所提出的诸多检验，无疑为后续关于指数检验的系统性研究和该理论的快速发展打下了坚实的基础。

二、指数检验公理化及其体系的形成与发展

继指数检验公理的萌芽后，涌现出了一批对指数检验方法进行系统性研究的指数统计学家。下面以相关统计学家为主线展开指数检验方法的系统性介绍。

---

① Balk, B. M.. Axiomatic Price Index Theory: a Survey[J]. *International Statistical Review/Revue Internationale de Statistique*, 1995: 69-93.

② 费希尔（1911）将该检验称为单位变化性检验，之后则于 1922 年称之为同度量性检验。

③ ILO, IMF, OECD, UNECE, Eurostat, and the World Bank. *Consumer Price Index Manual: Theory and Practice*[M]. Geneva: International Labour Office, 2004.

（一）美国经济、统计学家沃尔什的指数检验方法

最先对指数检验方法进行系统性研究的统计学家是沃尔什（C. M. Walsh，1877—1959）。该学者先后于 1901 年、1921 年、1924 年多次对指数进行了一系列的相关性研究，并提出了一些指数检验方法。这些方法包括：

（1）常数篮子检验（Constant Quantities Test）。

该检验的基本含义为，当两期（指标当期和基期）的商品数量保持不变时，相应的价格指数为固定篮子在两期的支出之比，也即：

$$P(\boldsymbol{p}^0, \boldsymbol{p}^1; \boldsymbol{q}) = \frac{\sum_{i=1}^{n} p_i^1 q}{\sum_{i=1}^{n} p_i^0 q} \tag{1.13}$$

（2）强比例性检验（Strong Proportionality Test）。

其基本含义为，如果篮子内所有商品的价格都同比例 λ 倍（λ＞0）地发生变化，则相应的价格指数也为 λ，也即：

$$P(\boldsymbol{p}^0, \lambda \boldsymbol{p}^1; \boldsymbol{q}^0, \boldsymbol{q}^1) = \lambda \tag{1.14}$$

（3）多期恒等性检验（multiperiod identity test）。

沃尔什认为双边指数公式应该满足下列恒等性：

$$P(\boldsymbol{p}^0, \boldsymbol{p}^1; \boldsymbol{q}^0, \boldsymbol{q}^1) P(\boldsymbol{p}^1, \boldsymbol{p}^2; \boldsymbol{q}^1, \boldsymbol{q}^2) P(\boldsymbol{p}^2, \boldsymbol{p}^0; \boldsymbol{q}^2, \boldsymbol{q}^0) = 1 \tag{1.15}$$

沃尔什（1924）称其为循环性检验。但需要说明的是，该检验与式（1.11）所包含的检验不必等价。只有在指数同时满足式（1.11）和式（1.12）所包含的两种检验时，式（1.15）才会成立。因而，沃尔什的多期恒等性检验要求更为严格。

（二）美国经济、统计学家欧文·费雪的指数检验方法

美国著名经济、统计学家欧文·费雪（1911，1922）集各家研究之大成，归纳了已有的指数测验方法，并据以制定优良指数的标准；众多研究者则在此基础上进一步发展了指数的检验方法体系。[①]

1. 欧文·费雪对指数检验方法的早期研究

这一研究始于 1911 年，欧文·费雪出版的专著《货币的购买力》（*The Purchasing Power of Money*）。其内容如表 1.1 所示。

---

① 杨灿. 现代指数形式理论评析[J]. 厦门大学学报（哲学社会科学版），2002(3)：32-40.

表 1.1　《货币的购买力》一书的目录

章节	主要内容
第 1 章	主要的定义
第 2 章	作为相关交易方程式的货币购买力
第 3 章	存款货币对交易方程及相应购买力的影响
第 4 章	过渡期间均衡及购买力的干扰
第 5 章	对购买力的间接影响
第 6 章	间接影响(继续的)
第 7 章	金融系统对购买力的影响
第 8 章	货币数量及其他因素与购买力的相互影响
第 9 章	价格的分散使得购买力指数必不可少
第 10 章	最优的购买力指数
第 11 章	统计验证的一般历史性回顾
第 12 章	近些年来的统计验证
第 13 章	购买力的稳定性问题

在该书中,作者研究了有关购买力指数的构建与选择的问题,以期找到理想的购买力指数。书中作者构造并比较了一系列的指数公式,同时对现有的指数检验条目进行了系统性的整理,并将理想指数所满足的八条检验列于第十章的附录:

第一,价格的比例性检验(Test of Proportionality as to Prices):也即当所有商品的价格都同比例地发生变化时,价格指数也会发生同一比例的改变。[①]

第二,交易量的比例性检验(Test of Proportionality as to Trade):也即当所有商品的交易数量都同比例地发生变化时,数量指数也会发生同一比例的改变。[②]

第三,价格的确定性检验(Test of Determinateness as to Prices):也即当某产品的价格为零时,价格指数既不为零,也不无穷大。

第四,交易量的确定性检验(Test of Determinateness as to Trade):也

[①]　该检验最先由沃尔什于 1901 年提出。
[②]　Vogt 于 1980 年最先提出这一检验。

即当某产品的交易数量为零时，数量指数既不为零，也不无穷大。

　　第五，价格进退性检验(Test of Withdrawal or Entry as to Prices)：也即在原来的商品组合中，增加或减少一项商品，并且该项商品的价格指数等于基期(第 0 期)的价格总指数，则这一变化不应该影响价格总指数。

　　第六，交易量的进退性检验(Test of Withdrawal or Entry as to Trade)：也即在原来的商品组合中，增加或减少一项商品，并且该项商品的数量指数等于基期(第 0 期)的数量总指数，则这一变化不应该影响数量总指数。

　　第七，基期不变性检验(Test by Changing Base)。如前所述，此处略。

　　第八，公度性检验(Test by Changing Unit of Measurement)。如前所述，此处略。[①]

　　2. 欧文·费雪对指数检验方法的再研究

　　继 1911 年欧文·费雪《货币购买力》专著(第一版)问世后的 11 年，也就是 1922 年，欧文·费雪关于价格指数系统性研究的专著《指数的编制：它们的种类、测试及可靠性研究》(*The Making of Index Numbers：A Study of Their Varieties，Tests，and Reliability*)以更为全面的方法，从更为系统的角度研究了指数编制的相关问题。该书的主要内容如表 1.2 所示。

表 1.2　《指数的编制：它们的种类、测试及可靠性研究》一书的目录

章节	主要内容
第 1 章	导论
第 2 章	六类指数的比较
第 3 章	四种加权方式
第 4 章	两大重要的可逆性检验
第 5 章	不稳定的、有偏的和畸形的指数
第 6 章	两大用于构造公式的可逆性检验
第 7 章	通过型交叉调整公式
第 8 章	通过权交叉调整公式
第 9 章	公式的扩展系列
第 10 章	哪一种简单指数是最优的
第 11 章	什么样的指数是最优的

---

　　① Fisher. *The Purchasing Power of Money*[M]. London：Macmillan，1922：390-410.

续表

章节	主要内容
第 12 章	全部指数公式与理想指数公式的比较
第 13 章	所谓的循环性检验
第 14 章	调和存在显著差异的结果
第 15 章	计算速度
第 16 章	其他实践的思考
第 17 章	总结和展望

在该书的第四章,Fisher 写道:"当被考虑作为价格运动的真实代表时,并不是所有的指数都有平等的权利。他们有些指数可能是优良的、不好的、一般化的,于是我们下一步的任务是构建某种可用来区分它们的标准。"[①]这也是 Fisher 再次强调指数检验在甄别指数上的重要作用。为此,Fisher 在专著的第四章介绍了两个极为重要的检验:

(1)时间可逆性检验(Time Reversal Test)。此处不再赘述,该检验由皮尔逊于 1896 年提出。但直至 1901 年,沃尔什才认识到其重要作用,后来 Fisher(1911)以及其他众多学者都对其给予了极大的关注。

(2)因素可逆性检验(Factor Reversal Test)[②]:互换物量和价格两因素后所得到的两同型指数之乘积等于相应的总指数。也即:

$$P(\boldsymbol{p}^0,\boldsymbol{p}^1;\boldsymbol{q}^0,\boldsymbol{q}^1)Q(\boldsymbol{q}^0,\boldsymbol{q}^1;\boldsymbol{p}^0,\boldsymbol{p}^1)=\frac{\sum_{i=1}^{n}p_i^1q_i^1}{\sum_{i=1}^{n}p_i^0q_i^0} \tag{1.16}$$

在专著的第八章,Fisher 又介绍了最先由统计学家韦斯特伽德于 1890 年提出,后经沃尔什界定的循环性检验。事实上,Fisher(1911,1922)前后提出了八大指数检验。

Fisher 这一关于指数专著的出版,之所以标志着指数检验理论的基本形成,不仅因为其关于上述指数检验条目的系统性介绍,更主要在于其进一步阐述和深入分析了指数检验条目的有关理论及其重要作用,也即在深入分析有关检验的基础上,对指数的偏误展开了系统性的研究;借助检验比较指数的优良性;构造新的指数公式并辨明其分析性质。事实上,这些工作对

---

① Fisher. *The Purchasing Power of Money*[M]. London:Macmillan,1922.
② 该检验由 Fisher 于上个世纪 20 年代初在其论文《最好的指数公式》中提出。

人们选择更具实用性的指数做出了重大的贡献,从而该书也成为了后人研究指数理论及相关实践问题的不朽著作。

第一,借助检验系统地研究指数的偏误问题。

首先,Fisher 借助指数检验——可逆性检验提出了指数的型偏误理论。Fisher 认为,当指数不满足可逆性检验时,例如:

$P(p^0,p^1;q^0,q^1)\neq 1/P(p^1,p^0;q^1,q^0)$,或者 $P(p^0,p^1;q^0,q^1)P(p^1,p^0;q^1,q^0)\neq 1$ 时,该指数也就出现了某种形式的型偏误。具体地,其偏误情况为:

$$\begin{cases} 上偏:当\ P(p^0,p^1;q^0,q^1)P(p^1,p^0;q^1,q^0)>1 \\ 无偏:当\ P(p^0,p^1;q^0,q^1)P(p^1,p^0;q^1,q^0)=1 \\ 下偏:当\ P(p^0,p^1;q^0,q^1)P(p^1,p^0;q^1,q^0)<1 \end{cases} \quad (1.17)$$

同时,Fisher 检验了许多指数公式的偏误及其方向性。

其次,Fisher 借助指数检验——因素互换检验提出了权重偏误理论。并认为,当指数不满足因素互换检验时,也即出现下列情况时就表明存在某种形式的权偏误。

$$P(p^0,p^1;q^0,q^1)Q(q^0,q^1;p^0,p^1) \neq \frac{\sum_{i=1}^{n}p_i^1q_i^1}{\sum_{i=1}^{n}p_i^0q_i^0} \quad (1.18)$$

具体地,其偏误的方向为:

$$\begin{cases} 上偏:当\ P(p^0,p^1;q^0,q^1)Q(q^0,q^1;p^0,p^1) > \sum_{i=1}^{n}p_i^1q_i^1/\sum_{i=1}^{n}p_i^0q_i^0 \\ 无偏:当\ P(p^0,p^1;q^0,q^1)Q(q^0,q^1;p^0,p^1) = \sum_{i=1}^{n}p_i^1q_i^1/\sum_{i=1}^{n}p_i^0q_i^0 \\ 下偏:当\ P(p^0,p^1;q^0,q^1)Q(q^0,q^1;p^0,p^1) < \sum_{i=1}^{n}p_i^1q_i^1/\sum_{i=1}^{n}p_i^0q_i^0 \end{cases}$$

$$(1.19)$$

在利用指数检验研究偏误问题时,Fisher 还针对其所提出的众多指数进行了偏误的判断,并将相关指数划分为不稳定的、有偏性的和畸形的三种类型。

指数的不稳定性,是指当指数公式不满足时间和因素可逆性检验时,其同时存在向上和向下的两种偏误,而且不能够确定哪一种偏误更为突出,不过其最终的偏误可能会为零。

指数的有偏性,是指当指数公式不满足时间可逆性或者因素可逆性检验的情况,因此指数的有偏性分为型偏误和权偏误。另外,这种偏误具有两个特点:方向的相对稳定性;偏误的程度相对较小。

指数的畸形性,是指指数的偏误超出了一定范围,甚至较高时。显然,当一种指数被定义为畸形指数时,其应用将会受到严重影响,甚至会被实践拒之于门外。

上述三类指数,显然是借助了相关指数本身所产生偏误的严重程度来实现分类的。而且它们三者的偏误程度是逐渐严重的。

第二,构造新的指数公式并辨明其性质。

针对指数可能存在的型偏误和权偏误,Fisher 在深入研究时间和因素两种可逆性检验后,提出了相应的纠正方法。

首先,关于型偏误的纠正。针对存在型上偏和型下偏的两类指数,Fisher 提出了不同指数形式平均化的交叉指数构建法。

例如:Fisher 理想指数就是将拉氏指数和帕氏指数进行几何平均形式的型交叉得到的,也即(以价格指数为例):

$$P_F = \sqrt{P_L(\boldsymbol{p}^0, \boldsymbol{p}^1; \boldsymbol{q}^0) \cdot P_P(\boldsymbol{p}^0, \boldsymbol{p}^1, \boldsymbol{q}^1)} \qquad (1.20)$$

其次,关于权偏误的纠正。对于由于使用了某种权重导致的偏误,可以借助对权重进行适当处理,以构造出新的指数。

从对型偏误和权偏误的纠正方法来看,主要包括算术平均、几何平均和调和平均交叉法。同时,根据这一交叉思路,Fisher 构造出了大量的指数公式。为了发现更为理想的指数公式,Fisher 再次使用检验方法对所列指数进行了系统性的甄别。通过检验,Fisher 发现有四种最佳指数,而其中 P_F 理想指数公式仅不满足循环性检验和进退性检验,但却满足 Fisher 较为推崇的时间互换和因子互换检验,而被视为超越指数,也即"理想指数"。

(三)关于 Fisher 指数检验体系相容性问题的研究

价格和物量指数是极为重要的经济统计分析工具,它们使得我们能够将大量复杂的数据汇总成一个极具综合性的指标。在以 Fisher 为代表的学者们艰辛努力下,人们发现了大量的指数公式。但经过长期的指数理论研究,人们也察觉到发现一个新的指数公式并不难,但提供所发现的指数优于现有指数公式的证据才是最为关键的。因此,一系列甄别指数公式的方法,也即指数检验理论也随之诞生。这一理论的发展,为人们从海量指数公式中选择更为理想的目标指数提供了极大的帮助,也为人们寻找和构造超越指数提供了重要契机。

就在 Fisher 的巨著《指数的编制:它们的种类、测试及可靠性研究》问世后不久,指数研究的焦点开始转向经济学方法。这一时期,有相当多的经济统计学家开始深入研究经济学理论在指数领域的应用。同时,关于指数检验方法的研究也在继续,但其研究已经开始由使用检验方法选择公式转变到对指数检验本身合理性的研究上来,以试图建立起较为系统、更为精炼的指数检验体系。这一研究工作最先始于人们对 Fisher 指数检验体系科学、合理性的思考。具体来说,研究者们主要基于经济学的角度考虑,将 Fisher 指数检验体系中一些不合理的,或者与其他检验存在矛盾的检验加以剔除,以形成较为完整、统一的指数检验体系。

1. Frisch 和 Wald 关于 Fisher 指数检验体系的批评

针对 Fisher 及其他相关学者所提出的指数检验,Frisch(1930)、Wald(1937)最先发现其指数检验条目内在的矛盾性,并由此判断并不存在能够通过所有检验的指数公式。

其中,Frisch(1930)讨论了 Fisher 所提出的 7 条检验。也即:恒等性检验、时间互换检验、基期性检验、循环性检验、公度性检验、确定性检验及因素互换检验等。通过证明,作者发现:第 3、5、6 条检验是不相容的(对此,Frisch(1930)认为应该牺牲公度性检验;Frisch(1935)对此进行分析后则指出,应该将公度性检验作为基本检验条目加以保留;而 Swamy(1965)则认为应该舍弃确定性检验),同时,第 3、4 条检验是第 1 条检验的充分条件。

Wald(1937)从经济学的角度,证明了 Fisher 检验体系的矛盾所在。并指出,没有任何指数会同时满足比例性检验、循环性检验和因素互换检验,同时因素互换检验缺乏相应的经济基础。该作者据此认为,正规的数学方法并不适合于用来解决指数问题。

因此,Frisch,Wald 均认为 Fisher 的检验体系自相矛盾,不够简练,需要对其加以"提炼"和完善。

2. Swamy 关于 Fisher 指数检验体系的批评

Swamy 是微观经济学的信奉者。尽管他较为认同 Frisch 关于 Fisher 检验存在矛盾,同时 Swamy 认为 Fisher 机械式的检验方法缺乏经济理论的支撑,尤其是对于确定性检验和因素互换检验,更是值得怀疑。但在舍弃相互矛盾的相关检验时,Swamy(1965)则对 Frisch 的舍弃方法进行了批评,并强调应该在经济分析的框架内进行取舍。显然,这一方法是基于Konüs(1924)所提出的微观效用思想和无差异曲线工具下的,真实生活成本指数理论基础的。这与 Frisch 所使用的积分指数理论存在一定的差异。但两者在寻找 Fisher 超越指数体系的结论上却是较为相似的。

由此可见,随着指数基本理论的不断完善和新指数理论的逐步建立,人们考察指数检验体系的视野也在不断扩展。但这一时期的研究仍然局限于指数检验内部的矛盾性问题，并据此加以排除矛盾条目。

（四）关于指数检验条目相互独立性及公理化体系的研究

继 Frisch(1930,1935)和 Swamy(1965)两大学者针对 Fisher 指数检验进行相容性批评之后，人们对指数检验理论研究的兴趣并没有随着新指数理论的逐步建立而逐渐消失，反而在众多经济统计学家的深入研究下得以继续推进。20 世纪 70 年代以后，指数检验理论的研究进入了复兴期，公理化的指数检验体系逐步形成，其中一个最为明显的标志就是：人们开始用"Axioms"一词代替"Test"。前者通常译为"公理"，也即指数检验中处于核心地位的、无需证明的通用检验，而后者则往往被译为"检验"，通常指某种指数可能具备的相应特征。细心的读者会发现，在 20 世纪早期，Fisher(1911,1922)出版的两本专著中，作者使用的都是"Test"，而非"Axioms"。[①] 上述转变过程主要源于人们对众多指数检验条目相容性研究之后相互独立性研究的进一步深入。

继 Frisch 和 Swamy 之后，Eichhorn(1973,1983)从价格指数的函数方程理论角度对 Fisher 指数检验体系的相容性进行了更为系统性的研究，并进一步研究了相关检验间相互独立性的问题。Eichhorn(1973)对 Fisher 的指数检验体系中的五个检验：比例性检验、同度量性检验、循环性检验、确定性检验和因素可逆性检验进行了研究，并得出了与 Frisch(1930)类似的结论。由于从经济学的角度来看，因素可逆检验更具争议性。因此，Eichhorn 建议舍弃该检验。但与 Frisch(1930)的研究最为不同的是，Eichhorn 则对剩下的四个检验做了进一步的独立性分析，并认为它们是相互独立的，而且也是相容的。[②] 之后，Eichhorn and Voeller(1983)介绍了一套相互独立的指数检验公理体系，其中的检验公理被定义为价格指数函数的基本特性。这些检验公理分别为单调性公理，比例性公理，公度性公理和价格维度公理[③]。由于违背上述任何一类检验公理，而满足所有其他类型公理的指数是存在的，因此上述四类检验公理是相互独立的。Eichhorn and Voeller (1983)最终给出了两类指数公理化系统：

---

① Reinsdorf, M. B.. Axiomatic Price Index Theory[J]. *Measurement in Economics: A handbook*, 2007:153-188.

② 这一研究结论最先发表于德国的 *Mathematical Journal* 杂志上，三年后被翻译为英文，并在 *Econometrica* 杂志上发表。

③ 也即：若基期和当期所有商品的价格都乘以某个正数，价格指数依然保持不变。

第一，Eichhorn and Voeller(1983)称其为 Five Axioms System(EV-5)体系。该体系包括的五个公理为严格单调性(Strict Monotonicity)、价格的维度性(Price Dimensionality)、同度量性(Commensurability)、恒等性(Identity)及线性齐次性(Linear Homogeneity)等。

第二，Eichhorn and Voeller(1983)称其为 Four Axioms System(EV-4)，具体包括严格单调性、价格的维度性、同度量性及严格的比例性。

之所以同时存在两类公理体系，是因为恒等性及线性齐次性等价于严格比例性公理。另外，价格的维度性与同度量性等价于物量的同维度性。

Gleissner(1990)的研究指出，所有正函数都满足单调性公理。Gleissner(1992)再次指出，所有正函数都满足单调性公理、同度量性公理、价格维度性公理等。另外，Olt B. (1996)在《统计价格指数理论的公理和结构》(*Axiom Und Struktur in der Statistischen Preisindex Theorie*)一文中，对指数的公理化结构也进行了相应研究，并提出了与 Eichhorn and Voeller(1983)不同的三类公理化体系：

第一，Olt B. (1996)称其为 Olt(1)，具体包括：维度性、同度量性、弱单调性及比例性等四个公理。

第二，Olt B. (1996)称其为 Olt(2)，具体包括：维度性、同度量性、弱单调性及弱平均值性质(Weak mean Value Property)等四个公理。

第三，Olt B. (1996)称其为 Olt(3)，具体包括：维度性、同度量性、严格平均值性质(Strict Mean Value Property)及对称性(Symmetry)等四个公理。

Martini(1992)在对几种较为基础的指数公式进行研究后，提出了一种指数公理化体系，该体系包括：恒等性检验、同度量性检验、线性齐次性检验及单调性检验。[①] Voget and Barta(1997)在《指数检验的构造：描述性统计的数学方法》(*The Making of Tests for Index Numbers；Mathematical Methods for Descriptive Statistics*)一文中对指数的公理化体系进行了系统性研究，并得出了一种新的公理化体系，也即：比例性检验、价格的同维度性检验、同度量因素检验、单调性检验等。

加拿大经济统计学家 Diewert(1992)通过自创和收编原有的指数公理化检验，给出了 20 条指数检验公理，并将其划分为五大类，具体内容如表 1.3 所示。

---

① Martini，M. . A General Function of Axiomatic Index Numbers[J]. *Journal of the Italian Statistical Society*，1992(3)：359-376.

表 1.3　Diewert 给出的指数检验公理及其体系

公理化检验类别	名称	公理化检验类别	名称
基本检验	正定性检验	齐次性检验	基期价格比例性检验
	连续性检验		现期价格反比例性检验
	恒等性检验		基期数量比例变化的不变化性
	常数篮子检验		
			现期数量比例变化的不变化性
不变性和对称性检验	商品互换检验	平均值检验	价格指数中值检验
	公度性检验		数量中值检验
	时间互换检验		拉氏、帕氏界限检验
	物量互换检验		
	价格互换检验		
单调性检验	基期价格单调性检验		基期物量单调性检验
	现期价格单调性检验		现期物量单调性检验

事实上,在指数公理化及其体系的研究文献中,学者们经常以指数的经济学理论为研究的基本出发点,并通过舍弃那些没有经济含义或经济意义较为含糊的检验,以解决指数检验体系的内在矛盾性。[①]

三、指数检验理论的相关评述

(一)关于指数检验条目的评述

指数检验公理的产生和发展,主要经历了这样几个阶段:早期用于评判指数公式优劣性的指数检验萌芽阶段;Fisher 用于判断指数公式的偏误及用于构造指数的指数检验体系形成阶段;基于经济理论框架下的关于 Fisher 指数检验体系相容性大讨论的继续发展阶段;关于指数公理化的形成阶段及公理化体系的大讨论阶段等。

---

① Boumans,M. . Fisher's Instrumental Approach to Index Numbers [J]. *History of Political Economy*,2001,33(5):313-344.

在指数检验理论的整个发展过程中,经济和统计学家们提出了众多的指数检验条目和一些指数公理化体系。从文献的研究结论来看,我们可以发现两大突出特点。

1. 具有争议的检验条目众多,获得一致公认的条目甚少。

早期指数检验的提出,主要用于评判指数的优劣性和描述指数的相关特征,由于当时的研究对象以简单未加权性质的指数或固定权重指数(例如Young 指数和 Lowe 指数等)为主,因此这些检验条目具有较为明显的数理化特征,例如,佩雷斯所提出的恒等性检验、Edgeworth(1896)提出的基期不变性检验、韦斯特伽德(1890)提出的循环性检验等,以及 Fisher(1911,1922)先后提出的共八种检验。其中时间互换检验、因子互换检验和循环性检验构成其核心检验,但却也是实际经济意义并不明显的检验。因为的确存在如下形式的指数能够同时满足此三大检验:

$$P_K(\boldsymbol{p}^0, \boldsymbol{p}^1, \boldsymbol{q}^0, \boldsymbol{q}^1) = \sqrt{\sqrt[n]{\prod_{i=1}^{n} p_i^1/p_i^0} \left(\frac{\sum\limits_{i=1}^{n} p_i^1 q_i^1}{\sum\limits_{i=1}^{n} p_i^0 q_i^0} \middle/ \sqrt[n]{\prod_{i=1}^{n} q_i^1/q_i^0} \right)}$$

$$(1.21)$$

然而,这样构造出的总指数却并不是优良的指数,甚至比简单平均数还要差。这是因为由该指数计算出的总指数可能超出个体指数的变动范围。[①] 因此,继 Fisher 之后的经济统计学家,大都倾向于立足经济现实情况研究指数的检验条目,并致力于构建更为简化的检验体系。

当结合现实经济情况分析指数检验体系时,常需要考虑以下问题。

第一,商品价格与消费量间不再是相互独立的。根据市场需求理论,商品价格与消费量间不是相互独立的,而是具有较强的相关性。在这样的情况下,比例性检验将不再成立。因为当所有商品价格都同比例地发生改变时,由于商品价格改变的绝对量不甚相同,从而引起价格较高的商品涨幅越多的错觉,以致消费者将会根据价格变化重新调整消费结构。同时,加权指数可能也将不再满足比例性检验和线性齐次性检验等。显然,时间互换检验、因子互换检验成立的经济意义并不强。

第二,有些检验具有较强的经济现实意义,能够成为检验公理。这些检验主要包括:单调性检验、同度量性检验、确定性检验等。对于单调性检验,如果商品篮子中所有商品的价格都上涨,最终指数无疑要上涨;对于同度量性检验,从经济现实看,商品价格单位的变化不应该影响其价格水平的变

---

① 徐国祥. 统计指数理论及应用[M]. 北京:中国统计出版社,2009.

化,也即指数应该满足同度量性检验;对于确定性检验,尽管价格指数可能会随着某个样本单位的消失或出现而发生变化,但价格指数显然不可能为零和无穷大。因此,这些检验条目无疑可以成为合理的指数检验公理。

2. 尽管指数公理化体系较少,但孰优孰劣却不易分辨。

从前文的介绍来看,指数理论界存在几种较具代表性的指数检验公理体系。这些体系中存在一些交叉性的公理,例如,同度量性和维度性公理等,但交叉公理明显偏少,而且每一种公理体系所包含的公理也并不多。而由于指数检验公理本身就存在颇多争议,这使得我们难以有效地辨别各种公理体系的优劣性。不过需要说明的是,正如前文所分析,Fisher 的三大核心检验均未能被列其中,这不能不说是一种遗憾。

(二)关于指数检验理论的评价

用来估计一国 CPI 的价格指数公式不胜枚举,不同的公式估计的结果并不一样,甚至相差甚远。如何从中选择更为合理的指数公式,成为编制 CPI 指数的关键性问题。于是,衡量估计准确程度的指数检验理论随之产生了。因此,指数的检验理论曾经在统计指数的发展史中享有较高的地位,而且人们研究指数检验理论的热情也是经久不衰,时至今日仍有不少统计学家从事相关方面的研究。但基于指数理论总在不断发展和完善,我们有必要客观地看待指数检验公理在指数理论中的地位和作用。

1. 以纯数学推导方式建立的指数检验体系,终将被以经济分析方式建立的指数检验体系所取代。CPI 作为反映宏观经济现象和特征的重要指标,针对编制 CPI 指数公式的检验公理理应具有较强的经济特点和含义。不管人们编制 CPI 基于是何种指数理论,这都将是一种极为明显的规律。因而,早期的、从纯数理角度构造及演绎出的指数检验公理将逐渐淡出人们的视野。关于这一发展趋势,我们已经从指数检验理论的发展史中略知一二。

但需要指出的是,在目前固定篮子法仍然具有重要地位的条件下,纯数理特征的指数检验体系仍然不失为一种相对有效的指数甄别工具。

2. 指数检验体系并非评价指数优劣的唯一标准。运用不同的数理特征,选择不同的经济理论,可以构造出不尽相同的指数检验体系。一方面各种检验体系互存优劣,同时也几乎不存在能够满足全部检验体系的指数公式。如果一味地以某一体系或全部体系为选择指数的标准,可能会导致理论上较为理想的指数,缺乏实际应用价值。因此,在参照指数检验体系的同时,适当兼顾 CPI 编制的实践问题,或许能够选出更具应用价值的指数公式。

3. 指数检验理论的发展与指数其他理论的发展是相互促进的关系。从指数理论的发展历史来看,人们曾经利用该指数理论构造出了一系列的指数公式。因此,从历史发展的角度和指数理论本身的特点来看,各指数理论间的发展从来都不是孤立平行的。例如,统一理论构造出的诸多指数,依然需要借助指数的公理化体系进行甄别和检验。同时,指数其他理论的发展也为检验体系的构造拓宽了视野。

第三节　指数的积分构造理论
——Divisia 指数理论

一、Divisia 指数的起源与发展

考虑到价格指数和数量指数间一致性的问题,法国经济学家 Francois, Divisia 于 1925 在《货币指数与货币理论》一文中提出了用积分理论研究物价动态演变的思想,并据此提出了著名的 Divisia 指数。在该指数中,Divisia 将货币各分量数量增长率进行加权平均以得到货币总量的增长率。这一加总的过程中,Divisia 使用了连续时间的指数公式,并运用了经济加总理论以及效用最优化的一阶条件。因而,这一指数被称为积分指数,同时被广泛应用于数据加总和衡量技术结构变化。

Nataf and Roy(1948)初次讨论了 Divisia 价格指数与生活费用指数的关系;Von,Hofsten(1952)研究了 Divisia 指数与链式指数间的相互关系;1957 年,Solow 利用 Divisia 指数从生产函数中分解出技术变动因子,后来有学者将其称之为总要素生产力;Vogt,A(1978)研究了不同路径依赖下的 Divisia 指数问题;Krtscha(1979),Mundlos(1982)研究了 Divisia 指数的检验公理化性质。

20 世纪 80 年代以后,Divisia 指数得到了广泛的应用,人们根据 Divisia 指数的性质和特点,将其应用于不同的领域以研究相关问题。例如,将其应用于要素投入品质量的测定、货币数量的变化、能源集中度测定、以及购买力评价假说的检验等。总体来看,这些研究主要集中于三大领域:货币数量加总及货币量的测量、生产力增长测量、购买力平价学说的检验等。而其中,又以第一大领域为重点研究对象,这一领域积累了大量的研究文献。始于 20 世纪 90 年代初,国内学者张晓波就对 Divisia 指数的理论与实践问题进行了相关研究。

总之,Divisia 指数理论在众多领域都得到了广泛的应用。但令人遗憾的是,该理论在指数领域的应用却显得较为滞后。

二、Divisia 指数的基本含义

Divisia 指数的基本假设条件为商品价格与物量是时间的连续函数。[①] 为了研究的方便,我们约定以下符号:当期 t 消费商品的物量和价格向量分别为:$q(t)=(q_1^t,q_2^t,\cdots,q_n^t)$;$p(t)=(p_1^t,p_2^t,\cdots,p_n^t)$;基期 t' 的价格和物量向量分别为 $q(t')=(q_1^{t'},q_2^{t'},\cdots,q_n^{t'})$;$p(t')=(p_1^{t'},p_2^{t'},\cdots,p_n^{t'})$;其中两期价值总量分别为 $v(t)$;$v(t')$。则有:$v(t)=p(t)\cdot q^{\mathrm{T}}(t)=\sum\limits_{i=1}^{n}p_i(t)q_i(t)$;$v(t')=p(t')\cdot q^{\mathrm{T}}(t')=\sum\limits_{i=1}^{n}p_i(t')q_i(t')$。则存在以下关系:

$$\ln\frac{p(t)\cdot q^{\mathrm{T}}(t)}{p(t')\cdot q^{\mathrm{T}}(t')}=\ln p(t)\cdot q^{\mathrm{T}}(t)-\ln p(t')\cdot q^{\mathrm{T}}(t') \quad (1.22)$$

上式可变形为:

$$\ln p(t)\cdot q^{\mathrm{T}}(t)-\ln p(t')\cdot q^{\mathrm{T}}(t')=\int_{t'}^{t}\frac{\mathrm{dln}p(\tau)\cdot q^{\mathrm{T}}(\tau)}{\mathrm{d}\tau}\mathrm{d}\tau$$

$$(1.23)$$

对其作进一步的变形有:

$$\frac{\mathrm{dln}p(\tau)\cdot q(\tau)}{\mathrm{d}\tau}=\frac{\sum\limits_{i=1}^{n}p_i(\tau)\mathrm{d}q_i(\tau)/\mathrm{d}\tau}{p(\tau)q(\tau)}+\frac{\sum\limits_{i=1}^{n}q_i(\tau)\mathrm{d}p_i(\tau)/\mathrm{d}\tau}{p(\tau)q(\tau)}$$

$$=\sum\limits_{i=1}^{n}s_i(\tau)\frac{\mathrm{dln}q_i(\tau)}{\mathrm{d}(\tau)}+\sum\limits_{i=1}^{n}s_i(\tau)\frac{\mathrm{dln}p_i(\tau)}{\mathrm{d}(\tau)} \quad (1.24)$$

其中,$s_i(\tau)$ 为 τ 时期商品 $i(i=1,2,\cdots,n)$ 占总支出的比例。

据此,我们可得到下式:

$$\ln P_{\mathrm{Divisia}}(t,t')\equiv\int_{t'}^{t}\sum\limits_{i=1}^{n}s_i(\tau)\frac{\mathrm{dln}p_i(\tau)}{\mathrm{d}\tau}\mathrm{d}\tau$$

$$\ln Q_{\mathrm{Divisia}}(t,t')\equiv\int_{t'}^{t}\sum\limits_{i=1}^{n}s_i(\tau)\frac{\mathrm{dln}q_i(\tau)}{\mathrm{d}\tau}\mathrm{d}\tau \quad (1.25)$$

也即,Divisia 价格和物量指数分别为:

$$P_{\mathrm{Divisia}}(t,t')\equiv\exp\left\{\int_{t'}^{t}\sum\limits_{i=1}^{n}s_i(\tau)\frac{\mathrm{dln}p_i(\tau)}{\mathrm{d}\tau}\mathrm{d}\tau\right\}$$

[①] 关于这一部分的内容,主要参考 Balk,B.. Divisia Price and Quantity Indices: 75 Years After [J]. *Department of Statistical Methods, Statistics Netherlands*, PO Box,2000.

$$Q_{\text{Divisia}}(t,t') \equiv \exp\left\{\int_{t'}^{t}\sum_{i=1}^{n}s_i(\tau)\frac{\text{d}\ln q_i(\tau)}{\text{d}\tau}\text{d}\tau\right\} \tag{1.26}$$

上式进一步可变为：

$$\frac{\text{d}\ln P_{\text{Divisia}}(t,t')}{\text{d}t} \equiv \sum_{i=1}^{n}s_i(\tau)\frac{\text{d}\ln p_i(\tau)}{\text{d}\tau}\text{d}\tau$$

$$\frac{\text{d}\ln Q_{\text{Divisia}}(t,t')}{\text{d}t} \equiv \sum_{i=1}^{n}s_i(\tau)\frac{\text{d}\ln q_i(\tau)}{\text{d}\tau}\text{d}\tau \tag{1.27}$$

上述两式的基本含义为：Divisia 指数的对数增长率是各个分指数增长率的加权平均。

三、Divisia 指数的路径依赖问题

由于 Divisia 指数中涉及的积分必须是线性积分，这也就意味着该指数值不仅依赖于积分区间的上下限，而且还依赖于积分曲线 $p_i(\tau)$ 和 $q_i(\tau)$。由于不同的积分路线，可以推算出不同的 Divisia 指数。因此，路径依赖是 Divisia 指数理论所面临的极其关键性的一大问题，Divisia(1925)本人已经充分意识到了这一问题。

针对 Divisia 指数路径依赖性的问题，人们也进行了广泛的研究，并取得了一些基本的结论：

（1）由于居民消费品并不存在路径依赖性问题，因而根据式（1.26）可知，当且仅当 $Q_{\text{Divisia}}(t,t')$ 不存在路径依赖时，则 $P_{\text{Divisia}}(t,t')$ 也不存在路径依赖。

（2）线性积分理论告诉我们，当且仅当存在一个这样的函数，也即：$s_i(\tau)=\partial\ln\phi(p(\tau))/\partial\ln p_i,(i=1,2,\cdots,n)$ 时，$P_{\text{Divisia}}(t,t')$ 是不存在路径依赖性的。此时，Divisia 价格指数为：

$$P_{\text{Divisia}}(t,t') \equiv \ln\frac{\phi(\boldsymbol{p}(t))}{\phi(\boldsymbol{p}(t'))} \tag{1.28}$$

同理，我们可得到 Divisia 物量指数为：

$$Q_{\text{Divisia}}(t,t') \equiv \ln\frac{\varphi(\boldsymbol{q}(t))}{\varphi(\boldsymbol{q}(t'))} \tag{1.29}$$

（3）结合上述结论，进一步得出，如果 $P_{\text{Divisia}}(t,t')$ 和 $Q_{\text{Divisia}}(t,t')$ 均为非路径依赖性的，则存在函数 $\phi(p)$ 和 $\phi(q)$ 使得下列等式在任何两期内均成立。

$$\ln\frac{v(t)}{v(t')} = \ln\frac{\varphi(\boldsymbol{p}(t))}{\varphi(\boldsymbol{p}(t'))} + \ln\frac{\phi(\boldsymbol{q}(t))}{\phi(\boldsymbol{q}(t'))} \tag{1.30}$$

事实上，上述条件可以替换为：$v(\tau)=\varphi(\boldsymbol{p}(\tau))\cdot\phi(\boldsymbol{q}(\tau))$

其中,上述得以成立的条件是:在 $v(\tau)=\boldsymbol{p}(\tau)\cdot\boldsymbol{q}^{\mathrm{T}}(\tau)$ 成立时,$\phi(\boldsymbol{p})$ 和 $\varphi(\boldsymbol{p})$ 均为线性位似效用函数。通过学习这些结论,我们知道各分项目加总的值总可被分解成两部分:价格加总的部分和其他加总的数量。显然,要充分实现总价值对价格和物量的分解,必须具备相对较为严格的线性位似条件。

由于实践中一般函数都不满足位似条件,因此,通常情况下 Divisia 指数都是路径依赖性的,这必将影响到 Divisia 指数在实践中的应用。

四、Divisia 指数的近似计算问题

现实中,由于价格收集的频率为每天、每周、每月等等,这些都是不同程度的离散时间,其所得到的数据也是不同程度的离散时间序列数据。显然,这一现实与 Divisia 指数的假定存在明显差异,这使得人们在实际计算 Divisia 价格指数时出现了困难,因而学术界对此提出了一系列的近似计算方法。

(一)数字近似法

该方法主要是对积分区间和可积函数做一些近似上的处理,以便更为方便地计算出可用于实践的 Divisia 指数。

若以积分区间 $[0,t]$ 为例来计算 $P_{\mathrm{Divisia}}(t,0)$。先将整个区间处理为:$0=t^{(0)},t^{(1)},\cdots,t^{(L)}=t$。然后将其划分为若干个子区间,再使用循环特征计算 Divisia 线性积分链式价格指数,据此即得:

$$P_{\mathrm{Divisia}}(t,0)=\prod_{l=1}^{L}P_{\mathrm{Divisia}}(t^{(l)},t^{(l-1)}) \tag{1.31}$$

为了计算出上式的结果,需要做进一步的假定,随着时间的推移,假定 $s_i(\tau)=s_i(i=1,2,\cdots,n)$,则可得到下列 Divisia 指数的近似指数。

$$P_{\mathrm{Divisia}}(t,0)\approx\prod_{i=1}^{n}(p_i^t/p_i^0)^{si} \tag{1.32}$$

上述指数即为几何平均形式的指数。另外,我们还可以基于一定近似条件,推导出拉氏、帕氏和 Fisher 理想指数,此处不再一一推导。

(二)曲线积分法

将前述 Divisia 指数写成下列形式:

$$\ln P_{\mathrm{Divisia}}(C)\equiv\int_c\frac{\sum_{i=1}^{n}p_i\mathrm{d}p_i}{\boldsymbol{p}\cdot\boldsymbol{x}}\quad \ln Q_{\mathrm{Divisia}}(C)\equiv\int_c\frac{\sum_{i=1}^{n}q_i\mathrm{d}q_i}{\boldsymbol{p}\cdot\boldsymbol{x}} \tag{1.33}$$

其中,C 表示当 τ 穿过区间时,被 $[\boldsymbol{p}(\tau)\cdot\boldsymbol{q}(\tau)]$ 描述的积分曲线。一条合理的积分曲线往往能够从某种程度上近似 Divisia 指数。Vogt(1977,1978,1979,1980),Banerjee(1979)and Van,IJzeren(1986)等均对该方法进行了广泛深入的研究,并得出了几类较为典型的指数。限于篇幅,本书不再进行详细的介绍。

五、Divisia 指数公理化特征及其与链式指数的关系

(一)Divisia 指数公理化的特征

Balk,B.(2000)对 Divisia 指数的相关公理化特征进行了研究,下面对其进行简单介绍。

1. 单调性检验

如前所述,$\ln P_{\text{Divisia}}(t,t') \equiv \int_{t'}^{t}\sum_{i=1}^{n}s_i(\tau)\dfrac{\mathrm{d}\ln p_i(\tau)}{\mathrm{d}\tau}\mathrm{d}\tau$,应用积分中值定理,我们能够得到:

$$\ln P_{\text{Divisia}}(t,t') \equiv \sum_{i=1}^{n}s_i(t_i^*)\ln(p_i(t)/p_i(t')) \qquad (1.34)$$

其中,$t_i^*\in[t',t]$,$t=1,2,\cdots,L$。且当 $n\neq n'$ 时,$t_n^*\neq t_{n'}^*$。

由上可知,在区间 $[t',t]$ 内,当商品的价格都不下降时,$p_i(t)/p_i(t')$ 必定大于或等于 1,$P_{\text{Divisia}}(t,t')$ 也将不会下降。因此,Divisia 指数是满足单调性检验的。同理,可以验证其数量指数也是满足该检验的。

2. 因素互换检验

结合式(1.34),我们即可验证 Divisia 指数是满足因素互换检验的,也即:

$$\ln\frac{\boldsymbol{p}(t)\cdot\boldsymbol{q}^{\mathrm{T}}(t)}{\boldsymbol{p}(t')\cdot\boldsymbol{q}^{\mathrm{T}}(t')}=\ln P_{\text{Divisia}}(t,t')+\ln Q_{\text{Divisia}}(t,t') \qquad (1.35)$$

3. 循环性检验

根据微积分的基本性质,我们能够将 Divisia 价格指数作如下分解:

$$\ln P_{\text{Divisia}}(t,t')=\ln P_{\text{Divisia}}(t,t'')+\ln P_{\text{Divisia}}(t'',t') \qquad (1.36)$$

因此,该指数是满足循环性检验的,同理其物量指数也是满足循环性检验的。

4. 单位不变性检验

由式(1.34)可知,Divisia 指数是满足单位不变性检验的。

此外,Divisia 指数公式还满足加总的时间互换检验、一致性检验、恒等性检验等,此处不再一一加以证明。但需要指出的是,与几种最佳指数——Fisher 指数、Walsh 指数和 Törnqvist 指数所不同的是,Divisia 指数能够循环性检验、时间互换检验、因素互换检验和加总的一致性检验等几条重要的检验公理。因此,从这一角度来讲,Divisia 指数检验公理的优良性要胜过上述几种最佳指数。

(二)链式指数与 Divisia 指数

Alfred,Marshall(1887)首次提出了构建权重每年变化一次的环比价格指数。该作者主要从将新产品引入价格指数的角度给予考虑,并认为每年更新权重将为新产品的引入提供了极大的便利,并且将这些指数通过连乘可以构造出进行长期对比的链式指数。但由于每年都更新权重的链式指数,几乎都不满足循环性检验而出现所谓的链式漂移。直到 1925 年,法国经济学家 Francois Divisia 提出一种新的价格指数的概念。该概念假定:在基期(第 0 期)和当期(第 t 期)间,价格指数的改变不仅依赖于基期和当期,而且还有赖于这一期间价格和物量的运动路径。由于 Divisia 定义价格指数为差分方程,而曲线积分则是该方程的解。在这一方面,它基本上不同于所有其他的定基指数(亦即"双边指数")等,包括 Fisher 理想指数等。

或许正是由于 Divisia 指数的这些特点,也使得该指数具备了极为优良的性质。尤其是在循环性检验公理上,该指数与其他几种超越指数相比,具备明显的优势,这也就使得该指数成为了人们编制链式指数的重要选择对象。因此,一些学者也提出了将 Divisia 指数理论作为实践中人们编制链式指数的基本理论。例如,Forsyth,F. G. and Fowler,R. F. (1981)关于链式价格指数理论与实践问题的研究,Oulton,N. (2008)关于生活成本指数的路径依赖及其问题解决的研究等。

但 Divisia 指数也并非十全十美,其缺点也是十分明显的。因为其假设商品价格与物量的变化是时间上连续的。而对于这一问题,我们不必过分悲观。

一方面,实践中商品价格和物量的变化并非绝对意义上连续的,但与连续性则是极为接近的。因为从单独的某消费品市场来看,商品价格和物量的变化可能是缓慢的,或者是间断的。但现实中由于信息的不对称性和不完全性,从而导致各销售网点间同一商品的价格存在较大差异。因而,从同一个地区来看,某一时间跨度上,各商品价格的变化可以近似地看作是连续的。

　　另一方面,即使现实中商品价格的变化是高度连续的,但由于在商品相关数据可获得性方面存在困难,目前的条件下我们要想获得高频率的商品价格和物量数据也实属不易。因而,在扫描数据未能够得到广泛应用的情况下,我们仍然也只能通过近似的方法来计算具体的 Divisia 价格和物量指数。

　　但也正是出于对上述问题的顾虑,也有部分统计学家反对将 Divisia 指数理论作为链式指数的基本理论。但笔者认为,尽管 Divisia 指数理论并不能够解决链式指数编制过程中的所有问题,甚至其中存在一些近似处理的地方,但至少与其他指数理论比较来看,Divisia 指数理论可以被认为是更为理想的链式指数理论。

第四节　指数的经济学理论

一、指数经济学理论的发展历程及其现状

(一)指数的经济学理论产生的背景

　　在指数公式的构造上,固定篮子法为人们提供了极大的帮助。其中,Fisher(1911,1922)将这一理论几乎发挥到了极限。Fisher 使用该方法构造出了 134 个指数公式,并制定了评价指数公式优劣性的一系列检验,同时构造了 Fisher 理想指数公式。尽管提出了一系列的指数检验方法,但 Fisher 对自己的检验方法却并不十分满意,这也使得人们对于指数公式的选择依然充满迷茫。

　　而这一时期也正值新古典经济学阶段,更是微观经济学奠定的重要时期。其主要标志为 19 世纪末英国经济学家马歇尔的代表作《经济学原理》的出版,这标志着新古典经济学理论体系的完成。新古典经济学借助数学中的边际分析方法,将以劳动价值论为主体的古典经济学的价值理论扩展为边际效用价值论,并由强调供给和生产转变为强调需求和消费。微观经济学的奠定,为人们研究居民消费行为和进行商品价格的测算提供了有力的工具。Bowley(1919)与 Bennet(1920)先后分别在论文《生活成本改变的测量》(*The Measurement of Changes in the Cost of Living*)和《生活成本

改变的测量理论》(*The Theory of Measurement of Change in Cost of Living*)中应用微观效用理论研究了消费者生活成本的测算问题。其中,后者使用了前者的表示方法和数据,并被视为试图利用二次效用函数的假设确定替代偏差的近似幅度。而 *Bowley*(1928,1938)反过来又受 Bennet 的影响,并发展了自己的二次近似方法。Konüs(1924)在俄罗斯《商情研究所通报》杂志上发表的《真实的价格指数问题》①一文中,借助微观经济效用理论及无差异曲线等工具研究了价格指数的测算问题,并据此提出了经济指数及相应的编制方法,此即为指数的经济学理论。该文于 1939 年被英文转载后,引起西方经济学界的广泛重视和研究。但需要指出的是,由于 Bennet 的论文非常简短,而 Konüs 不仅明确界定了寻求最优化的个体关于真实生活成本指数的定义,而且指出了其与著名的拉氏和帕氏指数间的关系。因而,前者在学术界的影响永远不及后者。不过也有文献指出,Allen(1933)在《货币的边际效用及其应用》(*On the Marginal Utility of Money and Its Application*)中也独立提出了指数的经济学理论②;以及后来 Staehle(1935)关于《价格指数经济理论的发展》一文的研究也做了类似的工作等。Konüs 经济指数理论的提出,依然是为了解决当时看来极为迫切的问题——什么样的指数公式是最好的,并同时指出了拉氏和帕氏指数所存在的替代偏误。由于 Konüs 的重要贡献,指数的经济学理论引起了学术界极为广泛的关注,诸多学者对其进行了深入广泛的持续性研究。

Konüs 的真实生活成本指数的建立,包含了一系列的假设条件。也即对消费者理性的假定、偏好的假定、效用函数形式的假定等。其中,不同效用函数形式的假定都会推导出不同具体形式的 Konüs 生活成本指数,于是围绕消费者偏好、效用函数形式及其特征的研究也随之展开。

(二)经济指数理论的基本含义

Konüs 提出经济指数理论后,人们纷纷从生产者理论、成本理论等角度进行了相关的研究,并得出了基于不同角度的经济指数。总体来讲,经济指数理论已经发展为四个方面的分支,人们据此编制了四类经济指数。其基本含义分别如下。

1. 基于消费者的 Konüs 真实生活成本指数的理论定义

假设市场中某代表性消费者对 n 种消费品的不同组合具有明显的偏

---

① 该论文于 1939 年用英文全文转载于《计量经济学》(*Econometrica*)杂志上。
② Allen,R..On the Marginal Utility of Money and Its Application[J].*Economica*,1933(36):186-209.

好差异。其价格向量为正向量：$\boldsymbol{p}^t = (p_1^t, p_2^t, \cdots, p_n^t)$，其商品消费数量为正向量 $\boldsymbol{q}^t = (q_1^t, q_2^t, \cdots, q_n^t)$。消费者的效用函数可由非减且拟凹的函数 $f(\boldsymbol{q}^t)$ 表示，消费者通过消费 n 种商品的某种组合而获得效用或满足程度 u。基于经济分析上的对偶性原理，我们可将观测到的时期 t 的消费向量 $\boldsymbol{q}^t$ 相应的最小化支出表达为下列问题的解：

$$C(u, \boldsymbol{p}^t) = \min_{q^t} \left\{ \sum_{i=1}^{n} p_i^t q_i : f(\boldsymbol{q}) \geqslant u, q \geqslant 0_n \right\}$$

$$= \sum_{i=1}^{n} p_i^t q_i, \qquad (1.37)$$

其中，$t = 0, 1$，则与两个时期有关的 Konüs 真实生活成本指数族可界定为：

$$P_K(\boldsymbol{p}^0, \boldsymbol{p}^1, \boldsymbol{q}) = \frac{C(f(\boldsymbol{q}), \boldsymbol{p}^1)}{C(f(\boldsymbol{q}), \boldsymbol{p}^0)} \qquad (1.38)$$

其中，$\boldsymbol{p}^0 = (p_1^0, p_2^0, \cdots, p_n^0)$；$\boldsymbol{p}^t = (p_1^t, p_2^t, \cdots, p_n^t)$ 分别为第 0 期和第 t 期的正的价格向量；$\boldsymbol{q}$ 为其物量向量。

上式可理解为：在同一效用水平 $f(\boldsymbol{q})$ 下，Konüs 真实生活成本指数等于报告期与基期的最小支出之比。

若 $\boldsymbol{q}^0$ 和 $\boldsymbol{q}^1$ 分别选为基期和报告期的物量向量，则可分别得到下列指数：

$$P_{LK}(\boldsymbol{p}^0, \boldsymbol{p}^1, \boldsymbol{q}^0) = \frac{C(f(\boldsymbol{q}^0), \boldsymbol{p}^1)}{C(f(\boldsymbol{q}^0), \boldsymbol{p}^0)} = \frac{C(f(\boldsymbol{q}^0), \boldsymbol{p}^1)}{\sum\limits_{i=1}^{n} p_i^0 q_i^0} \qquad (1.39)$$

$$P_{PK}(\boldsymbol{p}^0, \boldsymbol{p}^1, \boldsymbol{q}^1) = \frac{C(f(\boldsymbol{q}^1), \boldsymbol{p}^1)}{C(f(\boldsymbol{q}^1), \boldsymbol{p}^0)} = \frac{\sum\limits_{i=1}^{n} p_i^1 q_i^1}{C(f(\boldsymbol{q}^1), \boldsymbol{p}^0)} \qquad (1.40)$$

由于式(1.39)的分母与式(1.40)的分子均是实际支出，因而是可以观察到的。根据最小化问题的解与实际观察到的支出，我们不难得到下列关系：

$$C(f(\boldsymbol{q}^0), \boldsymbol{p}^1) \leqslant \sum_{i=1}^{n} p_i^1 q_i^0; C(f(\boldsymbol{q}^1), \boldsymbol{p}^0) \leqslant \sum_{i=1}^{n} p_i^0 q_i^1 \qquad (1.41)$$

由上述两式可知，拉氏价格指数是拉氏生活费用指数的上限，而帕氏价格指数则是帕氏生活费用指数的下限。也即：

$$P_{LK}(\boldsymbol{p}^0, \boldsymbol{p}^1, \boldsymbol{q}) \leqslant \frac{\sum\limits_{i=1}^{n} p_i^1 q_i^0}{\sum\limits_{i=1}^{n} p_i^0 q_i^0}; P_{PK}(\boldsymbol{p}^0, \boldsymbol{p}^1, \boldsymbol{q}^1) \geqslant \frac{\sum\limits_{i=1}^{n} p_i^1 q_i^1}{\sum\limits_{i=1}^{n} p_i^0 q_i^1} \qquad (1.42)$$

继 Konüs(1924)对真实生活成本指数研究之后，Samuelson(1947)、

Allen(1949)、Malmquist(1953)、Pollak(1971)及 Pollak(1971)先后对该理论进行了深入的后续性研究。但需要指出的是,上述真实的生活成本指数主要针对的是单一的消费者。

2. 基于生产者的产出价格指数理论定义

自从 Hicks(1940)结合生产者理论及经济指数理论的基本思想研究了产出价格指数的有关问题后,Fisher and Shell(1972),Sam uelson and Swamy(1974),Archibald(1977),Diewert(1983)和 Bowley(1921),Bergson(1961),Moorsteen(1961),Fisher and Shell(1972),Sam uelson and Swamy(1974),Sato(1976),Hicks(1981)先后分别对产出价格指数和物量指数做了进一步研究。该理论的基本含义为:

设第 t 期的产出品价格和物量向量分别为:

$$\boldsymbol{p}^t=(p_1^t,p_2^t,\cdots,p_i^t,\cdots,p_n^t);\boldsymbol{q}^t=(q_1^t,q_2^t,\cdots,q_i^t,\cdots,q_n^t) \quad (1.43)$$

另外,第 t 期的中间投入和最初投入向量分别为:

$$\boldsymbol{x}^t=(x_1^t,x_2^t,\cdots,x_i^t,\cdots,x_n^t);\boldsymbol{z}^t=(z_1^t,z_2^t,\cdots,z_i^t,\cdots,z_n^t) \quad (1.44)$$

则某生产技术 F^t 条件下生产者收入函数为:

$$R^t(\boldsymbol{p}^t,\boldsymbol{x},\boldsymbol{z})=\max\left\{\sum_{i=1}^n p_i^t q_i^t:\left[\boldsymbol{x},\boldsymbol{z},F\right]\right\} \quad (1.45)$$

相应地,产出价格指数为:

$$PP(\boldsymbol{p}^0,\boldsymbol{p}^1,\boldsymbol{x},\boldsymbol{z},F)=\frac{R^1(\boldsymbol{p}^1,\boldsymbol{x},\boldsymbol{z},F)}{R^0(\boldsymbol{p}^0,\boldsymbol{x},\boldsymbol{z},F)} \quad (1.46)$$

3. 基于生产者的中间投入品价格指数定义

Court and Lewis(1942)依据成本最小化原理在《生产成本指数》(*Production Cost Indices*)中正式定义了中间投入成本指数后,Triplett(1983)、Diewert(1980)对成本指数进行了相关分析。其基本含义为:

设第 t 期的中间投入品的价格和数量向量分别为:

$$p^t=(p_1^t,p_2^t,\cdots,p_i^t,\cdots,p_n^t);x^t=(x_1^t,x_2^t,\cdots,x_i^t,\cdots,x_n^t) \quad (1.47)$$

并设基期和当期既定的非负产出均为 y,原始投入均为 z,则某技术 F 条件下生产者的成本函数为:

$$C^t(\boldsymbol{p}^t,\boldsymbol{y},\boldsymbol{z})=\min\left\{\sum_{i=1}^n p_i^t x_i^t:\boldsymbol{y},\boldsymbol{x},\boldsymbol{z},F\right] \right\} \quad (1.48)$$

则相应的中间投入品价格指数为:

$$PI(\boldsymbol{p}^0,\boldsymbol{p}^1,\boldsymbol{y}^t,\boldsymbol{z}^t)=\frac{C^1(\boldsymbol{p}^1,\boldsymbol{y}^t,\boldsymbol{z}^t,F)}{C^0(\boldsymbol{p}^0,\boldsymbol{y}^t,\boldsymbol{z}^t,F)} \quad (1.49)$$

4. 基于增加值的价格缩减指数理论定义

该理论基于利润最大化原理编制价格缩减指数。Diewert and Bossons (1992)对该理论进行了相应的研究。与上述方法类似,此处不再对其加以介绍。

二、真实生活成本指数解的问题研究

尽管 Konüs 真实生活成本指数理论为人们进一步认识价格指数的基本经济含义提供了重要契机。但人们很快发现,依据该理论所编制的指数代表着一类指数族,而并非某一确切的具体公式。这一矛盾主要归结生活成本的测算较大程度地取决于消费者的效用函数形式,而不同的效用函数形式,可以推导出一系列的 Konüs 真实生活成本指数。因此,同 Fisher (1911,1922)时代人们困惑于指数公式的选择类似,经济指数理论的发展也类似地陷入了对消费者效用函数形式选择的迷茫。相应地,对消费者效用函数形式和特征进行深入研究,以找到 Konüs 真实生活成本指数问题的解,成为人们研究经济指数理论的焦点。Klein,L. R. and H. Rubin(1948)、Geary,R. C(1950)等关于不变效用水平下,真实生活成本指数问题的研究、Afriat,S. N. (1967)借助居民消费支出数据构建效用函数的研究、Kloek,T. (1967)关于二次近似条件下的生活成本指数问题,以及具有影响力的Paul,A. ,Samuelson(1947,1983)、Diewert(1976)等关于精确生活成本指数和超越生活成本指数的研究。

(一)Klein,L. R. ,H. Rubin 关于 Konüs 真实生活成本指数的解

由于 Konüs 真实生活成本指数中含有效用水平 u,而效用水平则是难以观察的。于是 Klein,L. R. ,H. Rubin(1948)基于微观经济理论对真实生活成本指数做了进一步的研究,以试图从 Konüs 真实生活成本指数中替换掉效用水平 u。但这种消除效用水平的方法主要限于微观经济基本理论。

假设消费者效用函数为:$u = u(q_1, q_2, \cdots, q_n)$为常数,

消费者预算约束为:

$$\sum_{i=1}^{n} p_i q_i = r \tag{1.50}$$

消费者需求函数为:

$$q_i = \sum_j \alpha_{ij} \frac{p_j}{p_i} + \beta_i \frac{r}{p_i} \quad i = 1, 2, \cdots, n \tag{1.51}$$

则相应的效用最大化条件为：

$$\frac{\partial u}{\partial q_1}/p_1 = \frac{\partial u}{\partial q_2}/p_2 = \cdots = \frac{\partial u}{\partial q_n}/p_n \tag{1.52}$$

斯勒茨基（Slutsky）方程为：

$$\frac{\partial u}{\partial p_j} = -q_j \frac{\partial u}{\partial r} + s_{ij} \tag{1.53}$$

其中，s_{ij} 为替代项，其关于 i 和 j 是对称的。

于是，Klein, L. R. and H. Rubin（1948）借助 Slutsky 方程和拉格朗日定理，在效用水平固定于基期的前提下，推导出了如下不包含效用水平的 Konüs 真实生活成本指数：

$$P_K = \frac{c\prod\limits_i \beta_i p_t - \sum\limits_i r_i p_t}{c\prod\limits_i \beta_i p_9 - \sum\limits_i r_i p_i^0} ① \tag{1.54}$$

其中，c 为常数。

（二）Diewert 关于 Konüs 真实生活成本指数的求解

由于 Konüs 真实生活成本指数最终可转化为两期相应条件下最小支出之比，根据微观经济效应理论和消费者行为特征，在非负随机向量 $\Omega \equiv \{q : q \geqslant O_n\}$（其中，$O_n$ 为 n 维零向量）条件下，上述函数 $f(q)$ 应该满足以下三大特征：

第一，连续性（Continuity）；第二，递增性（Increasingness）；第三，拟凹性（Quasiconcavity）。

根据 Diewert（1979），若 $f(q)$ 具备上述三大特征，则成本函数 $C(u, p)$ 应表现出以下七大性质：

第一，$C(u, p)$ 是定义在效用水平和价格非负实数域 $U \times P$ 上的 $n + 1$ 维实值函数，并在该实数域上是连续函数。

第二，$C(u, p) \geqslant 0$，且当 $P = O_n, C(0, p) = 0$。

第三，对于上述定义内任意给定的 $p \in P, C(u, p)$ 是 u 的递增函数。也即，若 $p \in P, u', u'' \in U$，且 $u' < u''$，则 $C(u', p) < c(u'', p)$；同时对于上述定义内任意给定的 $u \in U, C(u, p)$ 是 p 的递增函数。

第四，对于给定的 $p \in P, \lim\limits_{u \to \infty} C(u, p) = \infty; \lim\limits_{u \to 0} C(u, p) = 0$。

第五，对于上述给定的 $u \in U, C(u, p)$ 是 p 的线性齐次函数。亦即如

---

① 具体推导过程可参考：Klein, L. R. and H. Rubin（1948）的论文：*A Constant-Utility Index of the Cost of Living*.

果 $u \in U$，且 $\lambda > 0$，则有 $C(u, \lambda \boldsymbol{p}) = \lambda C(u, \boldsymbol{p})$。

第六，对于给定的 $u \in U$，$C(u, \boldsymbol{p})$ 是 $\boldsymbol{p}$ 的凹函数（Concave Function）。也即：若 $\boldsymbol{p}', \boldsymbol{p}''$ 为非负向量，且 $0 \leqslant \lambda \leqslant 1, u \in U$ 时，则有：

$$C(u, \lambda \boldsymbol{p}' + (1-\lambda) \boldsymbol{p}'') \geqslant \lambda C(u, \boldsymbol{p}') + (1-\lambda) C(u, \boldsymbol{p}'')$$

第七，对于 $C(u, \boldsymbol{p})$，函数 $f(\boldsymbol{q}) = \max\limits_{u} \left\{ u : \sum\limits_{i=1}^{n} p_i q_i \geqslant C(u, p) \right\}$ 关于 $\boldsymbol{q} \geqslant 0_n$ 是连续的。

上述七大性质是消费者最优行为下，一般支出（或成本）函数所满足的基本性质。根据微观经济效用理论，存在某种形式的（间接）效用函数与根据上述性质界定的成本函数构成对偶关系。也即效用最大化问题等价于支出最小化问题，或者说从其中一个最优化问题可推导出另一个最优化问题。从概念上讲，这二者是同一硬币的两个不同方面；从数量上讲，间接效用函数与支出函数只是它们彼此适当选择的反函数。[①]

但满足上述特征和性质的相关函数，依然难以帮助我们实现获得某种具体真实生活成本指数的目的，Konüs 真实生活成本指数依然由消费者特定条件下的效用水平所决定。对此，人们进一步对效用函数进行更为严格的假定，并据此构造了"精确指数（Exact Index Numbers）"和"超越指数（Superlative Index Number）"。

1. 精确指数（Exact Index Numbers）

在指数文献中，"精确"一词最先出现于 Samuelson, Paul A. (1947) 的论文《经济分析的基础（Foundations of Economic Analysis）》[②] 中。并由 Moorstein(1961) 和 Diewert(1976) 分别用图文和数理化的方式对其进行解释[③]。下面主要介绍 Diewert(1976) 有关精确指数的研究成果。

假定两期内，在一定的预算约束下，生产者或消费者总是最大化其古典加总函数[④]。在这些条件下，我们将会得到，消费者或生产者也会在一定的效用或产出约束下最小化其成本。相应地，与 f 函数对应的成本函数 C 将可表示为：

① Jehle, Geoffrey, Alexander. , and Philip, J. Reny. *Advanced Microeconomic Theory*, 2/e [M]. Pearson Education India, 2006.

② Samuelson, Paul, A. . Foundations of *Economic Analysis* [M]. Cambridge, MA, Harvard University Press, 1947.

③ Hansen, B. , Lucas, E. F. . On the Accuracy of Index Numbers[J]. *Review of Income and Wealth*, 1984, 30(1):25-38.

④ 也即满足非负性、线性齐次性、连续性、单调性和凹性等特征的加总函数。

$$C(f(\boldsymbol{x}),\boldsymbol{p})=f(\boldsymbol{x})\cdot c(\boldsymbol{p}) \tag{1.55}$$

其中,$\boldsymbol{x}$,$\boldsymbol{p}$ 分别是非负的和正的 n 维向量;$c(\boldsymbol{p}) \equiv \min\limits_{x}\left\{\sum\limits_{i=1}^{n} p_i x_i : f(x) \geqslant 1\right\}$ 为 f 对偶的单位成本函数。

如果两期的成本函数均能够表示为式(1.50)的形式,则 Konüs 真实生活成本指数就恰好等于两期单位成本之比,也即:

$$P_K(\boldsymbol{p}^0,\boldsymbol{p}^1;u)=\frac{C(f(\boldsymbol{x}),\boldsymbol{p}^1)}{C(f(\boldsymbol{x}),\boldsymbol{p}^0)}=\frac{f(\boldsymbol{x})\cdot c(\boldsymbol{p}^1)}{f(\boldsymbol{x})\cdot c(\boldsymbol{p}^0)}=\frac{\bar{u}\cdot c(\boldsymbol{p}^1)}{\bar{u}\cdot c(\boldsymbol{p}^0)}=\frac{c(\boldsymbol{p}^1)}{c(\boldsymbol{p}^0)}$$

$$\tag{1.56}$$

则该价格指数为所对应的单位成本函数的精确价格指数。据此,我们可以类似地定义精确的物量指数。

实践中,可以证明拉氏、帕氏价格指数和拉氏、帕氏物量指数均是里昂惕夫加总函数和线性加总函数下的精确指数;Fisher 理想价格和物量指数均是齐次二次函数 $f(\boldsymbol{x}) \equiv (\boldsymbol{x}^T A \boldsymbol{x})^{1/2}$($A$ 是 n 阶对称矩阵)相应的精确指数。

由上述分析可知,只要效用函数满足非负性、线性齐次性、连续性、单调性和凹性等特征,尤其是线性齐次性,则其相应真实的生活成本指数必可被称为精确指数。现实中精确指数是大量存在的,但其统一特点是:不再受效用水平的限制,而是单独由单位成本函数所确定。但仔细分析,我们又会发现,这种不受效用水平限制的精确指数是表面化的,因为这种指数本身就是建立在对其效用函数严格假定基础之上的。

由此可知,使用精确指数的方法来寻找 Konüs 真实生活成本指数解的做法是存在缺陷的。对此,Diewert(1976)进而提出了超越指数的概念。

2. 超越指数

在介绍该指数之前,我们有必要了解"灵活函数"这一重要概念。

对于 n 维二次连续可微的线性齐次函数 g,如果该指数能够对一个二次连续可微的线性齐次函数提供二阶逼近,则称 g 为灵活(Flxible)函数。

若某精确指数 $P_K(\boldsymbol{p}^0,\boldsymbol{p}^1;u)=\dfrac{c(\boldsymbol{p}^1)}{c(\boldsymbol{p}^0)}$ 的单位成本函数或相应效用函数为"灵活函数",则该指数将被称为超越指数。

Diewert(1976)通过证明指出,在相应的效用函数或成本函数形式下,几种优良的指数公式,例如 Fisher 指数、Törnqvist 指数和 Walsh 指数均属于超越指数,如表1.4所示。

表 1.4　几种超越指数的效用或成本函数形式

超越指数	效用或成本函数形式
Fisher 价格指数	齐次二次效用函数: $f(\boldsymbol{q}) = (\sum_{i=1}^{n} \sum_{k=1}^{n} a_{ik} p_i p_k)^{1/2}$, 总有: $a_{ik} = a_{ki}$
	齐次二次单位成本函数: $c(\boldsymbol{p}) = (\sum_{i=1}^{n} \sum_{k=1}^{n} b_{ik} p_i p_k)^{1/2}$, 且 $b_{ik} = b_{ki}$
Törnqvist 价格指数	单位成本对数函数: $\ln c(\boldsymbol{p}) = \alpha_0 + \sum_{i=1}^{n} a_i \ln p_i + \frac{1}{2} \sum_{i=1}^{n} \sum_{k=1}^{n} a_{ik} \ln p_i \ln p_k$ 其中, $\sum_{i=1}^{n} a_i = 1$; $\sum_{i=1}^{n} a_{ik} = 0, a_{ik} = a_{ki}$
Walsh 价格指数	$c^r(\boldsymbol{p}) = \sum_{i=1}^{n} \sum_{k=1}^{n} b_{ik} p_i^{r/2} p_k^{r/2}$, 其中, $r = 1$

注:资料来源:ILO,IMF,OECD,UNECE,Eurostat,and the World Bank. *Consumer Price Index Manual: Theory and Practice* [M]. Geneva: International Labour Office, 2004. 具体的证明过程也可参考该文献。

3. 一种超越指数的一般形式

满足单位成本函数具有二阶近似特征的精确指数的数量是无限的,也即实践中其实存在着大量的超越指数。例如,上述三种特殊效用函数或成本函数对应的指数只是某种类型的超越指数,其相应的一般形式可分别由如下的单位成本或平均效用函数推得。

(1)r 阶平均单位成本函数。

$$c^r(\boldsymbol{p}) = (\sum_{i=1}^{n} \sum_{k1}^{n} b_{ik} p_i^{r/2} p_{k/2})^r \tag{1.57}$$

其中,$r \neq 0$,且对于满足条件的任意的 i 和 k,总有 $b_{ik} = b_{ki}$。

由此界定的二次型 r 阶平均价格指数为:

$$P^r(\boldsymbol{p}^0, \boldsymbol{p}^1; \boldsymbol{q}^0, \boldsymbol{q}^1) = \left[\sum_{i=1}^{n} s_i^0 (p_i^1/p_i^0)^{r/2} \right]^{1/r} \cdot \left[\sum_{i=1}^{n} s_i^1 (p_i^1/p_i^0)^{-r/2} \right]^{-1/r} \tag{1.58}$$

另外,根据因素互换检验,可得出上述价格指数隐含的一般超越物量指数。

(2)r 阶二次平均效用函数。

$$f^r(\boldsymbol{q}) = (\sum_{i=1}^{n} \sum_{k=1}^{n} a_{ik} q_i^{r/2} q_k^{r/2})^r \qquad (1.59)$$

其中,$r \neq 0$,且对于满足条件的任意的 i 和 k,总有 $a_{ik} = a_{ki}$。

同理,由此界定的二次型 r 阶平均物量指数为:

$$P^r(\boldsymbol{p}^0, \boldsymbol{p}^1; \boldsymbol{q}^0, \boldsymbol{q}^1) = \left[\sum_{i=1}^{n} s_i^0 (q_i^1/q_i^0)^{r/2}\right]^{1/r} \cdot \left[\sum_{i=1}^{n} s_i^1 (q_i^1/q_i^0)^{r/2}\right]^{-1/r}$$

$$(1.60)$$

同理,根据因素互换检验,可得出上述价格指隐含的一般超越价格指数。

对于上述式(1.57),我们容易发现下列结论:

当 $r \to 0$ 时,其即为 Törnqvist 超越价格指数的单位成本函数;

当 $r = 1$ 时,其即为 Walsh 超越价格指数的单位成本函数;

当 $r = 2$ 时,其即为 Fisher 超越价格指数的单位成本函数。

4. 常用超越指数公式的选择

从超越指数的基本理论和含义来看,上述三种超越指数似乎难分优劣。但实践中使用这三种指数,是否会导致结算结果的显著差异,是我们不得不需要思考的问题。据此 Diewert(1978)指出:所有超越指数彼此都是非常接近的。其实,Diewert 此处的超越指数,也就是本书所指的上述常见的几种超越指数。倘若联系到其他形式的超越指数,此结论不必成立。因为 Robert Hill(2002)指出,随着前述一般超越指数中阶数 r 绝对值的不断增加,各种超越指数间的差异也会随之增大。但幸运的是,由于几种常用的超越指数中 r 的取值相对较小,它们之间的差异并不大。

尽管如此,我们还是难以否认它们间的差异。对此,国际《CPI 手册》指出:从不同角度看,一些指数似乎是"最好的"。因此,从一种公理角度看,Fisher 理想指数似乎是最好的;从另外一种公理和随机角度看,Törnqvist-Theil 指数似乎是最好的;从"纯粹的"价格指数角度看,Walsh 指数(等于相应的隐性 r 阶二次平均价格指数)似乎是最好的。要准确确定使用三个指数中的哪一个作为理论上的目标或实际指数,统计机构须决定,采用哪种双边指数理论方法与其目标最一致。然而,就大多数实际用途而言,选择三个指数中的哪一个作为理论目标指数用于两个时期的价格比较都没有关系。①

（三）真实生活成本指数的扩展性研究——非位似条件的研究

目前为止，本书所讨论的 Konüs 真实生活成本指数系列，都是基于消费者效用函数为位似的，并且其值为某一确定值。显然，这样的假定与事实可能相差甚远。因此，学术界就上述问题做了进一步的扩展性研究，以便 Konüs 真实生活成本指数更为真实地反映消费者的行为特征。

位似的基本含义是，当消费者的总支出增加时，消费者分配在各消费品上的支出份额始终保持不变。从无差异曲线的角度来看，消费者的最优消费组合点为不同效用水平曲线下位于同一直线上的各消费组合点。而现实中，由于受多种因素影响，不同时期消费者的偏好可能会发生明显变化，从而致使偏好出现非位似的特征。相应地，Bossert，W and Pfingsten，A (1991)，Diewert(2009)等分别就非位似偏好下精确指数的形式和特征等问题展开了相关理论研究，下面对其进行简单介绍。

为研究非位似偏好条件下的精确指数问题，首先假设下面函数：

$$f(z)=\pmb{\alpha}_0+\pmb{\alpha}^\top z+\frac{1}{2}z^\top \pmb{B}z\ ;\pmb{B}=\pmb{B}^\top \tag{1.61}$$

其中，$\pmb{\alpha}_0$ 是一参数向量；$\pmb{B}$ 为一对称参数矩阵。

由于近似于二阶泰勒展式系列的二次函数是真实的，也即对于上述函数 f，则存在定义域内任意两点 $\pmb{\alpha}^0$ 和 $\pmb{\alpha}^1$，下列等式成立：

$$f(z^1)-f(z^0)=\nabla f(z^0)^\top(z^1-z^0)+\frac{1}{2}(z^1-z^0)^\top \nabla^2 f(z^0)^\top(z^1-z^0)$$
$$\tag{1.62}$$

同样，近似二阶泰勒展式系列平均数的函数也是真实的。对于式(1.61)，存在定义域内任意两点 $\pmb{\alpha}^0$ 和 $\pmb{\alpha}^1$，下列等式也成立：

$$f(z^1)-f(z^0)=\frac{1}{2}[\nabla f(z^0)+\nabla f(z^1)^\top](z^1-z^0) \tag{1.63}$$

Diewert(1976)and Lau(1979)将式(1.62)确定为二次函数，并称其为二次近似引理方程。在此，我们将其视为二次等式。

下面再假定消费者成本函数为下列对数函数的形式，即：

① ILO，IMF，OECD，UNECE，Eurostat，and the World Bank. *Consumer Price Index Manual：Theory and Practice*[M]. Geneva：International Labour Office，2004.

$$\ln C(u, \boldsymbol{p}) \equiv a_0 + \sum_{i=1}^{n} a_i \ln p_i + \frac{1}{2} \sum_{i=1}^{n} \sum_{k=1}^{n} a_{ik} \ln p_i \ln p_k +$$

$$b_0 \ln u + \sum_{i=1}^{n} b_i \ln p_i \ln u + \frac{1}{2} b_{00} (\ln u)^2 \qquad (1.64)$$

其中,参数 a_i,a_{ik} 和 b_i 满足下列条件:

(1) $a_{ik} = a_{ki}$ $i, k = 1, 2, \cdots, n$;

(2) $\sum_{i=1}^{n} a_i = 1$;

(3) $\sum_{i=1}^{n} a_{ik} = 0$;

(4) $\sum_{i=1}^{n} b_i = 0$。

上述条件能够确保消费者成本函数为线性齐次的。能够证明,在满足上述四个条件的情况下,式(1.64)近似于二阶泰勒展式系列的某成本函数。假设消费者在两期内,也即第 0 期和第 1 期内,以某种效用水平下的成本最小化为目标。应用谢泼德引理,则由上述成本函数可得出下列等式:

$$s_i^t = a_i + \sum_{i=1}^{n} a_{ik} \ln p_k^t + b_i \ln u^t \qquad (1.65)$$

其中,s_i^t 为第 t 期商品 i 的支出份额。

下面我们定义效用函数为第 0 期和第 1 期效用水平的几何平均,即:

$$u^* \equiv (u^0 u^1)^{1/2} \qquad (1.66)$$

在效用水平固定为 u^* 的情况下,结合式(1.57)和式(1.58)我们能够得到:

$$\ln C(u^*, \boldsymbol{p}^1) - \ln C(u^*, \boldsymbol{p}^0)$$

$$= \frac{1}{2} \sum_{i=1}^{n} [\partial \ln C(u^*, \boldsymbol{p}^0)/\partial \ln p_i + \partial \ln C(u^*, \boldsymbol{p}^1)/\partial \ln p_i](\ln p_i^1 - \ln p_i^0)$$

$$= \frac{1}{2} \sum_{i=1}^{n} (a_i + \sum_{k=1}^{n} a_{ik} \ln p_k^0 + b_i \ln u^* + a_i + \sum_{k=1}^{n} a_{ik} \ln p_k^1 + b_i \ln u^*)(\ln p_i^1 - \ln p_i^0)$$

$$= \frac{1}{2} \sum_{i=1}^{n} [a_i + \sum_{k=1}^{n} a_{ik} \ln p_k^0 + b_i \ln(u^0 u^1)^{1/2} + a_i + \sum_{k=1}^{n} a_{ik} \ln p_k^1 +$$

$$b_i \ln(u^0 u^1)^{1/2}](\ln p_i^1 - \ln p_i^0)$$

$$= \frac{1}{2} \sum_{i=1}^{n} [a_i + \sum_{k=1}^{n} a_{ik} \ln p_k^0 + b_i \ln u^0 + a_i + \sum_{i=1}^{n} a_{ik} \ln p_k^1 + b_i \ln u^1](\ln p_i^1 - \ln p_i^0)$$

$$= \frac{1}{2} \sum_{i=1}^{n} [\partial \ln C(u^0, \boldsymbol{p}^0)/\partial \ln p_i + \partial \ln C(u^0, \boldsymbol{p}^1)/\partial \ln p_i](\ln p_i^1 - \ln p_i^0)$$

$$= \frac{1}{2}\sum_{i=1}^{n}(s_i^0+s_i^1)(\ln p_i^1 - \ln p_i^0)$$

$$= \ln P_{\text{Törnqvist}}(\boldsymbol{p}^0,\boldsymbol{p}^1,\boldsymbol{q}^0,\boldsymbol{q}^1) \tag{1.67}$$

由此可得，

$$\frac{C(u^*,\boldsymbol{p}^1)}{C(u^*,\boldsymbol{p}^0)} = P_{\text{Törnqvist}}(\boldsymbol{p}^0,\boldsymbol{p}^1,\boldsymbol{q}^0,\boldsymbol{q}^1) \tag{1.68}$$

由于成本函数的反对数函数是灵活函数，结合式(1.61)可知，上述真实的生活成本指数亦是超越指数。经过比较，我们不难得出，该指数与前述表中所定义的 Törnqvist 超越价格指数不同的地方在于，此处并没有假设消费者偏好是位似的，但很快我们就会发现自己却又受制于另一种约束，也即为了获得非位似偏好下新的真实指数，我们不得不选择某种特殊的效用水平，例如此处就界定了 $u^* \equiv (u^0 u^1)^{1/2}$。

尽管放松了消费者偏好位似的假设，但我们依然可以将消费者不可观察的生活成本函数之比成功地转化为实际能够观察到的指数公式。仔细分析，其问题的关键之处在于，假定了消费者成本最小化的目的、成本函数存在差分表示形式(也即方程(1.47))，以及谢泼德引理的应用等。事实上，我们可以在一般化的情况下，对上述结论作此推导。

下面将对消费者效用为非位似偏好条件下的 Törnqvist 超越价格指数公式进行一般化的推导。

假设在 t 期，消费者的效用函数可表示为：$f^t(\boldsymbol{q},z^t),t=0,1$ 其中，z^t 是第 t 期能够影响消费者对货物和服务消费品做出选择的环境或人口变量。并假定对于定义域内的任意 N 维非零向量 $\boldsymbol{q}$，函数 $f^t(\boldsymbol{q},z^t)$ 是非负的、递增的、连续的和拟凹的。其中，需要指出的是：在上述假定条件下，从第 0 期到第 1 期，消费者的喜好是允许发生改变的。

对于任意的非负 n 维非零向量 $\boldsymbol{q}$，以及 $f^t(\boldsymbol{q},z^t)$ 所属范围内的效用水平 u，将消费者第 t 期的成本函数 C^t 界定为：

$$C^t(u,\boldsymbol{p},z^t) = \min_q\{\boldsymbol{p}^t \cdot \boldsymbol{q}:f^t(\boldsymbol{q},z^t)=u\} \tag{1.69}$$

又假设第 t 期，消费者的效用水平为：

$$u^t = f^t(\boldsymbol{q}^t,z^t) \tag{1.70}$$

其中，$\boldsymbol{q}^t$ 为第 t 期可观察到的消费者的市场消费向量。

综合上述两式，则有：$C^t(u,\boldsymbol{p},z^t) = \min_q\{\boldsymbol{p}^t \cdot \boldsymbol{q}^{\mathrm{T}}:f^t(\boldsymbol{q},\zeta)=u^t\} = \boldsymbol{p}^t(\boldsymbol{q}^t)^{\mathrm{T}}$

则与此相应的广义化的 Konüs 真实生活成本指数族为：

$$P_{\text{konoüs}}(\boldsymbol{p}^0,\boldsymbol{p}^1,u^t,z^t,t) = \frac{C^t(\boldsymbol{p}^1,u^t,z^t)}{C^t(\boldsymbol{p}^0,u^t,z^t)} \tag{1.71}$$

由于上述分式的分母和分子中的 u 和 z 都是同一变量，因此上述指数测量了两期内纯价格的变化。Caves,Christensen and Diewert(1982)列出了两类相应的情况。

$$P_{\text{konoüs}}(\boldsymbol{p}^0,\boldsymbol{p}^1,u^0,z^0,0)=\frac{C^0(\boldsymbol{p}^1,u^0,z^0)}{C^0(\boldsymbol{p}^0,u^0,z^0)} \tag{1.72}$$

$$P_{\text{konoüs}}(\boldsymbol{p}^0,\boldsymbol{p}^1,u^1,z^1,1)=\frac{C^1(\boldsymbol{p}^1,u^1,z^1)}{C^1(\boldsymbol{p}^0,u^1,z^1)} \tag{1.73}$$

对于上述两式，我们难以为其分别提供经验上的逼近等式，也即上述两指数均不可能称为超越指数。但却可以为这两个指数的几何平均指数提供一个精确的指数公式，下面将对其进行较为详细的分析。

首先定义一般化的二次函数 f^1、f^2 分别为下列形式：

$$f^1(\boldsymbol{x},\boldsymbol{y})=\alpha_0^1+\boldsymbol{\alpha}^{1T}\boldsymbol{x}+\boldsymbol{b}^{1T}\boldsymbol{y}+\frac{1}{2}\boldsymbol{x}^T\boldsymbol{A}^1\boldsymbol{x}+\frac{1}{2}\boldsymbol{y}^T\boldsymbol{B}^1\boldsymbol{y}+\boldsymbol{x}^T\boldsymbol{C}^1\boldsymbol{y}; \tag{1.74}$$

$$f^2(\boldsymbol{x},\boldsymbol{y})=\alpha_0^2+\boldsymbol{\alpha}^{2T}\boldsymbol{x}+\boldsymbol{b}^{2T}\boldsymbol{y}+\frac{1}{2}\boldsymbol{x}^T\boldsymbol{A}^2\boldsymbol{x}+\frac{1}{2}\boldsymbol{y}^T\boldsymbol{B}^2\boldsymbol{y}+\boldsymbol{x}^T\boldsymbol{C}^2\boldsymbol{y} \tag{1.75}$$

其中，$\boldsymbol{A}^{1T}=\boldsymbol{A}^1$，$\boldsymbol{B}^{1T}=\boldsymbol{A}^1$，$\boldsymbol{A}^{2T}=\boldsymbol{A}^2$，$\boldsymbol{B}^{2T}=\boldsymbol{B}^2$；$\alpha_0^i$ 是标量参数；$\boldsymbol{a}^i$，$\boldsymbol{b}^i$ 是参数向量；$\boldsymbol{A}^i$，$\boldsymbol{B}^i$ 和 $\boldsymbol{C}^i$ 均为参数矩阵，其中 $\boldsymbol{A}^i$，$\boldsymbol{B}^i$ 均为对称矩阵。

若 $\boldsymbol{A}^1=\boldsymbol{A}^2$，则对于任意的 $\boldsymbol{x}^1$、$\boldsymbol{x}^2$ 和 $\boldsymbol{y}^1$、$\boldsymbol{y}^2$ 下列等式成立（限于篇幅，略去证明）：

$$f^1(\boldsymbol{x}^2,\boldsymbol{y}^1)-f^1(\boldsymbol{x}^1,\boldsymbol{y}^1)+f^2(\boldsymbol{x}^2,\boldsymbol{y}^2)-f^2(\boldsymbol{x}^1,\boldsymbol{y}^2)$$
$$=[\nabla_x f^1(\boldsymbol{x}^1,\boldsymbol{y}^1)+\nabla_x f^2(\boldsymbol{x}^2,\boldsymbol{y}^2)^T](\boldsymbol{x}^2-\boldsymbol{x}^1) \tag{1.76}$$

再设定第 t 期，消费者的成本函数为：

$$\ln C^t(u,p,z)\equiv a_0^t+\sum_{i=1}^n a_i^t\ln p_i+b_0^t\ln u+\sum_{i=1}^n b_{0i}^t z_i\ln u+\sum_{i=1}^n b_i^t\ln p_i\ln u+$$
$$\frac{1}{2}b_{00}^t(\ln u)^2+\frac{1}{2}\sum_{i=1}^n\sum_{k=1}^n a_{ik}^t\ln p_i\cdot\ln p_i+\frac{1}{2}\sum_{i=1}^n\sum_{k=1}^n b_{ik}^t z_i z_k+$$
$$\sum_{i=1}^n\sum_{k=1}^n c_{ik}^t z_k\cdot\ln p_i \tag{1.77}$$

为了使得成本函数满足线性齐次条件，上述等式中相关参数还应满足如下条件：

$$a_{ik}^t=a_{ki}^t,b_{ik}^t=b_{ki}^t,\sum_{i=1}^n a_i^t=1,\sum_{i=1}^n b_i^t=0,\sum_{i=1}^n a_{ik}^t=0,\sum_{i=1}^n c_{ik}^t=0 \tag{1.78}$$

可以证明，对于变量 $u,\boldsymbol{p},z$，按照式（1.77）定义的成本函数能够近似于一个连续的、二阶差分的成本函数。因此，$C^t(u,\boldsymbol{p},z)$ 是一个灵活函数。根据谢泼德引理，第 t 期商品 n 的市场支出份额为：

$$s_i^t = \partial \ln C^t(\pmb{u}^t, \pmb{p}^t, \pmb{z}^t)/\partial \ln \pmb{p}_i = a_i^t + b_i^t \ln u^t + \sum_{i=1}^{n} a_{ki}^t \ln p_i + \sum_{i=1}^{n} c_{ik}^t z_k$$

进一步我们假定,第 0 期和第 1 期,式(1.78)中关于价格的二次系数是相等的,也即:

$$a_{in}^t = a_{ni}^t i, k = 1, \cdots, n$$

结合式(1.68)、式(1.69)、式(1.73)及以上各有关式,我们能够得到下列结论:

$$\ln C^0(\pmb{p}^1, u^0, \pmb{z}^0) - \ln C^0(\pmb{p}^0, u^0, \pmb{z}^0) + \ln C^1(\pmb{p}^1, u^1, \pmb{z}^1) - \ln C^1(\pmb{p}^0, u^1, \pmb{z}^1) -$$

$$= \sum_{i=1}^{n} [\partial \ln C^0(\pmb{p}^1, u^0, \pmb{z}^0)/\partial \ln p_i + \partial \ln C^1(\pmb{p}^0, u^1, \pmb{z}^0)/\partial \ln p_i](\ln p_i^1 \ln p_i^0)$$

$$= \sum_{i=1}^{n} (s_i^0 + s_i^1)(\ln p_i^1 - \ln p_i^0)$$

$$= 2P_{\text{Törnqvist}}(\pmb{p}^0, \pmb{p}^1, \pmb{q}^0, \pmb{q}^1) \tag{1.79}$$

也即:$[P_{\text{konoüs}}(\pmb{p}^0, \pmb{p}^1, u^0, \pmb{z}^0, 0) \cdot P_{\text{konoüs}}(\pmb{p}^0, \pmb{p}^1, u^1, \pmb{z}^1, 1)]^{1/2} = P_{\text{Törnqvist}}(\pmb{p}^0, \pmb{p}^1, \pmb{q}^0, \pmb{q}^1)$

由此可知,在经过一系列的相关假设条件及非位似消费者偏好情况下,我们可视由式(1.56)和式(1.57)构成的几何平均指数为超越价格指数,亦即 Törnqvist 价格指数。

对于非位似偏好条件下的超越 Törnqvist 数量指数我们可以做类似的推导,此处不再具体介绍。

当然,也有学者就消费者偏好发生改变的情况下,进一步对真实生活成本指数的构造性问题进行了扩展性研究。例如 Basmann R, L. (1956)关于偏好变化下消费者需求理论的研究;Balk, B. M. (1989)关于消费者偏好变化情况下生活成本指数理论与应用问题研究。限于篇幅,本书不再详细介绍。

另外,Konüs 研究的真实生活成本指数仅针对单个消费者,后来的学者将其扩展为现实生活中的多个消费者,并据此发展了群生活成本指数。对于该问题,本书将在第二章作更进一步的详细研究。

三、指数经济学理论的评价

(一)指数经济学理论的地位和重要作用

从 1924 年 Konüs 提出真实的生活成本指数到现在,指数的经济学理论发展了近 90 年。1939 年,《经济计量学》(*Econometrica*)杂志再次通过翻译的形式转载《真实的价格指数问题》一文,由此可以看出该论文对统计指数理论发展所产生的深远影响。该理论的出现,也使得用来反映经济现象和规律的统计指数具备了经济学的特点,也即使得人们在用数理化特征描述社会经济现象时更多地利用到了经济规律和把握了经济现象。因此,指数经济学理论的出现,使得指数能够真正地被称为经济统计指数,而不再是单纯的数理统计性质的指数。这一特点主要体现在以下几个方面。

1. 将消费者行为理论引入指数理论

Konüs(1924)将微观经济学理论中的精髓引入到统计指数理论中,这一内容主要包括:经济理性人假设、序数效用理论、显示性偏好、消费者最优行为理论等。由于这些相关理论从某种程度上反映了消费者的行为特征,因而使得所构造的指数更具经济学内涵,统计指数也更能从理论上反映消费者行为特征。这一特征使得人们在编制统计指数时,能够将纯数理特征与经济特征有机地结合起来,从而进一步弥补了固定篮子指数的缺陷。

2. 将商品价格与消费量视为相互作用的变量

传统的固定篮子指数理论,缺乏对微观经济学中最为基本的需求理论的关注,机械地将居民消费品价格与数量看作相互独立的变量。而指数的经济学理论则将需求理论上升到一定高度,将商品的价格与消费数量按照某种规律(函数形式)结合起来进行系统的分析。这一处理过程一方面使得指数的构造具有较强的经济现实意义,同时有效地克服了固定篮子指数理论所存在的替代偏误。

3. 两期的商品篮子不再视为固定的

传统的固定篮子法将两期对比的篮子固定为一组主观意义上的商品的机械组合,这给新产品的引入和旧产品的淘汰以及商品质量调整带来了极大的不便。而经济指数则以两期内消费者的效用水平固定不变为基本条件,尽管这一假定也较为苛刻,但在消费者收入水平未发生重大改变的情况下,这一假定比前者更具实际意义。因此,突破两期内篮子固定的假设条件,为实践中人们编制统计指数提供了更大的灵活性和实用性。

综上所述,指数的经济学理论在整个统计指数理论中占有举足轻重的地位,该理论的出现,也显著地丰富了统计指数的经济学内涵,极大地提高了指数的现实意义。

（二）指数经济学理论的缺陷和不足之处

与传统指数理论相比，尽管指数的经济学理论存在诸多优势，具有较强的理论与现实意义。但由于该理论是建立在一系列的假设条件之下的，因而其缺陷是不言而喻的。

首先，经济理性人到底具备多大的理性行为较具争议性。罗纪宁（2004）指出，实证主义的一个重大误区是把消费者理解为具有完全理性的人，其实许多消费发生的原因是源于消费者深层的无意识张力，但这些无意识动机并未被消费者本人意识到。[①] 其实，现实生活中，消费者出现不理性的行为是经常发生的事情。将微观经济学中经济理性人假设引入指数理论中，本身就存在一定的瑕疵。关于这一问题，也是学术界历来较具争议性的问题。

其次，关于消费函数形式以及超越指数中效用的位似性假设多少有些主观性。由前述分析，我们可以发现，为了获得较为精确的价格（或数量）指数，我们不得不做出某种形式的假定，例如对消费者成本函数的假定、效用函数的假定等。在众多的成本函数和效用函数中，到底哪一种更接近于经济现实，则存在太多的不确定性。即使精确指数或者超越指数可以将成本函数看作独立于消费者效用水平的函数，但消费者位似假设却又是必不可少的条件。这又使得我们的研究陷入另外一个困境，消费者的效用是位似的吗？显而易见，结合恩格尔定理来看，答案是否定的。所以，非位似条件充其量也只是具有理论上的研究意义。

再次，消费者难以根据自身消费最优行为来进行决策。消费者最优行为理论的基本前提是，消费者关于商品的价格和供给信息是完全的。否则，消费者是难以根据最优化行为进行决策的。而现实中，尤其是在市场经济并不发达地区，以及信息交流不够充分的地区，人们掌握的信息是十分有限的。关于这一点，根据同一地区不同超市或购物场所，部分完全同质性商品价格却相差非常之大就足够体现。

其实，将极其复杂多变的、抽象的社会经济现象转化为定量的数量分析，总避免不了要作出一些与现实不甚相符的假定，同时这也是人们将复杂问题实行简单化研究的无奈之举。但问题的关键在于，指数的经济学理论运用了太多与现实不甚匹配的假设。尤其是在统计学家们研究 Konüs 超越的真实生活成本指数时，乐此不疲地作出了一系列函数形式和特征的假

---

① 罗纪宁. 消费者行为研究进展评述：方法论和理论范式[J]. 山东大学学报（哲学社会科学版），2004(4)：98-104.

定,这种对 Konüs 真实生活成本指数经过一系列的"粗加工"和"深加工"之后,最终推导出了固定篮子指数理论下的几类超越指数。这种为了达到证明超越指数合理性目标,而进行一系列假设的处理方法是否合理,无疑是值得商榷的。

总之,指数的经济学理论作为一种编制指数的方法,其理论意义明显强于实践作用。因此,要将指数的经济学理论发展成为一种较具实践应用性的指数理论,还有很长的路要走。

第二章　指数理论体系及统一指数的构建问题

Diewert(1993)将指数理论划分为五大类,即(1)固定篮子方法;(2)检验方法(或"公理化方法");(3)Divisia 方法;(4)指数的经济学理论;(5)指数的随机方法(或"统计方法")等。由于随机指数依赖于数据的结构,而不同的数据结构要求使用不同的模型相匹配,实际操作时具有较大的不确定性,本书不对其进行详细介绍。据此,本书将从以下几个方面,对前文的几种指数理论及其有关问题做进一步的深入研究。

第一节　指数理论体系的构建问题

统计指数,例如价格指数作为指示宏观经济运行特征和状态的重要指标,其用途极为广泛,编制的理论方法也相对较多。每一种理论都并非尽善尽美,实践中究竟使用哪一种或哪几种理论来编制统计指数,目前尚无定论。为此,下文试图进一步厘清各种指数理论间的相互关系,以为 CPI 的编制选择更为合适的理论或理论体系。

一、各种指数理论间相互关系的研究

(一)固定篮子指数与指数检验方法间的关系

一般而言,固定篮子的选择有这样几种:基期固定篮子、当期固定篮子、其他某一期的固定篮子。并由此可以得出相应的四类指数:Young 指数、Lowe 指数、拉氏指数、帕氏指数等,它们在指数的编制实践中均有着广泛的应用。但遗憾的是,它们并没有从 Fisher 构建的指数检验公理中脱颖而出。

尽管如此,固定篮子指数还是与指数检验方法有着千丝万缕的联系。当人们面临数量众多的指数公式而不知作何选择时,Fisher 创立了指数检

验方法,这一方法为人们判断指数特征的优良性提供了评价标准,同时也为人们选择更为合理的指数公式提供了"方法论武器",同时,指数检验方法也为人们基于现有的固定篮子指数构造更为优良特征的指数指明了方向。其中,以拉氏和帕氏指数为基础构建的 Fisher 理想指数就是最为经典的案例。

(二)固定篮子指数理论与 Divisia 指数理论间的相互关系

结合 Divisia 指数理论的基本含义,我们能够证明,在一定的假设条件之下,Divisia 指数是近似于拉氏、帕氏和 Fisher 理想指数的。其较为详细的证明过程可参考 Forsyth,F. G. and Fowler,R. F.(1981)或者 Balk,B. M.(2000)。由此可知,Divisia 指数理论为固定篮子指数理论提供了一定的基础和证据。同时也说明,这两种指数理论具有较强的关联性和融通性。

(三)固定篮子指数理论与经济指数理论间的相互关系

从前文的分析来看,在一定的假设条件下,我们可以借助指数的经济学理论推导出固定篮子指数几何平均下的 Fisher 理想指数,还可以在一定的假设条件下推出拉氏指数、帕氏指数与 Konüs 真实生活成本指数间的大小关系。尽管从理论上来看经济指数理论是一种极其理想的指数理论,但该指数在解释人们最为常用的拉氏和帕氏指数的经济学含义时,却显得极为勉强。因为,只有在极为特殊的情形下,统计学意义上的拉氏指数和帕氏指数才能获得相应的"经济"解释。[①] 正因如此,长期以来,指数的经济学理论在各国实践中并没有得到广泛的应用,目前也只有美国、荷兰、瑞典等少数国家明确提出以"生活费用指数"为 CPI 的编制理论基础。

总之,由固定篮子指数理论到经济学指数理论,可以说是统计指数理论发展史上质的飞跃。但不幸的是,该理论的出现却让指数理论陷入假设的虚幻世界里。

(四)Divisia 指数理论和指数检验理论间的相互关系

由于指数检验公理中的有些条目能够较为客观地反映经济现实情况,因此,基于任一指数理论下的统计指数都应该满足相应条目的检验。显然,Divisia 指数也应该如此。事实上,由前文介绍可知,Divisia 指数的确是满足多条指数检验条目的,尤其是 Fisher(1911,1922)的三大核心检验。

---

① 杨灿. 经济指数理论问题研究[J]. 中国经济问题,2001(4):49-56.

因此我们可以认为,Divisia 指数理论与指数检验方法也是相融合的,而且后者对前者具有较强的指导作用。

(五)Divisia 指数理论与经济指数理论间的相互关系

Nataf,A. and R. Roy(1948)是第一个从消费者理论的角度来讨论 Divisia 价格指数与真实的生活成本指数概念间关系的学者,后来 Wold (1952)对其进行了更为详细的概括。[①] Balk(2000)再次对两种理论间的相互关系进行了梳理。下面主要针对 Balk(2000)的研究成果进行简单介绍。

为了研究的方便,此处假设仅存在一个代表性消费者,同时假定该消费者是经济理性人,在最优化的经济行为中,消费者消费的价格曲线和数量曲线分别为 $p(t)$、$q(t)$。下面以路径依赖问题为切入点,研究 Divisia 价格和数量指数分别与真实生活成本的价格和物量指数近似的基本条件。

假设消费者拥有的某一固定效用水平(不随时间发生改变)由效用函数 $U(x)$ 所确定,同时其对等的成本函数界定为:

$$C(\boldsymbol{p},u)\equiv\min_{q}\{\boldsymbol{p}\cdot\boldsymbol{q}^{\mathrm{T}}|U(x)\geqslant u\},u\in U(x) \tag{2.1}$$

设该成本函数对应的马歇尔需求函数为:$q(\boldsymbol{p},y)$,y 为消费者的总支出。

设上述函数的马歇尔支出份额为:

$$s_i(\boldsymbol{p},y)=p_iq_i(\boldsymbol{p},y)/y \tag{2.2}$$

相应的希克斯需求函数为:

$$q(\boldsymbol{p},u) \tag{2.3}$$

该函数的希克斯支出份额为:

$$s_i(\boldsymbol{p},u)=p_iq_i(\boldsymbol{p},u)/C(\boldsymbol{p},u) \tag{2.4}$$

假设成本函数是连续可微的,根据谢泼德引理,有:

$$s_i(\boldsymbol{p},u)=\partial\ln C(\boldsymbol{p},u)/\partial\ln p_i \tag{2.5}$$

由消费者最优行为的假设,我们能够得到等式:

$$q(t)=q(\boldsymbol{p}(t),y(t)) \tag{2.6}$$

也即,在给定第 τ 期的价格水平 $p(t)$ 和预算 $y(t)=\boldsymbol{p}(t)\cdot\boldsymbol{q}^{\mathrm{T}}(t)$ 的条件下,消费者所消费商品的实际数量等于马歇尔需求函数所代表的数量。类似地,消费者的最优消费可以表示为:

$$q(t)=q(\boldsymbol{p}(t),u(t)) \tag{2.7}$$

也即,给定第 t 期价格水平 $p(t)$ 和效用水平 $u(t)$ 的条件下,第 t 期消费者消费商品的实际数量等于希克斯需求函数所代表的商品数量。上述两个

---

① Balk,B. M.. Divisia Price and Quantity Indexes 75 Years After[J]. *Department of Statistical Methods*,*Statistics Netherlands*,PO Box,2000,4000:2270.

表达式之间的关系可以表示为：$u(t)=U(x(t))$。将上述两边同乘以 $p(t)$，得到：

$$y(t)=p(t) \cdot q^{\mathrm{T}}(t)=p(t) \cdot q^{\mathrm{T}}(p(t),u(t))=C(p(t),u(t)) \quad (2.8)$$

也即：

$$y(t)=p(t) \cdot q^{\mathrm{T}}(t)=C(p(t),u(t)) \quad (2.9)$$

上式的基本含义是：第 t 期消费者的实际支出，等于当价格给定为 $p(t)$ 时，消费者为了取得效用水平 $U(x(t))$ 的条件下所支付的最小成本。

现假设消费者的偏好是位似的，其对偶的表达为：$C(p,u)=C(p.u)$。应用谢泼德引理，在消费者最优化行为下，消费者的实际消费支出份额为：

$$s_i(t)=s_i(p(t),u(t))=\frac{\partial \ln C(p(t),1)}{\partial \ln p_i} \cdot u \quad (2.10)$$

由于前文 Divisia 指数部分中的等式 $s_i(\tau)=\partial \ln \phi(p(\tau))/\partial \ln p_i$ 是存在路径依赖性的。因此，我们可得出下面两定理：

定理 1：假设是在固定效用水平及消费者最优行为下的加总，则当且仅当消费者偏好是位似的条件下，Divisia 价格指数是不存在路径依赖性的。

由该定理，我们很容易比较 Divisia 线性积分价格指数与真实的 Konüs 生活成本指数。后者的定义为：

$$P_{\text{konüs}}(p(t),p(t');\bar{u})=\frac{C(p(t),\bar{u})}{C(p(t'),\bar{u})} \quad (2.11)$$

假若成本函数是连续可微的，则有：

$$\begin{aligned}
\ln P_{\text{konüs}}(p(t),p(t');\bar{u}) &= \int_{t'}^{t} \frac{\mathrm{d}\ln C(p(\tau),\bar{u})}{\mathrm{d}\tau}\mathrm{d}\tau \\
&= \int_{t'}^{t} \sum_{i=1}^{n} \frac{\partial \ln C(p(\tau),\bar{u})}{\partial \ln p_i} \cdot \frac{\mathrm{d}\ln p_i(\tau)}{\mathrm{d}\tau}\mathrm{d}\tau \\
&= \int_{t'}^{t} \sum_{i=1}^{n} s_i(p(\tau),\bar{u}) \frac{\mathrm{d}\ln p_i(\tau)}{\mathrm{d}\tau}\mathrm{d}\tau \quad (2.12)
\end{aligned}$$

下面我们将其与 Divisia 价格指数进行比较。在消费者最优行为下，相应 Divisia 价格指数下的商品支出份额为 $s_i(p(t),u(t))$。于是 Divisia 价格指数可变为：

$$\ln P_{\text{Divisia}}(p(t),p(t'))=\int_{t'}^{t} s_n(p(\tau),u(\tau)) \frac{\mathrm{d}\ln p_i(\tau)}{\mathrm{d}\tau}\mathrm{d}\tau \quad (2.13)$$

比较上述两式，我们很快就会发现，其间差异在于是否使用了固定效用水平。而由相应的经济理论可知，当且仅当消费偏好是位似的条件下，两种支出比例是相等的。因此，我们可以得到如下定理。

定理 2：假设是在固定效用水平及消费者最优行为下的加总，如果消费者偏好是位似的，则对于任何的固定效用水平 $\bar{u}$，Divisia 价格指数 $\ln P_{\text{Divisia}}(p(t),$

$p(t')$)是等于真实的生活成本指数 $P_{\text{konüs}}(\boldsymbol{p}(t),\boldsymbol{p}(t');\bar{u})$ 的。

类似的,我们可以推导出消费者偏好变化下两种理论间的等价关系。但需要指出的是:在一定的条件下,拉氏和帕氏视角的生活成本指数与标准的生活成本指数间的差异也随着收入水平差异性的消失而消失。我们可以认为,Divisia 价格指数可能是最终需要编制的价格和物量指数。

事实上,上述一系列的过程充分反映了指数的经济学理论与 Divisia 指数理论间的密切联系和亲缘性。但实践中,人们往往倾向于关注前者,而后者则经常被遗忘。其实,从某种程度上来看,Divisia 指数理论同样具备较深的经济学理论含义,同时也较具实践应用价值。因此,随着人们编制链式指数呼声的不断增加,Divisia 指数理论及其应用性将会越来越受到人们的关注和重视。

（六）经济指数理论与指数检验方法间的相互关系

事实上,只要指数的检验条目具有较强的实际经济意义,任何指数都应遵守其相应条目。另外经济指数理论中,描述人们消费行为特征的方式非常之多。例如,效用函数、成本函数、需求函数等。这些函数从不同的角度对社会经济现象和人们的行为进行了较为系统性的描绘。因此,在对最终编制出的公式进行指数检验时,对这些函数进行类似的检验同样是必不可少的。因此,从这一角度来看,指数检验方法对指数经济学理论也是具有充分的指导意义的。

二、指数理论体系的系统性构建问题

从前文的分析,我们可以发现,每一种指数的地位和作用并不是对等的,而是存在显著差异的。我们有必要从中寻找出更具理论指导意义和突出作用的理论,及由此构成的指数理论体系。

（一）指数检验方法不可或缺

尽管指数检验方法中诸多检验是存在争议的,甚至是缺乏现实经济意义的,但我们不能否定其中指数检验公理条目的存在。无论是何种指数理论,根据其构建的指数都有必要接受并通过可能存在的检验公理。而这一突出作用,是其他任何指数理论都难以实现的。因此,在可能形成的统一的指数理论体系中,指数的检验方法无疑是必不可少的基础性理论。

(二)Divisia 指数理论为链式指数提供了重要的理论支撑

结合 Divisia 指数优良检验性质及链式指数的特性,不难发现 Divisia 指数理论为链式指数的编制提供了可能。这些方面的性质,具体表现为以下几方面。

1. Divisia 指数关于消费品价格和消费连续性的假设与现实较为近似

随着信息化水平的快速发展,电子扫描数据不断得到普及,数据收集人员将会收集到频率更高、覆盖范围更广的电子扫描数据。这将使得人们有更多的机会捕捉到商品价格和消费量的快速变化,从而使得连续性假定较为现实、合理。

2. Divisia 积分指数存在路径依赖,具有较强的经济现实意义

由于不同时点上观察到的价格和数量指数序列属于时间序列,这一序列在不同时点上并不是相互独立的,而是存在自相关性的。因此,从经济学的含义来看,Divisia 指数存在路径依赖性的假设具有较强的实际经济意义。而且我们知道,当且仅当消费者需求的收入弹性为单位弹性时,Divisia 价格指数才是不存在路径依赖性的。① 而现实生活中,消费者需求的收入弹性为单位弹性是极其特殊的情况。所以,我们有理由认为 Divisia 指数的路径依赖性特征也是与现实情况较为吻合的。事实上,这一路径依赖性或许更真实地反映了消费者的行为和习惯。同时,由前面的分析可以看出,Divisia 指数与经济指数理论具有较为密切的联系,这充分说明 Divisia 指数本质上也属于一种经济指数。

3. Divisia 指数能够在较大程度上近似于拉氏指数、帕氏指数

尽管拉氏指数和帕氏指数是目前统计官方使用最为广泛的两类指数,但长期以来却未能获得经济指数理论的合理解释和认可,两者也长期游离于该指数理论的门外,这多少体现了经济指数理论的尴尬处境。而 Forsyth,F. G.,Fowler,R. F.(1981)则借助 Divisia 指数理论证明了这两类指数具有与 Divisia 指数近似的特征。当然,该指数理论也能够很好地近似 Fisher 理想指数及其他超越指数。因此,相对于经济指数理论而言,Divisia 指数理论为更多的指数公式提供了理论解释。

---

① Oulton,N.. Chain Indices of the Cost-of-living and the Path-dependence Problem: An Empirical Solution[J]. *Journal of Econometrics*,2008(1):306-324.

4．Divisia 指数具有优良的指数检验性质

前文已经分析，Divisia 指数满足四大指数检验条目，也即单调性检验；因素互换性检验；循环性检验；单位不变性检验等。尤其是其中的循环性检验，更是有望解决链式指数存在漂移性的难题。

（三）指数的经济学理论提供了更为灵活的指数编制方法

该指数理论以微观经济学的基本理论知识为基础，借助无差异曲线和预算约束线及效用函数来构造指数，具有较强的经济学特性，据此编制的指数具有较强的经济现实意义。

另外，该指数理论所涉及到的效用函数 $U(q;\theta)$，能够适当引入反映消费者行为特征及身份信息的经济变量，并以此更为真实地刻画消费者的消费习惯与特征，例如受教育水平、年龄、家庭子女数等经济变量。

正是由于该指数理论的独特优势，从而使得其具有较强的实践应用性，尤其是在针对某特殊消费群体编制 CPI 指数，并反映其生活成本变化情况时，该指数无疑具有较强的应用优势。

综上所述，指数检验方法、指数的经济学理论及 Divisia 指数理论有望成为构造统一指数理论的核心指数理论。但需要说明的是，这些理论实践应用中也少不了必要的近似。其实，计算指数就好像是在一张平面地图上解释整个地球或地球的一部分球面，这只可能通过某些"歪曲"来解释。尽管这样，平面地图和指数两者都是实际统计工作中非常有用的工具。"歪曲"能够从许多方面（也可以借助地图或指数）表现它自己，不过我们要根据应用的实际情况，选择可以容许的那种"歪曲"。[1]

第二节　指数的统一性构建问题研究

一、传统指数的统一性构造问题

针对基本价格指数和高级价格指数构造中存在的有关问题，学术界进一步提出了 Lloyd-Moulton 指数。以价格指数为例，其定义为：

---

[1]　帕尔·科夫斯著．指数理论与经济现实[M]．夏一成等译．北京：中国统计出版社，1990：206-208．

$$P_{LM}^{t/0}(p^0,p^t)=\left[\sum_{i=1}^{n}s_i^0\left(\frac{p_i^t}{p_i^0}\right)^{1-\sigma}\right]^{\frac{1}{1-\sigma}},\sigma\neq1 \qquad (2.14)$$

其中,σ 为非负数,是商品间的相互替代弹性,反映了各消费品间平均意义上的相互替代情况。

由上式可知,当 $\sigma=0$ 时,则其变为拉氏价格指数;而当 σ 趋近于 1 时,则变为基期支出加权的几何平均指数。

该指数能够最大限度地反映商品间存在的相互替代效应,因而能够极为理想地降低相应的替代偏误;另外,该指数所用的支出份额是指标对比基期的,这从某种意义上降低了对数据时效性的要求。但可惜的是,要想获得不同类型商品间的相互替代弹性并非易事。这除了需要了解各种类型商品更为详细的物量信息,尤其是对低层级商品物量信息的充分掌握外,还需要据此针对不同类型商品和不同层次间的商品计算较为准确的替代弹性,并适时地更新其替代弹性,这些都对实践中一国经济统计水平提出了较大的挑战。

因此,目前该指数仅限于学术界理论方面的研究,实践中并没有国家在CPI 的编制过程中选用该指数。但随着扫描数据收集和处理水平的不断提高,以及替代弹性计算方法的进一步优化,该指数有望成为 CPI 指数编制过程,包括低层汇总和高层汇总中较为理想的选择对象。

二、大数据背景下指数的创新构造问题

实际上,基于前述传统指数的构造,我们可以认为 Lloyd-Moulton 指数是其统一性指数。但随着大数据的出现,人们同时还研发出一种适用于高频率大数据的 GEKS 指数。这种指数与传统指数存在明显差异,难以形成一个统一形式的指数系统。因此,在这一创新指数的现实背景下,也就不存在与传统价格指数统一形式的价格指数。

在 CPI 的编制过程中,可以编制两种形式的指数及其序列,亦即定基指数及其序列和链式指数及其序列(环比指数链锁构成的指数序列)。两种指数各存优劣,但目前,学术界更倾向于推崇后者。其主要原因在于:(1)由于只有参考期,因而链式指数值不再像定基指数一样受指数基期选择的影响,也即不存在基期依赖性问题;(2)链式指数可以通过对权数的不断更新来提高权重的代表性,从而可以使价格指数更好地反映经济生活中的价格变动情况、克服替代偏差;[1](3)由于产品的更新换代而增加(或删除)一项

---

① 赵红.GDP 核算中的价格指数及存在问题研[J].统计研究,2005(5):63-69.

商品后,链式指数序列在增减之前和之后仍然是可比的,无须就此加以调整,[1]下面主要针对链式指数及其序列的有关问题进行介绍,并展开讨论。

将逐期编制的某种形式的环比指数连乘,即得实现相应两期对比的链式指数,以衡量指标值长期变化水平及趋势。由于链式指数主要通过对环比指数进行链接的方式实现指标值的跨期对比,因此,学术界称其为间接指数。其指数的一般数学表达式为:

$$I^{t/0}_{\text{链式指数}} = \prod_{\tau=1}^{t} I^{\tau/\tau-1}_{\text{环比指数}} = I^{t-1/0}_{\text{链式指数}} \cdot I^{t/t-1}_{\text{环比指数}} \qquad (2.15)$$

其中,$I^{t/t-1}_{\text{环比指数}}$ 为拉氏、帕氏和 Fisher 及其他任何形式的环比指数。

需要注意的是:该指数参照期是唯一的(此处为第 0 期),而且从整体上来看是不存在基期的;但就其中的每个环而言,其基期则是逐期变动的,即分别为第 $0,1,2,\cdots,t-1$ 期等。[2]

正是由于国际标准意义上的链式指数更具现实经济意义,包括美国在内的一些西方国家纷纷开始在 CPI 中编制链式指数,以便更为合理地解决定基指数(直接指数[3])所存在的不足。但链式指数却并不如人们想象般的美好,实践中链式指数的编制也会遇到一些令人费解的问题,尤其是其链式漂移性问题,下面对其作进一步分析。

链式漂移即指当价格与数量经过几个时期的震荡回到原始水平时,指数值通常不会返回到单位值。链式指数的漂移性问题起源于指数公理化检验中的循环型检验。该检验为:多个环比指数之循环乘积应为 1,或者,多个环比指数之连乘积应等于相应的定基指数,也即:

$$I^{1/0} \cdot I^{2/1} \cdot I^{3/2} \cdot \cdots \cdot I^{t/t-1} \cdot I^{0/t} = 1 \qquad (2.16)$$

或

$$I^{1/0} \cdot I^{2/1} \cdot I^{3/2} \cdot \cdots \cdot I^{t/t-1} \cdot I^{0/t} = I^{t/0} \qquad (2.17)$$

该检验被视为 Fisher 的三大核心检验之一,而且在实践中具有一定的现实经济意义。因而,近些年来,链式漂移性问题受到了指数理论界的极大关注,并获得了相关方面研究的丰硕成果。

第一,链式指数的漂移程度主要受其编制频率的影响。Haan,Grient (2009)基于扫描数据的研究表明,一般而言,链式指数的编制频率越高,其漂移程度越严重;Ivancic,Fox,Diewert(2009)对扫描数据的研究也指出,每月和每周的链式指数会产生较大的漂移性,而季度链式指数的漂移性则相

---

① 杨灿、孙秋碧. 国民核算中的指数序列问题研究[J]. 统计研究,2006(6):74-79.

② 需要说明的是:这一特征并不针对权重基期滞后于指标参考期的环比指数链接而成的链式指数。由于这一类链式指数也存在权偏误等不足,本书不对其展开讨论。

③ 此处的定基指数意指通过某种指数公式直接实现跨期对比的指数。由于是通过某一指数公式实现两期指标的直接对比,因而被学术界称为直接指数。

对较小。当然,链式漂移性也受所选指数公式的影响,也即对于同一样本而言,超越链式指数的漂移相对较小。不过,编制频率仍然是其主要影响因素。

第二,针对链式指数可能出现漂移性的不足,国际上进行多边对比的GEKS指数被 Ivancic,Fox,Diewert(2009)等引入指数序列的编制中,并首先编制了滚动年份的、"免漂移的"GEKS(也即 RGEKS)链式指数。下面对其进行简单介绍。

Ivancic,Diewert,Fox(2011)将 Gini(1931),Eltetö、Köves(1964)和Szulc(1964)等人提出的,用于国际多边对比的 GEKS 指数引入进行双边比较的 CPI 中。该指数是所有可能的,基于同样指数公式的,双边价格指数之比的几何平均,其中的每一期均当作基期(Haan,J. and Krsinich,F.,2012)。若以第 0 期为参考期,l 为链接期($0 \leqslant l \leqslant M$)),则从第 0 期到第 t 期的 GEKS 指数为:

$$P_{\text{GEKS}}^{0,t} = \prod_{l=0}^{M} [P^{0,l}/P^{t,l}]^{1/M+1} = \prod_{l=0}^{T} [P^{0,l} \times P^{l,t}]^{1/M+1} \quad t=0,1,\cdots,M$$

(2.18)

其中,$P^{0,l}$ 表示以 0 为基期,l 为报告期的(超越)定基指数。

同理,第 0 期到第 $t+1$ 期的 GEKS 指数为:

$$P_{\text{GEKS}}^{0,t+1} = \prod_{l=0}^{M+1} [P^{0,l}/P^{t,l}]^{1/M+2} = \prod_{l=0}^{M+1} [P^{0,l} \times P^{l,t}]^{1/M+2} \quad t=0,1,\cdots,M+1$$

(2.19)

对比上述两式,我们发现,当时间每向前推进一单位时,将会产生两大问题:

第一,式(2.19)中将会出现大量新的双边(定基)指数,切需要对其进行重新计算,此即违反了时间固定的原则;第二,随着时间跨度的增加,样本的匹配性不断降低,从而致使误差急剧增加。为了解决这一问题,Ivancic,Diewert,Fox(2011)提出了"滚动年指数",也即 RGEKS 指数。该方法重复使用最后多月的价格和物量构建 GEKS 指数,而为了处理季节性产品,该指数选择最短的 13 个月作为滚动窗口,并选择 $P_{\text{GEKS}}^{0,12}$ 作为编制月度指数序列的起始点,以与最近的月度环比指数链接成时间序列。于是从第 0 期到第 13、14 期的 RGEKS 指数分别为:

$$P_{\text{RGEKS}}^{0,13} = P_{\text{GEKS}}^{0,12} \cdot P_{\text{GEKS}}^{12,13} = P_{\text{GEKS}}^{0,12} \cdot \prod_{l=1}^{13} (P^{12,l} \times P^{l,13})^{1/13}$$

$$= \prod_{l=0}^{12} (P^{0,l} \times P^{l,12})^{1/13} \prod_{l=1}^{13} (P^{12l}/P^{l,13})^{1/13}$$

(2.20)

$$P_{\mathrm{RGEKS}}^{0,14} = P_{\mathrm{GEKS}}^{0,12} \cdot P_{\mathrm{GEKS}}^{12,13} \cdot P_{\mathrm{GEKS}}^{13,14} = P_{\mathrm{RGEKS}}^{0,13} \cdot \prod_{l=2}^{14}(P^{13,l} \times P^{l,14})^{1/13}$$

$$(2.21)$$

以此类推,从第 0 期到第 T 期的 RGEKS 指数为:

$$P_{\mathrm{RGEKS}}^{0,T} = P_{\mathrm{GEKS}}^{0,12} \cdot P_{\mathrm{GEKS}}^{12,13} \cdot P_{\mathrm{GEKS}}^{13,14} \cdots P_{\mathrm{GEKS}}^{T-1,T}$$

$$= \prod_{l=0}^{13}(P^{0,l} \times P^{l,12}) \cdot \prod_{l=13}^{T}\prod_{l=T-12}^{T}(P^{T-1,l} \times P^{l,T})^{1/13} \qquad (2.22)$$

此后,众多学者对该指数展开了一系列的深入研究。例如,De Haan,
Van der Grient(2009),Nygaard(2010),Johannsen, I., Nygard(2011)等的
研究。这些研究都偏向于该指数不存在链漂移,并支持在实践中使用该指
数。但随后一些学者则对(R)GEKS 链式指数不存在漂移性提出了异议。
例如,Haan,J. 和 Krsinich,F. (2012)的研究则指出,GEKS 并不是绝对不
存在链漂移的。Ribe,M. (2012)的研究也认为,(R)GEKS 指数是否具备
漂移衰减特征,有赖于进一步的理论研究。事实上,Lippe,P. (2012)关于
GEKS 和 RGEKS 指数系统性的研究中就指出,在 CPI 的指数序列中,由于
对比的"媒介基期(l)"不可能是固定不变的,因此在较长的时间跨度中,
GEKS 以及 RGEKS 显然是不满足循环型检验的,也即并不是免漂移的。
同时作者还认为(R)GEKS 链式指数还受其指数参考期(第 0 期)选择的影
响,并非像拉氏或帕氏链式指数那样,独立于指数的参考期。另外,
Greenlees 和 McClelland(2010)关于服装的扫描价格指数表明,匹配项目的
GEKS 指数存在严重的下偏。

其实,Samuelson、Swamy(1974)的研究曾指出,在非位似偏好的条件
下(也即当消费者收入提高时,他们并不是同比例地改变各种商品的消费
额,其消费模式将会进行适当的调整),链式指数不可能通过循环型检验。
也即,当位似假设成立的条件下,指数是可以通过循环型检验的。关于这一
点,我们可以从有限例子中得到证实,例如,在指数家族中,有一些较为特殊
的指数,如简单性质及固定加权性质的综合和简单性质及固定加权性质的
几何平均链式指数等都是满足循环性检验。因为简单和固定权重性质的
指数可以看作是满足某种特殊位似条件的,因而它们都满足循环型检验,因
而不存在链漂移性。但作为权重适时更新的链式指数,例如一般的由环比
指数连乘而构成的,如拉氏、帕氏、Fisher 等链式指数,其显然不满足位似条
件,也就理所当然不满足循环型检验了。由此可知,适时更新权重和满足循
环型检验两种间存在一定的矛盾性,而要想解决该矛盾显然并非易事,一般
情况下,也只能权衡取舍。

总之,综合各种情况来看,(R)GEKS 链式指数并非不存在漂移性。但

其漂移衰减的程度到底如何,显然还有待于进一步进行理论研究。况且,实践中构建(R)GEKS链式指数还存在其他一系列的棘手问题:(1)由一系列的定基和环比Fisher(或其他形式的)指数混合构成,其计算过程相当复杂、烦琐,样本的匹配性和编制技术都将面临较大的挑战;(2)受桥式对比基期的影响,进行双边对比时,GEKS指数并不是唯一确定的(这与定基指数和其他一般链式指数存在显著差异);(3)更难于向居民解释。可能正是基于这些问题的困扰,目前并没有任何国家的统计官方采用GEKS链式指数。显然,关于该指数的有关特征和应用性问题还有待于进一步进行理论与实践研究。

由此可知,似乎并没有理想的价格指数公式能够解决CPI编制实践中面临的问题,尽可能地解决指数编制实践中的突出问题,选择更具针对性的指数公式或许是可取之举。具体而言,如果实践中编制的是权重基期更新相对滞后的定基指数及其序列,为了尽可能地降低权偏误和替代偏误,宜选择超越价格指数进行高层级的汇总,例如Fisher价格指数、Törnqvist价格指数和Walsh价格指数,但这些价格指数的编制需要借助当期的相关物量数据,对此,我们可以尽可能地缩短权重基期的更新频率,以寻求次优的处理方法对其加以解决;另外,如果实践中编制的是权重基期更新较快的链式指数及其系列,从现有的研究来看,这类指数对公式选择的依赖性相对要弱一些,因此,我们可以选择拉氏或帕氏指数公式,当然编制超越链式价格指数无疑是现有条件下最为理想的方案。

第三节　CPI指数构造方法的实践应用

当今世界各国,居民消费价格指数(CPI)的计算至少分为两个阶段,首先是低层汇总阶段,这一阶段主要是针对同质产品,仅利用获得的价格信息以估算最低层级的价格指数(亦称基本分类价格指数)(以下简称基本价格指数);其次是更高层次的汇总阶段,这一阶段是采用每个基本分类的支出数据作为权数,将前面计算的基本价格指数实现层层汇总以得出更高层次的价格指数,并最终计算出CPI,其具体的汇总过程简图如图2.1所示。

图2.1只是极为简单地讲述了CPI汇总的一般过程,需要说明的是,由于各国关于居民消费品的分类方式和层次不同,其CPI的汇总过程可能也不尽相同,但基本分类品的含义基本上是一致的,亦即居民消费品中具有高度同质性的商品。例如,粮食类(中类)商品中的大米、面粉、粮食制品等就都属于基本分类品,其价格指数均被称为基本分类价格指数。

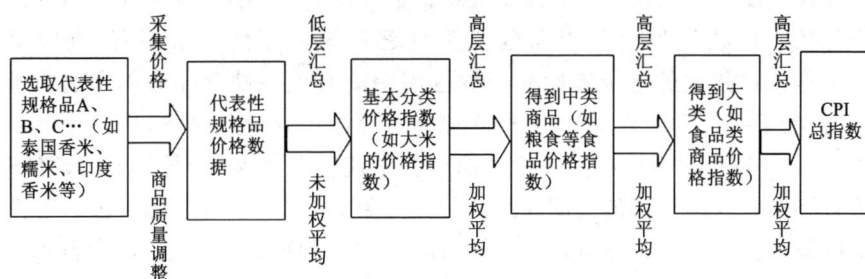

图 2.1　CPI 指数汇总过程简图

从图 2.1 可以看出,基本价格指数是整个 CPI 汇总过程中最先汇总出的第一类价格指数,该类指数也因此构成了整个 CPI 指数的基石。由此可见,估算出更为准确可靠的不同类型商品的基本价格指数显得极为重要。

从世界范围内来看,目前官方使用的基本价格指数主要有两类,即 Jevons 和 Dutot 指数(我国使用的是前者),这是因为在缺乏必要的指数权数资料时,人们常常不得不编制简单平均指数,而且相对而言,简单平均指数,特别是几何平均指数(如 Jevons 基本价格指数)的值比较适中。因此,在这种情况下,为了避免不加权而引起的指数偏误,人们一般乐于采用简单几何平均指数形式。尽管上述两类指数都属于未加权指数,但从指数的经济学理论及微观经济效用理论来看,在一定的条件下,它仍然可从某种程度上反映商品间的相互替代性。

但国际劳工组织 2004 年出版的《消费者价格指数手册——理论与实践》指出,在最初集合阶段,使用了价格或价格比率的未加权平均值。人们原先一直以为使用未加权指数造成的偏差并不太显著,但随着越来越容易获得电子销售点的扫描数据,最近看法已有变化。最近的证据显示,与上述各个理想目标指数的结果相比,低层级集合可能会造成相当大的上偏。

其实不难发现,上述偏误主要来自于两方面:从静态的角度来看,未经加权的基本价格指数忽略了消费品间价格的相对重要性,难以反映价格总水平的真实变化;从时间序列的动态性来看,当商品价格出现相对变化时,商品间的消费物量会因不同商品的替代效应[①]而发生较大变化,此时忽略物量权数将会导致价格指数的权偏误。因此,关于基本价格指数替代性及

---

① 由商品价格变动引起商品相对而价格变动,进而引起该商品需求量的变动,称为替代效应。

其偏误程度问题的研究不断演变成价格指数研究的热点。但学术界对这两类指数所反映的替代效应问题依然缺乏较为严密的经济解释,同时对Jevons价格指数的单位弹性在实践应用中的有效性缺乏相应的研究。基于此,有必要借助微观效用理论和纯希克斯替代效应分解法,从理论上对Jevons和Dutot等基本价格指数的替代效应问题做某种程度的扩展性研究;同时,以我国居民消费类商品为研究对象,对CPI中部分低层汇总类商品的替代弹性进行了尝试性的估计,以进一步了解实践中使用单一Jevons价格指数所导致的偏误。

一、CES 效用函数与价格指数的替代效应

为便于分析,我们继续约定以下符号:记 t 时期消费者所消费商品的价格和物量向量分别为:$\boldsymbol{p}^t = (p_1^t, p_2^t, \cdots, p_i^t, \cdots, p_n^t)$、$\boldsymbol{q}^t = (q_1^t, q_2^t, \cdots, q_i^t, \cdots, q_n^t)$,其中,$t = 0, 1, \cdots; i = 1, 2, \cdots, n; p_i^t, q_i^t$ 分别表示 t 时期消费者所购项目或具体商品 i 的价格和物量。

1. CES 效用函数及一般基本价格指数的推导

沿用俄罗斯经济学家 Konüs(1924)在《真实的价格指数问题》一文中的假设,经济主体是理性的,也即在一定的约束条件下,总是寻求效用最大化或成本最小化。但在低层汇总阶段,主要考虑固定效用水平下的成本最小化问题。根据科纽斯《真实的价格指数问题》的含义,在基期消费品的价格为 p^0,当期价格为 p^1,且效用水平维持在 u^* 的前提下,其指数为两期价格向量相关的最小成本之比,即:

$$P(p^0, p^1, u^*) = \frac{C(\boldsymbol{p}^1, u^*)}{C(\boldsymbol{p}^0, u^*)} \tag{2.23}$$

下面以微观经济学中常用的 CES 效用函数[①](常数效用函数)为基础,对一般真实的基本价格指数[②]进行推导。

$$U(q_1^t, \cdots, q_n^t) = [a_1(q_1^t)^\rho + \cdots + a_n(q_n^t)^\rho]^{1/\rho},$$

其中,

$$\sum_{i=1}^n a_i = 1; 0 \neq \rho < 1。 \tag{2.24}$$

---

① 该效用函数最先被 Bergson(1936)用于分析边际效用的测量而引入经济学文献中,后被 Solow(1956)重新发现,并被 Arrow 等(1961)加以推广。目前,该函数已经成为经济学文献中非常流行的效用函数。

② 本书不加区分地引用真实的初级指数、初级价格指数、初级指数等表达。

由于其所代表的偏好是严格凸的、严格单调的。为研究之便,此处以一个消费者,两种消费品的情况为例展开分析。于是式(2.24)变为:$U(q_1^t, q_2^t) = [a_1(q_1^t)^\rho + a_2(q_2^t)^\rho]^{1/\rho}$,其中,$a_1 + a_2 = 1$。

显然,消费者问题就是找到一个非负的消费束解,以满足其成本最小化问题。因此,可通过求解相关方程得到效用水平为 $\bar{u}$ 的最小成本函数,并计算出最终的真实的价格指数为(其中,$r = \rho/(\rho-1) \neq 0$):

$$P(\boldsymbol{p}^0, \boldsymbol{p}^1) = \frac{[a_1 a_2^r(p_1^1)^r + a_1^r a_2(p_2^1)^r]^{1/r-1}[(a_2^{r-1}(p_1^1)^r + a_1^{r-1}(p_2^1)^r]}{[a_1 a_2^r(p_1^0)^r + a_1^r a_2(p_2^t)^r]^{1/r-1}[(a_2^{r-1}(p_1^0)^r + a_1^{r-1}(p_2^0)^r]}$$

$$(2.25)^{①}$$

上式即为基于 CES 效用函数的、一般意义上的基本价格指数。根据 r 的不同取值,可以推导出不同的基本价格指数,包括 Jevons 和 Dutot 基本价格指数等,这为进一步分析基本价格指数所反映的替代弹性提供了重要的理论基础。

2. 基于微观效用论的基本价格指数的替代效应分析[②]

考虑消费者初始时面临两商品的价格分别为 p_1^0、p_2^0,并拥有收入 y。下面借助预算线和无差异曲线分析当商品 1 的价格由 p_1^0 下降到 p_1^1 后,在同样的效用水平 u^* 下,商品 2 需求量的变化情况。

如图 2.2 所示,最初无差异曲线 u^* 与预算线 AB 相切于 F 点,两商品的最优需求量分别为 q_1^0、q_2^0。当商品 1 的价格下降为 p_1^1 后,其预算线变为 AC 线,并与新的无差异曲线 u' 相切于 H 点,其最优需求量分别变为 q_1^1、q_2^1。但此时的效应水平已经增加,而总支出却维持在原来的水平 y,这显然与题设不同。于是有必要将消费者的效应水平转化为原来的 u^*,以进行替代效应分析。

在两商品的相对价格变为 p_1^1/p_2^0 后,为确保效用水平固定于 u^*,消费者的理性选择是减少支出,于是预算线将向原点移动并与原无差异曲线 u^* 相切于 G 点。此时,两商品的最优消费量分别为 q_1^s、q_2^s,消费者的支出即为预算线 DE 所代表的水平。借助微观经济学的效应理论,并结合图 2.2,可知商品 1 需求量的增加和商品 2 需求量的减少都源于相对价格变化而发生的替代效应,也即纯希克斯替代效应 SE_1 和 SE_2。

---

① 考虑到问题的简便性,推导过程未列出,另外,$r = 0$ 的情况暂时忽略。

② 基于替代弹性定义的初级指数替代效应的分析法比较简单,本书并没有给出推导过程。

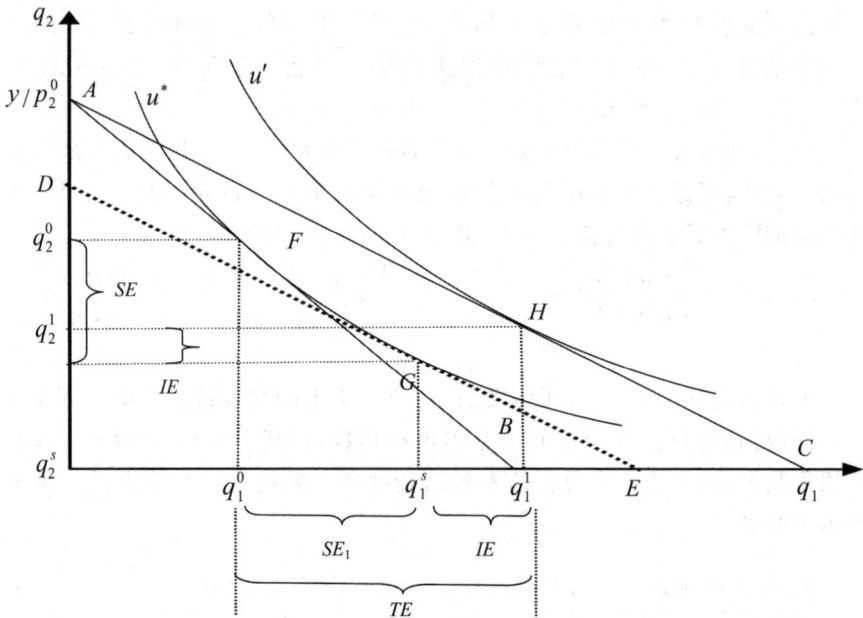

图 2.2 固定效用水平、最小支出条件下商品间替代效应分解图

不过图中所反映的纯希克斯替代效应（SE）只是诸多情况中的一种，而实际所发生的替代效应 SE 的情况还取决于两种商品相应的希克斯需求函数或马歇尔需求函数，而这又可借助斯卢茨基方程加以判断。其方程为：

$$\frac{\partial q_i(p,y)}{\partial p_j} = \frac{\partial q_{h_i}(p,u^*)}{\partial p_j} - q_j(p,y) \cdot \frac{\partial q_i(p,y)}{\partial y} \tag{2.26}$$

方程右边的第一项反映了商品 1 的价格变化所发生的希克斯替代效应 SE，第二项反映了收入效应 IE，其综合效应 TE 则由方程的左边项所反映。由此可知，关于商品 1、2 间纯希克斯替代效应 SE 的发生情况有两种检验方法，即直接法和间接法，其结果代表了在维持效应水平 $\bar{u}$ 不变的情况下，商品 1 的价格发生变化时，商品 2 的需求量发生变化的大小和方向，也即两商品间的相互替代关系。

为了计算右边第一项的值，不妨取 $a_1 = a_2 = 1/2$（下同），结合式(2.26)则有：

$$\frac{\partial q_{h_2}(p,u^*)}{\partial p_1} = u^*(1-r)(1/2)^{1/r-1}\left[(p_1^t)^r + (p_2^t)^r\right]^{1/r-2}(p_1^t p_2^t)^{r-1}$$

$$\tag{2.27}$$

由此可知，当且仅当 $0 \neq r < 1$，也即 $0 \neq \rho < 1$ 时，上式为正数，也即商品 1、2 间才存在替代关系。

3. 几种特殊的基本价格指数及其替代效应

(1)Jevons 基本价格指数。

上述推导过程显然没有考虑 $\rho \to 0$，即 $r \to 0$ 时的情况。但经过计算可知，CES 效用函数将变为 Cobb-Douglas 效用函数，也即：

$$\lim_{\rho \to 0} U(q_1^t, q_2^t) = \lim_{\rho \to 0} [a_1(q_1^t)^{\rho} + a_2(q_2^t)^{\rho}]^{1/\rho} = (q_1^t)^{a_1}(q_2^t)^{a_2} \quad (2.28)$$

在 $a_1 = a_2 = 1/2$ 时，再通过对式(2.28)取极限可得相应真实的价格指数为：

$$\lim_{r \to 0} P(\boldsymbol{p}^0, \boldsymbol{p}^1) = \lim_{r \to 0} \frac{[\frac{1}{2}(p_1^1)^r + \frac{1}{2}(p_2^1)^r]^{1/r}}{[\frac{1}{2}(p_1^0)^r + \frac{1}{2}(p_2^0)^r]^{1/r}} = \sqrt{\frac{p_1^1}{p_1^0} \cdot \frac{p_2^1}{p_2^0}} \quad (2.29)$$

将其扩展为 n 种商品，即得 Jevons 基本价格指数 $P_J(\boldsymbol{p}^0, \boldsymbol{p}^1) = \prod_{i=1}^{n} \sqrt[n]{\frac{p_i^1}{p_i^0}}$。针对此类极端特殊情况，需要通过式(2.27)检验商品间是否存在替代效应。于是：

$$\frac{\partial q_{h_2}(\boldsymbol{p}, u^*)}{\partial p_1} = \frac{\partial q_2(\boldsymbol{p}, y)}{\partial p_1} + q_1(\boldsymbol{p}, y) \cdot \frac{\partial q_2(\boldsymbol{p}, y)}{\partial y} = \frac{y}{4p_1 p_2} > 0$$

$$(2.30)$$

说明此时两商品间的确存在希克斯替代效应，而且是正向替代关系。然后再根据替代弹性公式可得 $\sigma_{12} = \frac{1}{1-\rho} = 1$。

(2)Dutot 基本价格指数。

$\rho \to -\infty$，即 $r \to 1$ 时，同理可得 CES 效用函数变为 Leontief 效用函数。于是其真实的价格指数为：

$$\lim_{r \to 1} P(\boldsymbol{p}^0, \boldsymbol{p}^1) = \lim_{r \to 1} \frac{[\frac{1}{2}(p_1^1)^r + \frac{1}{2}(p_2^1)^r]^{1/r}}{[\frac{1}{2}(p_1^0)^r + \frac{1}{2}(p_2^0)^r]^{1/r}} = \frac{p_1^1 + p_2^1}{p_1^0 + p_2^0} \quad (2.31)$$

若将其扩展为 n 种商品，即得 Dutot 基本价格指数：$P_D(\boldsymbol{p}^0, \boldsymbol{p}^1) = \sum_{i=1}^{n} p_i^1 / \sum_{i=1}^{n} p_i^0$。此时，再次根据式(2.27)可得，其希克斯替代效应为零，商品间的确不存在希克斯替代效应。

显然，上述分析不仅结合图形详细解释了其间可能发生的替代效应及其原理，同时还借助斯卢茨基方程对其替代效应情况进行了明确的判断。

据此,学术界基于基本价格指数替代弹性的理论分析指出,Jevons 基本价格指数可用作低层汇总,而 Dutot 指数却不能。因为前者体现了商品间的替代效应,而后者却没有。如此说来,在实际应用中 Dutot 基本价格指数应该淘汰出局,这至少是多数统计学家的意愿。[①] 然而事实并非如此,目前世界上仍有不少国家依然将 Dutot 指数作为低层汇总的目标指数之一。例如,法国、加拿大、澳大利亚等国同时使用上述两类基本价格指数;另外,德国、日本、韩国等国仅利用 Dutot 基本价格指数进行低层汇总。面对这种基本价格指数选择的二元化情形,我们有必要结合实际情况进行深入分析。对我国而言,同样有必要检验单位弹性基本价格指数在实践应用中的合理程度。

二、低层汇总商品替代弹性的估算与相关检验

由于数据来源的限制,此处只能选取少数低层汇总类商品进行替代弹性的估算。

1. 模型的推导

运用 Balk(2000)的假定,代表性消费者的效用函数是线性位似的,单位成本函数是 CES 形式的,则其对应的单位成本函数为:

$$\begin{cases} c(\boldsymbol{p}^t) \equiv \alpha_0 \big[\sum_{i=1}^n \alpha_i (p_i^t)^{1-\sigma} \big]^{1/(1-\sigma)}, & \sigma \neq 1 \\ \ln c(\boldsymbol{p}^t) \equiv \alpha_0 + \sum_{i=1}^n \alpha_i p_i^t, & \sigma = 1 \end{cases} \quad (2.32)$$

其中,α_i 为第 i 种商品的支出份额,且 $\sum_{i=1}^n a_i = 1$;σ 为不同消费品间的替代弹性。

由谢泼德引理可得:

$$q_i^0 \equiv u^0 \alpha_0 \Big\{ \sum_{k=1}^n \alpha_k (p_k^0)^r \Big\}^{(1/r)-1} \cdot \alpha_i (p_i^0)^{r-1} = \frac{u^0 c(p^0) \alpha_i (p_i^0)^{r-1}}{\sum_{k=1}^n \alpha_k (p_k^0)^r}$$

$$(2.33)$$

如前所述有 $r = 1 - \sigma \neq 0$。变形得:

---

① 当然,一些国家之所以选择 Jevons 初级指数进行低层汇总,而非 Dutot 指数,也可能是考虑到后者没有通过指数公理化的同度量因素检验。本书认为这并非十足的理由,后面将会对此进行解释。

$$\frac{p_i^0 q_i^0}{u^0 c(p^0)} = \frac{\alpha_i (p_i^0)^r}{\sum_{k=1}^{n} \alpha_k (p_k^0)^r} \tag{2.34}$$

依据惯例及 Balk(2000)的假定有，$u_0 c(\boldsymbol{p}^0) = Y^0 \equiv \sum_{i=1}^{n} p_i^0 q_i^0$，于是，可得第 0 时期商品 i 的支出份额为：

$$s_i^0 = \frac{p_i^0 q_i^0}{Y^0} = \frac{\alpha_i (p_i^0)^r}{\sum_{k=1}^{n} \alpha_k (p_k^0)^r} \tag{2.35}$$

类似地可得：

$$s_i^t = \frac{p_i^t q_i^t}{Y^t} = \frac{\alpha_i (p_i^t)^r}{\sum_{k=1}^{n} \alpha_k (p_k^t)^r} \tag{2.36}$$

结合上式有：

$$\frac{s_i^t}{s_1^t} = \frac{\alpha_i (p_i^t)^r}{\alpha_1 (p_1^t)^r}, i = 2, 3, \cdots, n。 \tag{2.37}$$

取对数有：

$$\ln(s_i^t / s_1^t) = (\ln\alpha_i - \ln\alpha_1) + r\ln(p_i^t / p_1^t) + \varepsilon_i^t \tag{2.38}$$

上述模型中分别涉及到支出份额和价格的相对比，其比值易受第一种商品支出份额和价格的影响。为消除这一影响，参考 Ivancic, L., Diewert, Fox(2009)的处理方法，分别用商品的支出份额和价格的几何平均来替代 s_1^t 和 p_1^t，则(2.39)式变为：

$$\ln(s_i^t / s_1^t) = (\ln\alpha_i - \ln\alpha_1) + r\ln(p_i^t / p_1^t) + \varepsilon_i^t \tag{2.40}$$

其中，

$$s_G^t = (\prod_{i=1}^{n} s_i^t)^{\frac{1}{n}}, p_G^t = (\prod_{i=1}^{n} p_i^t)^{\frac{1}{n}} \tag{2.41}$$

上式即为本书选择估计替代弹性的最终模型，其替代弹性为 $\sigma = 1 - r$。

2. 数据的选择、参数的估计及其结果

(1)数据的选择和平稳性检验。

按照国家统计局公布的《流通和消费价格统计调查方案》和相关说明，以及 CPI 的汇总过程来看，基本价格指数所反映的替代效应主要存在于代表规格品和基本分类商品中，也即本书所指的低层汇总类商品。由式(2.25)可知，σ 的估计需同时获得低层汇总类商品的价格和物量信息，国外的研究一般使用超市扫描数据。此处考虑到数据的可获得性问题，本书采用海关统计局统计信息中所列主要进口商品中的谷物及谷物类和食用植物油两类商品,其中前者细分为玉米、小麦、大麦、谷类和大米等五类消费品;后者则细分为豆油、花生油、橄榄油棕榈油、菜籽油和芥子油等五类消费品。其分类品都属于居民消费类商品中的低层汇总类商品,两者具有高度的一致性[1],其替代弹性也能够较为近似地反映我国 CPI 中低层汇总类商品间的替代弹性。

具体地,出于样本容量[2]和通货膨胀对商品替代弹性影响的考虑,本书分别选择 2011 年高通胀年份、2009 年低通胀年份中 CPI 较为接近的 6—9 月份的数据作为一个样本。因此,本书一共选取了四个这样的样本,2011 年 6—9 月份谷物及谷物类和食用植物油类数据样本;2009 年 6—9 月份谷物及谷物类和食用植物油类数据样本。

先按照式(2.40)的要求和相关定义分别计算四个样本相应的 $\ln(s_i^t/s_G^t)$ 和 $\ln(p_i^t/p_G^t)$ 序列。然后采用单位根检验法对上述四组数据进行平稳性检验。其结果显示第一、二、四个样本的两序列均为 1% 显著性水平下的平稳序列,而第三个样本的两序列数据为 10% 的显著性水平下的平稳序列。因此可以分别对其进行回归分析。

(2)回归分析结果。

考虑到通胀因素可能会对替代弹性的影响,本书采取下述两种情况进行回归分析,其结果分别如下。

第一,不同通胀时期的回归结果(括号内为检验的 t 值)

2011 年 6—9 月谷物及谷物类商品(样本单位 $n=20$)[3]:

$$\ln(s_i^t/s_1^t)=-3.951\ln(p_i^t/p_1^t) \tag{2.42}$$
$$R^2=0.400 \quad (-3.463) \quad D-W=1.836$$

2009 年 6—9 月谷物及谷物类商品(样本单位 $n=20$):

$$\ln(s_i^t/s_1^t)=-2.699\ln(p_i^t/p_1^t) \tag{2.43}$$
$$R^2=0.555 \quad (-4.736) \quad D-W=2.027$$

2011 年 6—9 月食用植物油类商品(样本单位 $n=20$):

$$\ln(s_i^t/s_1^t)=-1.623\,8\ln(p_i^t/p_1^t) \tag{2.44}$$
$$R^2=0.163 \quad (-1.869) \quad D-W=2.762$$

---

[1] 尽管海关统计局中主要进口商品价格并非居民消费、服务类商品的价格,但前者显然会对后者产生较大的影响。而且这两类商品本身都属于最终产品,以其为样本来估算我国居民消费类商品的替代弹性具有一定的合理性和可行性。

[2] 如果将某个月的谷物及谷物类商品(4 种)作为一个样本,容量太少;因此本书选取通胀率较为近似的连续 4 个月份数据,能够在保证替代弹性较为近似的前提下将样本容量增大为 $n=20$。

[3] 此处其实为一面板数据,基于研究的简便性,本书将其近似地处理为重复抽样下的时间序列数据,故样本单位变为 $n=20$,下同。

2009 年 6—9 月食用植物油类商品(样本单位 $n=20$):

$$\ln(s_i^t/s_1^t)=-2.350\ln(p_i^t/p_1^t) \tag{2.45}$$

$$R^2=0.536 \quad (-4.557) \quad D-W=2.736$$

从上述的估计结果来看,各个模型的参数均通过了显著性检验,而第三、四组的 $D-W$ 值为不能确定其残差是否存在序列相关,经过 ARCH-LM 检验后发现其残差均不存在序列相关性。所以,四个模型的估计结果都较为理想。

但上述的估计结果似乎告诉我们,通胀对两类商品的替代弹性可能产生了一定的影响。为了进一步确认,下面进一步引入时间虚拟变量再作分析。

第二,含时间虚拟变量的回归分析结果

设定时间虚拟变量序列为:

$$T=\begin{cases} 0, 2009 \text{ 年 } 6—9 \text{ 月高通胀时期} \\ 1, 2011 \text{ 年 } 6—9 \text{ 月低通胀时期} \end{cases} \tag{2.46}$$

其估计结果如下:

2009 年 6—9 月、2011 年 6—9 月谷物及谷物类商品估计结果(样本单位 $n=40$):

$$\ln(s_i^t/s_1^t)=(6.04E-09)+(4.41E-08)T-3.091\ln(p_i^t/p_1^t) \tag{2.47}$$

$$R^2=0.550 \quad (5.50E-08) \quad (2.33E-07) \quad (-5.499) \quad D-W=2.051$$

2009 年 6—9 月、2011 年 6—9 月食用植物油类商品估计结果(样本单位 $n=40$):

$$\ln(s_i^t/s_1^t)=(-4.39E-09)-(4.37E-08)T-1.833\ln(p_i^t/p_1^t) \tag{2.48}$$

$$R^2=0.330 \quad (-2.68E-08) \quad (-1.89E-07) \quad (-4.267) \quad D-W=2.644$$

上述时间虚拟变量的估计系数非常小,而且也没有通过显著性检验。由此判断,通胀对这两类低层汇总商品间替代弹性的影响并不显著。但这两类商品的替代弹性却存在较大的差异。谷物类商品的替代弹性为 $\hat{\sigma}_g=1-\hat{r}_g=4.091$;这一结果比 Opperdoes, E. (2001)对荷兰的估计结果要大,后者估计的平均值大约在 3 左右;而食用油类商品的替代弹性为 $\hat{\sigma}_s=1-\hat{r}_s=2.833$,其结果与 Ivancic, L. , Diewert and Fox(2009)的结果较为近似,这也进一步体现了本书估计结果的合理性。因此,我们可以判断这两类商品替代弹性的估计值显著大于单位弹性,显然这与 Jevons 基本价格指数所反映的单位弹性存在较大的差异。因此,将其作为唯一目标指数的处理方法与现实存在较大出入,使用该指数容易导致一定程度的权偏误。

三、回归结果的系统性分析

居民消费的商品和服务种类不计其数,而本书只是选取了其中极少类商品进行实证分析。不过其实证分析的结果还是告诉我们,单位弹性的 Jevons 基本价格指数可能难以反映商品间复杂的替代关系,我们有必要重新审视不同类商品间替代弹性可能存在的显著差异,并据此选择更加科学、合理的基本价格指数。

国家统计局在 CPI 的低层汇总阶段仅选择了 Jevons 基本价格指数,这是一种较为折中的方法,而且具有较强的可操作性,但却也存在一些不妥之处。

(1)有些居民消费类商品间的替代弹性可能会非常小,甚至非常接近于 0,这时选择 Dutot 基本价格指数对其进行汇总,反而可能更具针对性和准确性。但若继续选择后者进行低层汇总,会导致估计值低于真实值。事实上,很多国家在选择 Jevons 基本价格指数进行汇总的同时,依然保留了 Dutot 基本价格指数,估计也是出于这方面的考虑。不过,对于 Dutot 基本价格指数未能通过指数公理化的同度量性检验,笔者认为低层汇总本身就是针对同质性商品而言的,另外也可以通过对商品类型的有限细分进一步满足同度量性。

(2)有些居民消费类商品间的替代弹性可能会非常大,甚至显著大于 1,这时若继续选择 Jevons 基本价格指数进行汇总,又可能会导致估计值高于真实值。事实上,这样的消费品种类并不少。根据 Melser,D.(2006)利用扫描数据对许多食物类代表性消费品间替代弹性的估计可知,很多普通食物类消费品间的替代弹性大约在 3～4 之间。因此,将所有消费类商品替代弹性笼统的近似处理为 1,可能最终会对 CPI 的数据质量造成较大影响。这些影响可以从下面的分析中得知。

当 $a_1 = a_2 = 1/2$ 时,则包含 n 种商品的公式(2.25)变为下列真实的价格指数:

$$P(\boldsymbol{p}^0, \boldsymbol{p}^1) = \begin{cases} \dfrac{\left[(p_1^1)^{1-\sigma} + \cdots + (p_2^1)^{1-\sigma}\right]^{1/(1-\sigma)}}{\left[(p_1^0)^{1-\sigma} + \cdots + (p_2^0)^{1-\sigma}\right]^{1/(1-\sigma)}} & \sigma \neq 1 \\ \sqrt[n]{\displaystyle\prod_{i=1}^{n} \dfrac{p_i^1}{p_i^0}} & \sigma = 1 \end{cases} \tag{2.49}$$

再结合本书开头部分的数据,可分别计算当商品间的替代弹性为别为 0,1,2,3,4 等时的真实价格指数,其计算结果如表 2.2 所示。

表 2.2　不同替代弹性下真实的价格指数值

替代弹性 σ	0	1	2	3	4
真实的价格指数值	0.917	0.786	0.586	0.504	0.457

由表 2.2 可知,不同替代弹性的基本价格指数其结果相差非常大,替代弹性为 0 的指数是替代弹性为 4 的指数的 2 倍左右。其实我们也可以证明,式(2.49)是替代弹性的递减函数。而且,随着替代弹性的不断增加,高价格对基本价格指数的影响将不断减少,而低价格对基本价格指数的影响将不断增加,也即相当于高价格的权数不断减少,而低价格的权数不断增加。这也解释了不同的替代弹性,其基本价格指数存在显著差异的重要原因。由此可见,CPI 的低层汇总指数选择偏误将会导致基本价格指数的严重偏误,进而对 CPI 的数据质量产生严重影响。显然,对此偏误我们不应该视而不见,置之不理。

本书利用 CES 效用函数对基本价格指数的替代效应从理论到实践进行了深入的分析。在理论上,针对现有研究的不足,本书借助微观经济效用理论和希克斯替代效应分解法,详细阐述了两类最常用基本价格指数所反映的替代效应特征。同时,本书从实证分析上对两类低层汇总类商品的替代弹性进行了粗略的估算,并发现其估计结果明显大于 1,这与国外相关研究存在一定的差异,而且其结论也并不支持将 Jevons 基本价格指数作为低层汇总的唯一指数。其实,现实中由于各消费类商品特征和属性的不同,其替代弹性可能也会存在较大差异,运用单一替代弹性的基本价格指数对所有消费类商品进行低层汇总并非可取之举,也可能会导致较大的替代性偏误,进而对 CPI 的数据质量造成较大伤害。

因此,CPI 的低层汇总应该尽可能地考虑到不同类消费品的特征和属性,以及由此表现出来的替代弹性的显著差异,有针对性地选择替代弹性与之较为近似的基本价格指数进行价格的低层汇总,以实行基本价格指数的多元化选择①,这对提高 CPI 的准确性和权威性具有不可忽视的作用。但从长远来看,有必要针对部分相互交叉替代较为明显的商品转向加权价格指数以计算其基本价格指数。关于这一方面的内容,后续章节将会作进一步的讨论。

———————————

①　事实上,包括美国、法国、加拿大、奥地利、澳大利亚、葡萄牙等国都使用至少两类初级指数进行低层汇总,但只要的处理也不尽如人意。本书认为用来进行低层汇总的初级指数公式至少应该包含三类,而不是一种或两种。

第三章　特殊群体 CPI 编制方法及
中国实践问题研究

　　作为极其重要的宏观经济指标之一,CPI 受到的关注程度越来越高,在宏观经济管理和国民经济核算中的地位和作用也日益突出。但一直以来,中国官方主要公布一种 CPI 指标,也即普通 CPI 或标题 CPI,这一方式始于约 30 年前中国开始编制 CPI 指数的时期。而随着中国经济发展水平的不断提高和综合国力的不断增强,一方面居民生活水平有了较大幅度的提高和改善;但贫富差距却依然严重,例如,2003—2012 年间,中国基尼系数一直处于高水平状态(表 3.1)。

表 3.1　2003—2012 年间中国基尼系数

年份	2003	2004	2005	2006	2007	2008	2009	2010	2011	2012
基尼系数	0.479	0.473	0.485	0.487	0.484	0.491	0.490	0.481	0.477	0.474

资料来源:中国新闻网:中国官方首次公布 2003—2012 年基尼系数,2013-01-18。

　　近些年,随着中国通货膨胀的频发,部分居民消费能力和生活水平均受到了较大程度的影响。而作为极具综合性的标题 CPI 以及其他 CPI 指标,例如各地区 CPI、农村 CPI 和城市 CPI 等,在反映这一经济现实情况上却显得有些力不从心。

　　因此,如何在现有 CPI 指标体系的基础上,编制更为详细的特殊群体 CPI 指数,以反映社会不同收入阶层或特殊群体的通货膨胀水平或生活成本,将是一个极具理论和现实意义的问题。基于此,本章将集中讨论针对社会特殊群体居民编制 CPI 指数的有关问题,并就其编制的理论依据及理论基础、编制方法与问题、国际经验及在中国的实践应用等问题进行深入的分析和探讨。

第一节　特殊群体 CPI 编制的基本理论依据

一、平均数的内在缺陷

（一）"一叶障目，不识泰山"

无论是基于固定篮子法、经济指数法，还是其他方法编制的 CPI 总指数，最终都能够从一定程度上反映居民消费品价格水平变化对居民生活成本的影响。但这种高度平均化的标题 CPI，由于包含了太少的信息而不利于我们进一步了解其内部分布规律和特征。

为了说明上述问题，本书引用《统计学原理》课程教学中极为经典的一个案例作对其加以说明。"一条河平均水深 0.5 米，一位掌握这一数据的统计学家徒手过河，中途被淹死了。为什么？因为最深的地方有 2 米。"尽管无人能够否定平均数在统计中的重要地位和作用，但这一案例却也从另外一个角度提醒我们：统计平均数也是存在缺陷的，切不可盲目崇拜，尤其是对其中部分特殊数据缺乏必要的关注将会导致灾害性的后果。

现实生活中也同样如此，当统计官方公布 CPI 数据时，经常会有低收入阶层居民感叹其生活成本被平均了；当平均工资指数发布时，一些低收入行业工人经常抱怨他们的工资被平均了；房地产价格指数的公布有时也会引来部分居民的质疑等。

由此可知，尽管统计平均数的作用主要表现在，它可以概括地表征各种统计数列的基本数值特征，借以显示数列的一般水平或分布的集中趋势。[①] 但其不足也是明显的，"一叶障目，不识泰山"的缺陷也会让我们不知所措，其极端数据的存在被极其危险地忽视，并给人只见树林不见树木的尴尬处境。

（二）平均数难以反映数据分布的离中趋势

人们在研究经济现象时，对于内部单位标志值分布不尽相同的总体，其平均数的代表性是否会存在差异？我们的回答是肯定的，而这一差异主要源于总体内部各标志值之间的差异或变异，由于变异指标描述了总体数字

---

① 黄良文，曾五一．统计学原理［M］．北京：中国统计出版社，2000.

分布的又一重要特征,这种特征在统计分析中是不应该忽视的。

正因如此,人们在描述总体数字特征时,不仅使用统计平均数描述数据分布的集中趋势,同时还使用变异指标反映其离中状况。由此可见,单独使用平均数指标是难以完整地反映总体内部数据分布的离中趋势和特征的,这也正好构成了统计平均数的第二大缺陷。

上述案例中的"统计学家"正因为只知道统计平均数的总体水平,而对总体内部数据的分布情况缺乏深入的了解才酿此悲剧的。

二、统计平均数的等价转换性

统计平均数具有优良的统计性质,下面简单介绍与本书内容有关的两条重要性质。

(一)线性变化的等价性

对被平均变量实施某种线性变换后,新变量的算术平均数等于对原变量(x)的算术平均数施行同样线性变换的结果,即:

$$\overline{a+bx}=a+b\overline{x} \tag{3.1}$$

(二)加法运算的等价性

对于任何两个变量 x,y,它们代数和的算术平均数等于两个变量算术平均数的代数和,即:

$$\overline{x+y}=\overline{x}+\overline{y} \tag{3.2}$$

上述结论均可以推广到任意有限多个统计量。

三、特殊群体 CPI 编制的基本原理

针对特殊群体编制的 CPI 指数也是统计平均数,也应该满足式(3.2)的结论。具体地,在同一指数公式下,使用同样的数据,按照群体内全体居民消费品数量加权的各类商品价格总指数,应该等于该群体各居民 CPI 按照消费支出加权得到的 CPI 总指数。这一结论是实践中针对特殊群体编制相应 CPI 指数的重要理论依据。下面对这一结论加以证明。

假设某特殊群体类住户有 H 户家庭,每户家庭总的消费数量用向量 q 表示,即:

$q=(q^1,\cdots,q^h,\cdots,q^H)$,$(h=1,2,\cdots,H)$;另外假设市场中一共有 n 种消费品。对于每一个住户,我们假设 $x^h=\sum\limits_{i=1}^{n}x_i^h$,其中,$x_i^h$ 是住户 h 在第 i

种商品上的消费支出;全部 H 户消费者在某类商品 i 上的总支出为:$X_i = \sum_{h=1}^{H} x_i^h$;$X$ 是全部商品的总消费支出,也即 $X = \sum_{i=1}^{n} X_i = \sum_{i=1}^{n} \sum_{h=1}^{H} x_i^h$;$N$ 类商品在全体消费者总消费额上的支出权重向量为:$\boldsymbol{W} = (X_1, X_2, \cdots, W_n)$,其中 $W_n = X_n / X$);基期和当期分别用 0、t 表示。则按照支出份额权重形式计算的拉氏指数 CPI 总指数为:

$$\text{CPI}_{\text{总的}}^{t/0} = \sum_{i=1}^{n} W_i \frac{p_i^t}{p_i^0} \tag{3.3}$$

容易证明,上述 CPI 指数就各住户 CPI 指数的加权平均值。

令 $w^h = (w_{h';1}, \cdots, w_{h';i}, \cdots, w_{h';n})$ 为住户 h 的预算份额向量,其中,$w_{h';i} = \dfrac{x_{h';i}}{x^h}$。

则用支出份额权重形式计算的住户 h 的拉氏价格指数为:

$$\text{CPI}_h^{t/0} = \sum_{i=1}^{n} w_{h,i} \frac{p_i^t}{p_i^0} \tag{3.4}$$

若令 $\alpha^h = \dfrac{x^h}{x}$,则有 $\sum_{h=1}^{H} \alpha^h = 1$,同时对于任何的 i 有 $W_i = \sum_{h=1}^{H} \alpha^h w_i$,因此,

$$\text{CPI}_{\text{总的}}^{t/0} = \sum_{h=1}^{H} \alpha^h \text{CPI}_h^{t/0} \tag{3.5}$$

由此可见,按照 H 户消费者消费的全部商品支出加权各类商品价格指数得到的总指数,等于通过各住户价格指数按照支出加权得到的 H 住户的价格总指数。

显然,将上述结论推广到更多类型居民及更多种类的商品,其结论也无疑是成立的。

第二节　特殊群体 CPI 编制的基本理论与方法

一、特殊群体 CPI 的基本含义及历史渊源

(一)特殊群体 CPI 基本含义的界定及其主要作用

CPI 指数可以根据特殊类型的商品、特定地区或特殊的消费者群体进

行编制。实践中,例如食品类价格指数、某省份或地区的 CPI、低收入阶层居民的 CPI 指数等。本书所讨论的特殊群体 CPI,主要意指通常在某一(或某些)方面与社会其他消费群体表现出显著特性差异,并据此编制的 CPI 指数,也即以特殊群体为主要对象编制的 CPI 指数。例如,针对贫困收入阶层、农民工、失业群体、受教育程度相对低下的群体、老龄人口等社会各类特殊群体编制的 CPI 指数。编制特殊群体 CPI 指数的主要目的,即用以更为准确地反映相应群体遭受通货膨胀的严重影响或生活成本受消费品价格变化的影响情况等,以进一步弥补 CPI 的功能性缺陷。

本质上来看,本书研究的特殊群体 CPI 之功能与 Diewert(1999)提出的 CPI 之四大功能中的第二大功能——作为不同类型消费者的生活成本指数,用以测量各类消费者面对两组不同的商品价格组合时,在维持某种固定生活标准(或效用水平)的情况下相对支出(或成本)的变化情况。但需要指出的是,特殊群体 CPI 的编制不必以指数的经济学理论为基础,固定篮子指数理论也可以成为其编制的基本理论。

(二)特殊群体 CPI 编制的历史渊源

特殊群体 CPI 这一概念最早出自 20 世纪 50 年代 Kenneth Arrow 提出的针对特殊子群体编制 CPI 的研究,至今已有 60 多年的历史。后来 Prais(1959)在《谁的生活成本》一文关于财力成本指数的研究中,扩展为针对不同类型消费者编制 CPI 指数的研究。之后人们针对特殊群体如何编制 CPI 展开了广泛的研究,现在这一研究已经扩展到针对社会各收入阶层或具有其他某种特性的消费群体,例如受教育水平相对较低的群体、老年人或有小孩抚养任务的家庭群体、单身群体等等。

二、特殊群体 CPI 的基本编制方法

(一)基于经济指数理论下特殊群体 CPI 的编制方法

在介绍这一编制方法之前,本书首先做出一些基本的假定并引入必要的符号:

(1)假设我们能够按照某种环境或经济特征(如收入水平、年龄、家庭子女数、受教育年限等)将全体消费者划分为多种(例如 H 种)不同的类型,其中某一类,例如第 $h(h=1,2,\cdots,H)$ 类包含 S 户家庭,下面将以该类为例进行分析说明。

(2)假设住户 s 当期和基期的商品篮子分别包含有 n_s^0 和 n_s^1 种消费品

（由于此处以经济指数理论为基础，这种假设是具有可操作性的）。

（3）在 t 时期，第 $S_s(s=1,2,\cdots,S)$ 户家庭消费的商品数量和对应商品的价格向量分别为：

$$\boldsymbol{q}_s^t=(q_{s1}^t,\cdots,q_{si}^t,\cdots,q_{sn}^t),\boldsymbol{p}_s^t=(p_{s1}^t,\cdots,p_{si}^t,\cdots,p_{sn}^t) \qquad (3.6)$$

其中，q_{si}^t 和 p_{si}^t 分别表示第 t 期第 h 类中第 s 户家庭消费第 i 种商品的数量及相应的价格。

（4）假设每户家庭消费支出可能会受到收入水平、年龄、家庭子女数、受教育年限等 K 类经济变量的影响，则 t 期第 s 户家庭的经济变量向量可表示为。

$$\boldsymbol{e}_s^t=(e_{s1}^t,\cdots,e_{sl}^t,\cdots,e_{sK}^t) \qquad (3.7)$$

其中，$l=1,2,\cdots,K$；e_{sl}^t 表示第 s 户家庭在第 t 期所属的第 l 类经济变量。

（5）假设第 s 户家庭对消费品数量 $\boldsymbol{q}$ 和经济变量 $\boldsymbol{e}$ 的不同组合所具有的偏好可用连续函数 $f_s(\boldsymbol{q}_s,\boldsymbol{e}_s)$ 表示，该效用函数与第一章所列示的具有相同的性质。但需要说明的是，不同特殊群体家庭不必具有相同的效用函数形式，但我们有必要假设同一家庭内的不同消费者具有类似的经济行为。

（6）假设第 s 类住户所消费商品篮子的价格向量为：$\boldsymbol{p}_s^t=(p_{s1}^t,\cdots,p_{si}^t,\cdots,p_{sn}^t)$，则其消费向量 $\boldsymbol{q}_s^t=(q_{s1}^t,\cdots,q_{si}^t,\cdots,q_{sn}^t)$ 是住户 s 支出最小化问题的解：

$$\min_s\{\boldsymbol{p}_s^t\boldsymbol{q}:f_s(\boldsymbol{q},\boldsymbol{e}_s^t)\geqslant u_s^t)\}=C_s^t(u_s^t,\boldsymbol{e}_s^t,\boldsymbol{p}_s^t) \qquad (3.8)$$

其中，C_s^t 是效用函数 f_s 的对偶函数，亦即成本或支出函数。

下面将以经济指数理论为基础，介绍针对不同特殊群体编制 CPI 的基本理论方法。由于特殊群体 CPI 的编制过程可以采用两种不同的方式，第一，先以经济指数理论计算各住户的价格指数，然后汇总成特殊群体 CPI 指数，下文称该方法为直接经济指数理论法；其二，计算出各商品的基本价格指数，再汇总各住户在每种代表品上的总支出，并将同一子群内的住户看作一个单一的大型住户，最后利用经济指数理论法编制出特殊群体 CPI 指数，我们称其为间接经济指数理论方法。按照前文的证明，理论上来讲，两种方法使用同一类指数公式汇总出的特殊群体 CPI 结果应该是一致的。下面将分别按照这两种方法，介绍其编制过程。

1. 直接经济指数理论法的特殊群体 CPI 编制方法

我们可以根据编制 CPI 的相关目的，将特殊消费群体按某一主要标志划分为若干类。相应地，各类之间除了在这一标志上存在显著差异外，在其他经济变量上也可以存在一定程度的差异，例如户主受教育水平、年龄、家庭子女人数、居住地等众多环境和经济变动等。为了充分反映这些差异对家庭消费行为特征的可能影响,我们将借助经济指数理论法进行分析。这是因为经济指数理论以一定的效用函数为假设前提,将上述变量引入效用函数则可以更为客观、全面地考察不同类型家庭消费行为的差异。

由于实践中存在财力特殊群体 CPI 和平民特殊群体 CPI,下面按照这两种方法进行相关介绍。

(1)住户加权平均的特殊群体 CPI(财力性质的 CPI)的编制方法。

根据每组(群体)内各住户的消费支出权重进行加权平均,这样可以体现不同消费者消费支出权重差异对特殊群体 CPI 的影响。由于根据经济指数理论编制的 CPI,其本质上属于住户加权性质的指数。因此,使用该方法进行计算得出的特殊群体 CPI 为:

$$\mathrm{CPI}_{hn}^{t/0}=\frac{\sum\limits_{s=1}^{S}C_s^t(u_s^m,e_s^t,\boldsymbol{p}_s^t)}{\sum\limits_{s=1}^{S}C_s^0(u_s^m,e_s^0,\boldsymbol{p}_s^0)} \tag{3.9}$$

其中,u_s^m(m 取 $0,t$ 或其他时间值)为第 s 户家庭在第 m 期的效用水平,下同。

(2)住户简单平均的特殊群体 CPI(平民性质的 CPI)编制方法。

也即将各组内每位住户的"生活费用指数"直接进行简单算术平均。但这需要首先针对各住户编制"生活费用指数"。

以上述假设前提为基础,我们可以得出第 s 户家庭的价格指数为:

$$p_s^{t/0}=\frac{C_s^t(u_s^m,e_s^t,\boldsymbol{p}_s^t)}{C_s^0(u_s^m,e_s^0,\boldsymbol{p}_s^0)} \tag{3.10}$$

对其进行简单算术平均,即得第 h 类特殊群体特殊群体 CPI 计算方法为:

$$\mathrm{CPI}_{hn}^{t/0}=\frac{1}{S}\sum\limits_{s=1}^{S}p_s^{t/0}=\frac{1}{S}\sum\limits_{s=1}^{S}\frac{C_s^t(u_s^m,e_s^t,\boldsymbol{p}_s^t)}{C_s^0(u_s^m,e_s^0,\boldsymbol{p}_s^0)} \tag{3.11}$$

对于上述两类指数的大小关系,我们有必要做进一步的分析。

为了简化其过程,我们令 $C_s^t(u_s^m,e_s^t,\boldsymbol{p}_s^t)=a_s$;$C_s^0(u_s^m,e_s^0,\boldsymbol{p}_s^0)=b_s$,则得到下列两式:

$$A=\mathrm{CPI}_{hw}^{t/0}=\frac{\sum\limits_{s=1}^{S}a_s}{\sum\limits_{s=1}^{S}b_s} \tag{3.12}$$

$$B=\mathrm{CPI}_{hn}^{t/0}=\frac{1}{S}\sum\limits_{s=1}^{S}\frac{a_s}{b_s} \tag{3.13}$$

我们以 $S=2$ 为例,并利用作差法比较两者的大小关系,则有:

$$A-B=\mathrm{CPI}_{hw}^{1/0}-\mathrm{CPI}_{hn}^{1/0}=\frac{a_1+a_2}{b_1+b_2}-\frac{1}{2}\left(\frac{a_1}{b_1}+\frac{a_2}{b_2}\right)$$

$$=\frac{1}{2}\frac{(b_1-b_2)(a_1b_2-a_2b_1)}{b_1b_2(b_1+b_2)}=\frac{1}{2}\frac{b_1-b_2}{b_1+b_2}\cdot\left(\frac{a_1}{b_1}-\frac{a_2}{b_2}\right) \quad (3.14)$$

从现实情况来看,一般情况下富裕家庭所遭受的实际通货膨胀压力要比贫困家庭小。如果这一假设得以成立,同时假设上式中 a_1/b_1 代表富裕家庭的"生活费用指数",a_2/b_2 代表贫困家庭的"生活费用指数",则可以得到下列结论:

$$\frac{a_1}{b_1}<\frac{a_2}{b_2} \quad (3.15)$$

并且进一步假设相对富裕阶层每期消费支出也明显大于贫困家庭,也即:

$$a_1>a_2;b_1>b_2 \quad (3.16)$$

如果上述假设能够成立的话,我们很快就能得到下列结论:

$$(b_1-b_2)(a_1b_2-a_2b_1)<0 \quad (3.17)$$

也即:

$$A-B=\mathrm{CPI}_{hw}^{t/0}-\mathrm{CPI}_{hn}^{t/0}<0,亦即\ \mathrm{CPI}_{hw}^{t/0}<\mathrm{CPI}_{hn}^{t/0} \quad (3.18)$$

由此可知,当同一类型住户内不同住户间的消费支出差异越大,也即 b_1 与 b_2 的差异越大;且 a_1/b_1 与 a_2/b_2 间差异也越大时,$\mathrm{CPI}_{hw}^{t/0}$ 与 $\mathrm{CPI}_{hn}^{t/0}$ 的差值也将随之增加。总之,在上述条件得以满足的情况下,财力特殊群体 CPI 应该小于民主特殊群体 CPI。不过在较为特殊情况下,也即式(3.15)和式(3.16)不成立时,两者的大小关系可能难以确定,甚至出现相反的情况。

尽管上述结论是基于仅有两户家庭的特殊情况,我们将其进一步推广到包括更多有限户家庭的情况。例如,包含三住户的两类指数的差值为:

$$A-B=\mathrm{CPI}_{hw}^{1/0}-\mathrm{CPI}_{hn}^{1/0}=\frac{a_1+a_2+a_3}{b_1+b_2+b_3}-\frac{1}{3}\left(\frac{a_1}{b_1}+\frac{a_2}{b_2}+\frac{a_3}{b_3}\right)$$

$$=\frac{1}{3}\frac{b_1(b_3-b_2)(a_3b_2-a_2b_3)+b_2(b_1-b_3)(a_1b_3-a_3b_1)+b_3(b_2-b_1)(a_2b_1-a_1b_2)}{b_1b_2b_3(b_1+b_2+b_3)}$$

$$(3.19)$$

依次类推,只要类似于式(3.15)和式(3.16)依然严格成立,我们就可以得出进一步扩展情况下的同一结论。

从前述分析过程来看,上述方法需要建立一系列的假设条件,而且我们很难针对每类住户中的单一住户使用经济指数理论编制生活费用指数。显然,从目前的统计调查体系来看,该方法的实用性极为有限。

2. 间接经济指数理论法的特殊群体 CPI 编制方法

使用该方法计算特殊群体 CPI，需要首先编制各种基本商品的价格指数。为了研究的方便，此处假设第 t 期，全体消费者消费基本类商品的种类为 L^t，其价格向量为：

$$\boldsymbol{p}_{L^t}^t = (p_{H1}^t, \cdots, p_{Hl}^t, \cdots, p_{HL^t}^t); t=0,1 \qquad (3.20)$$

其中，p_{Hl}^t 表示第 H 群消费者所消费的第 l 种基本消费品的价格。

由于将按照某类标志划分的某群作为一个大住户，其住户特征极其复杂，为了讨论的方便，忽略相关经济变量。因而第 H 组的全部住户家庭所消费各基本类商品篮子的的消费向量 $\boldsymbol{q}_{L^t}^t = (q_{H1}^t, \cdots, q_{Hl}^t, \cdots, q_{HL^t}^t)$ 即为下列问题的解：

$$\min_{L^t}\{\boldsymbol{p}_{L^t}^t \cdot \boldsymbol{q} : f_{L^t}(q) \geqslant u_{L^t}^t\} = C_{L^t}^t(u_{L^t}^t, \boldsymbol{p}_{L^t}^t) \qquad (3.21)$$

其中，q_{sl}^t 表示第 H 类内全体消费者所消费的第 l 种基本分类品的总物量。

则特殊群体 CPI 为：

$$\mathrm{CPI}_{L^t}^{t/0} = \frac{C_{L^t}^t(u_{L^t}^t, \boldsymbol{p}_{L^t}^t)}{C_{L^0}^0(u_{L^0}^0, \boldsymbol{p}_{L^0}^0)} \qquad (3.22)$$

（二）基于固定篮子指数法的特殊群体 CPI 编制方法

实践中，人们常常直接借助固定篮子指数法针对特殊类型的群体编制相应 CPI。该方法相对经济指数理论而言，显得更为简单、适用。实践中使用固定篮子法编制特殊群体 CPI，又可以使用两种不同的方法。

方法一：先使用固定篮子法计算各类型住户中各住户的价格指数，再对全部住户的价格指数进行汇总得出特殊群体 CPI，下面对该方法进行简单介绍。

依据前述假设，在 t 时期，第 H 特殊群体住户内第 $S_s(s=1,2,\cdots,S)$ 户家庭消费的商品数量及对应的价格向量分别为：

$$\boldsymbol{q}_s^t = (q_{s1}^t, \cdots, q_{si}^t, \cdots, q_{sn}^t), \boldsymbol{p}_s^t = (p_{s1}^t, \cdots, p_{si}^t, \cdots, p_{sn}^t) \qquad (3.23)$$

另外，S_s 户家庭在各消费品上的消费支出向量为：$\boldsymbol{w}_s^t = (w_{s1}^t, \cdots, w_{si}^t, \cdots, w_{sn}^t)$

则住户 S_s 的居民消费价格指数为（以拉氏指数为例）：

$$\mathrm{CPI}_{S_s}^{t/0} = \sum_{i=1}^n \frac{q_{si}^0 p_{si}^t}{\sum_{i=1}^n q_{si}^0 p_{si}^0} \cdot \frac{p_{si}^t}{p_{si}^0} \qquad (3.24)$$

或者：

$$\text{CPI}_{S_s}^{t/0} = \sum_{i=1}^{n} w_{si}^t \frac{p_{si}^t}{p_{si}^0} \tag{3.25}$$

针对上述结果，可以使用两种方法进一步汇总出 S 户家庭的居民消费价格指数即得相应 CPI（类似于前面的过程，汇总方法也包括财力和民主两种方法，此处不再赘述）。

该方法的优点在于，各住户购买的商品篮子在价格、数量和种类上均可以存在差异，使用该方法编制的特殊群体 CPI 更具针对性和现实意义。

方法二：先计算各基本分类商品的基本价格指数，然后根据 S 户家庭住户在各基本商品上的消费支出总额进行加权平均以汇总得到特殊群体的 CPI。

现假设 t 期 S 类型家庭一共消费了 N 类基本分类品，则相应的 CPI 为：

$$\text{CPI}_{Sh}^{t/0} = \sum_{k=1}^{K} \frac{p_k^0 q_k^0}{\sum_{k=1}^{K} p_k^0 q_k^0 p_k^0} \left(\frac{p_k^t}{p_k^0} \right) \tag{3.26}$$

其中，p_k^0、p_k^t 分别为第 0 期和 t 期所计算出的第 k 类基本分类品的价格指数。限于篇幅，此处仅列出上述较为简单的表达式。

由前面的证明可知，按照上式计算的特殊群体 CPI 实际上类似于群生活成本指数中的财力指数。该方法的基本前提是，各住户消费的商品篮子只存在数量上的差别，而在商品价格和种类上却要保持一致。尽管该假设存在一定程度的偏误，但却为实践中编制特殊群体 CPI 提供了极大的方便。

由此可知，按照经济指数理论和固定篮子法编制的特殊群体 CPI 均存在两种计算方式，一种是直接计算每一类型内各住户的价格指数，然后使用类似于财力和民主的加权方式汇总得到该类型住户的特殊群体 CPI；一种是将每一类型的全体住户当作一个"大住户"，并计算其所消费的各种基本消费品的价格和物量，再汇总出分层 CPI。显然，使用该方法难以计算出类似的民主 CPI 指数，其指数往往属于财力性质的指数。

另外，直接法计算分层 CPI，往往需要针对某类型中各住户家庭编制CPI 指数，尽管这样可以同时计算财力和民主性质的特殊群体 CPI 指数，但其对数据的要求无疑是非常之高的，统计成本也是高昂的。因此，该方法在实践中的应用性并不强；而尽管使用直接法难以同时计算出针对某类住户的财力和民主特殊群体 CPI 指数，但其计算过程却更为简单、方便。显然，该方法具有较强的实践应用性，而且学术界和理论界大多使用该方法编制特殊群体 CPI。

第三节　特殊群体 CPI 编制的国际经验与借鉴

实践中特殊群体 CPI 在政府公共福利政策和宏观经济管理等方面有着极为广泛的应用,因而世界上不少国家都编制了相应类型的特殊群体 CPI。下面介绍部分国家或地区特殊群体 CPI 的编制实践,并就其中存在的问题进行相关分析。

一、特殊群体 CPI 编制的国外实践

(一)美国特殊群体 CPI 的编制实践

美国劳工统计局除了编制城市居民消费价格指数(CPI-U)以及城市工人居民消费价格指数(CPI-W)等 CPI 指数外,还针对特殊群体编制了相应的 CPI(美国劳工统计局称其为"Experimental Indexes")。具体地,其特殊群体 CPI 的编制对象主要有:城市职工、62 岁及以上老年人口群体,贫困人口群体等。

其中,劳工统计局对 62 岁以上的老年群体进行了明确的界定,其必须符合三个基本要求:第一,没有依靠的 62 岁以上的群体;第二,以家庭消费支出调查获得的信息为判断依据,其家庭成员或配偶至少为 62 岁以上;第三,对那些靠生活在一起以满足生活消费支出的没有血缘关系的群体,其参考的个体年龄至少要求 62 岁以上等。

另外,为了帮助劳工统计局清楚地界定贫困群体,Garner,Johnson and Kokoski(1996)界定了三类贫困群体,也即收入贫困者、支出贫困者和获得社会救助的贫困者。其中,收入贫困者即为连续三年的收入都在人口普查局规定的贫困线下的低收入群体;支出贫困者为年度支出位于年度贫困线下的群体;而获得社会救助的贫困者即为那些在一年的最后一次采访中获得过保障性收入或一般性福利的群体,或者采访的居住地有一半以上住户获得过其他形式援助的群体等。

对于特殊群体 CPI 价格采集,劳工统计局使用了同编制 CPI-U 和 CPI-W 指数时采集价格相同的销售网点。显然,这一销售网点的选择是存在代表

性问题的,①但却也是一种次优的处理方法。

尽管上述特殊群体 CPI 指数解释了不同人口群体的支出模型差异,但在指数的基本汇总阶段,却依然使用的是编制 CPI-U 时针对整个城市人口的基本分类指数。而更高层次汇总所使用的权重数据则来自于针对全部城市人口消费支出调查总体的相应人口子样本。

(二)印度特殊群体 CPI 的编制实践

印度统计官方针对总人口中的五个不同群体编制了特殊群体 CPI,亦即:产业工人、农业劳动力、农村劳动力、城市人口和农村人口。其中,前三个指数由印度劳工统计局编制,后两个指数均由新德里的中央统计组织编制。

其中,工业工人主要包括下列部门工作的工人:企业工厂、矿藏、种植园、铁路、公共汽车交通事业、发电和配电设施、港口码头等。目前,城市工人 CPI(CPI-IW)所调查的商品涉及到 370 种之多,商品价格的采集遍布于全国的 78 个城市的 289 个网点。相应价格的采集工作由劳动统计局实施,而收入和支出的调查则由全国抽样调查组织(NSSO)实施。

对于产业工人 CPI、农业劳动力 CPI 及农村劳动力 CPI 等,均使用基本一致的商品篮子进行计算,其篮子所包括的全部大类商品为:食品;锅、槟榔、烟草和麻醉剂;住房;衣服、鞋帽、寝具及其他杂项等六类商品。但对于不同的特殊群体 CPI,每项商品的权数则是存在较大差异的,例如食品在 CPI 中占的比重,对于产业工人而言为大约为 50%,而对于农业工人而言则占到了大约 70%。而且各特殊群体 CPI 间的差异也相对较大。例如,印度劳工统计局 2013 年 10 月 31 日公布了上一个月五大类指数的的同比数据,其数据如表 3.2 所示。

表 3.2　印度统计官方 2013 年 10 月 31 日公布的五类 CPI 指数

特殊群体 CPI	指数基期	当期数据	上年同期数据	同比增长率(%)
CPI-IW(产业工人 CPI)	2001=100	238	215	10.70
CPI-AL(农业劳动力 CPI)	1986—1987=100	759	673	12.78
CPI-RL(农村劳动力 CPI)	1986-1987=100	759	675	12.44

---

① Moulton,B. R. ,Stewart,K. J. ,An Overview of Experimental US Consumer Price Indexes [J]. *Journal of Business & Economic Statistics*,1999,17(2):141-151.

续表

特殊群体 CPI	指数基期	当期数据	上年同期数据	同比增长率（%）
CPI-Rual(农村人口 CPI)	2010＝100	137.8	125.6	9.71
CPI-Urban(城市人口 CPI)	2010＝100	134.0	121.9	9.93

数据来源：印度统计和计划执行部网站：http://mospi.nic.in/Mospi_New/Site/inner.aspx? status＝3&menu_id＝84.

由此可知，上述几类指数的同比增长率数据间差异还是较大的，尤其是第二、三类指数与第一、四和五类指数间的差异尤其明显。

印度作为亚洲地区的一大经济体，其经济发展也面临着较为严重的不平衡。不同群体、不同区域的居民在消费水平、消费结构、消费偏好等方面存在很大差异。上述特殊群体 CPI 间的差异也从侧面反映了这一现实情况。

(三)中国香港地区特殊群体 CPI 的编制情况

由于不同支出范围的住户支出模式存在较大的差异，中国香港地区共编制了四项消费物价指数，以反映消费物价通货膨胀对不同开支组别的住户的影响。甲类消费物价指数、乙类消费物价指数及丙类消费物价指数分别根据较低、中等及较高开支范围的住户的开支模式编制而成。政府统计处亦根据上述三项指数涵盖的所有住户的整体开支模式，编制一项综合消费物价指数，也即根据以上所有住户的整体开支模式而编制，反映消费物价转变对整体住户的影响。这些指数按年变动率，一般用以反映整体消费物价通货膨胀。甲类、乙类及丙类消费物价指数分别涵盖本港约 50％、30％及 10％的住户，综合消费价格指数涵盖约 90％的住户。甲类、乙类及丙类消费物价指数所涵盖住户的每月平均开支，分别大约在 4500 美元至 18499 美元之间、18500 美元至 32499 美元之间及 32500 美元至 65999 美元之间，而综合消费物价指数所涵盖住户的每月平均开支则大约在 45000 美元至 65999 美元之间，具体情况如表 3.3 所示。①

---

① 香港统计局网站：http://www.censtatd.gov.hk/gb/? param = b5uni&url = http://www.censtatd.gov.hk/hkstat/sub/so60_tc.jsp.

表 3.3　中国香港地区型特 CPI 指数相关含义

特殊群体 CPI	约占香港全体住户的百分比	住户于 2009 年 10 月至 2010 年 9 月间的月平均支出（单位为美元）
甲类消费物价指数	50%	4500～18499
乙类消费物价指数	30%	18500～32499
丙类消费物价指数	10%	32500～65999
综合消费物价指数	90%	45000～65999

资料来源：中国香港地区统计局网站：http://www.censtatd.gov.hk/gb/? param＝b5uniS&url＝http://www.censtatd.gov.hk/hkstat/sub/sc60_tc.jsp.

需要指出的是，上述分组数据的范围并不是固定不变的，而是随着收入水平的变化而适时调整的。

按照上述方法计算的甲、乙和丙类消费价格指数在各项商品上的权重是存在一定差异的，表 3.4 列出了它们在大类商品上的权重分布情况。

表 3.4　中国香港地区各特殊群体 CPI 指数相应大类商品的权重

各特殊群体 CPI 之大类商品	甲类消费物价指数	乙类消费物价指数	丙类消费物价指数	综合消费物价指数
食品	33.68	27.16	20.87	27.45
住房	32.19	31.43	31.36	31.66
电力燃气及水	4.36	2.84	2.03	3.10
耐用品	3.73	5.73	6.39	5.27
杂项物品	3.87	4.17	4.49	4.17
交通	7.22	8.35	9.93	8.44
杂项服务	11.44	16.31	20.25	15.87

资料来源：香港统计局网站：http://www.censtatd.gov.hk/gb/? param＝b5uniS&url＝http://www.censtatd.gov.hk/hkstat/sub/sc270_tc.jsp? productCode＝B8XX0021.

从上表来看，三类消费价格指数的大类商品权重间的差异突出体现在食品和杂项服务两大类商品上，不过其余类商品，例如，电力燃气及水、耐用品及交通上也存在一定程度的权重差异。

（四）新加坡特殊群体 CPI 的编制情况

新加坡除针对全体居民编制总的 CPI 指数外，还进一步按照收入水平,将全体居民分为三类,并编制低、中、高收入阶层的特殊群体 CPI 指数。也即:20% 的最低收入阶层,60% 的中间收入阶层以及 20% 的最高收入阶层。下面以 2013 年 1—6 月份的价格指数为例对各大类商品权数和有关指数值加以说明(表 3.5、表 3.6)。

表 3.5 新加坡特殊群体 CPI 指数大类商品的权重(%)

不同收入阶层 居民大类商品	20% 的低收 入水平居民	60% 的收入水平处于 中间位置的居民	20% 的最高收入 水平居民	全体居民
食品	26.89	23.81	18.43	22.05
住房	36.05	24.77	24.28	25.48
衣服和鞋类	2.25	3.52	3.48	3.41
交通	7.19	14.92	18.23	15.53
通讯	5.18	5.52	3.54	4.75
教育和文具	4.39	6.86	8.65	7.35
医疗保健	7.39	5.85	5.59	5.86
娱乐及其他	10.66	14.75	17.80	15.57

表 3.6 新加坡特殊群体 CPI 指数及各大类商品指数(%)

不同收入阶层 居民大类商品	20% 的最低收 入水平居民	60% 的收入水平处 于中间位置的居民	20% 的最高收 入水平居民
食品	1.6	1.8	1.9
住房	4.7	3.9	2.0
衣服和鞋类	0.3	0.7	0.9
交通	3.7	4.3	4.1
通讯	−0.9	−1.3	−1.3
教育和文具	3.4	3.0	3.5
医疗保健	3.9	3.8	4.0
娱乐及其他	2.3	2.4	2.9
汇总指数	3.1	2.9	2.7

　　由以上介绍可知,不少国家都针对某些特殊群体居民编制了相应的 CPI 指数,以反映不同特征居民在消费结构上的差异和商品价格变动对其生活成本或通货膨胀的影响。

　　从上述国家编制特殊群体 CPI 的结果来看,不同类型居民间的 CPI 指数还是存在较大差异的。这进一步说明了实践中针对某些特殊群体编制 CPI 的重要作用和意义。

二、特殊群体 CPI 编制的国外经验分析

(一)特殊群体 CPI 的编制对象

　　编制特殊群体 CPI 的主要目的在于更为真实地反映不同特征消费者的消费结构和模式,以及其遭受通货膨胀影响的程度。从上述几个国家和地区的编制情况来看,其编制的对象主要有两类:(1)按照收入水平分类的不同收入阶层居民;(2)具有其他典型特征的住户群体,例如,老年群体、工人阶级、农业工人等等。另外,从学术界对特殊群体 CPI 的研究来看,编制对象更为广泛,具体还包括:不同受教育水平的群体、家庭拥有不同子女数的群体等等。

　　事实上,我们在界定特殊群体 CPI 的编制对象时,往往需要根据本国的实践情况及其可行性来加以选择。但需要注意的是,无论选择哪一种特殊对象,都需要对其进行准确的界定,以便能够进行较为有效的区分。

(二)特殊群体 CPI 的价格采集及商品篮子确定

　　由于特殊群体 CPI 的编制对象是某些特殊群体,因而他们选购商品的网点和所购买的商品篮子可能与一般性消费者存在较大差异,例如低收入水平群体,一般会选择价格相对便宜和实惠的销售网点采购商品。这一方面要求我们在进行商品价格和交易数量采集时,需要增加一些对该特殊群体更具代表性的购买网点,以便将其与一般性消费者的消费行为和习惯区分开来,从而更为真实地反映前者的消费行为和模式,以编制出更为准确的特殊群体 CPI。

　　但现实生活中,由于统计成本和销售网点变动的不确定性等因素,导致我们可能难以按照上述方法找到极具代表性的特殊群体 CPI 的商品篮子。因而,很多国家都采用与标题 CPI 相同的商品篮子和调查网点,例如,美国就是如此。由于这样的操作方法无疑会导致一定的误差,影响特殊群体 CPI 的准确性。因此,要编制真正意义上的,有别于标题 CPI 的特殊群体

CPI,要解决的问题并不少。

(三)特殊群体 CPI 指数编制的理论选择

特殊群体 CPI 主要作用是测量某特定居民遭受通货膨胀影响的程度或消费品价格变化对其生活成本变化的影响。从指数理论基本含义来看,固定篮子指数和生活成本指数都能够实现上述两大功能。但由于经济指数理论能够更为灵活地将特殊群体住户的相关特征变量引入效用函数,以更为准确地体现该类住户的消费行为和偏好。因而,学术界偏向于以经济指数理论为基础编制特殊群体 CPI,例如 Biggeri, L. and Leoni, L.(2004)。但由于住户的习惯特性变量信息在获取上存在一定的困难,这使得经济指数理论的这一优势可能难以充分体现,目前编制特殊群体 CPI 的国家中,除美国外,其他国家主要使用固定篮子指数编制特殊群体 CPI。

第四节   特殊群体 CPI 在中国的实践

2010 年,CPI 指数从年初的同比 1.5% 连续闯关一路冲至 11 月份的 5.1%,上涨幅度轻松超越了民众的预期。国家统计局公布的数据显示,2010 年 10 月份,CPI 数据同比上涨 4.4%,升幅在年内首次超过 4%,创 25 个月以来的新高。面对这样的 CPI 数据,普通民众似乎却并不买账,一些老百姓认为其"过于温和",CPI 数据与他们的感受并不"合拍"。对此,中国统计官方从四个方面进行了解释:个体与总体差异问题、地区(或地域)间的差距、比较基础和标准问题及统计数据时滞性问题。然而,上述解释却未能有效地消除居民对 CPI 指数的质疑,仍有部分中、低收入阶层居民对 CPI 指数半信半疑。仔细分析,我们不难发现,目前 CPI 的编制显得有些左右为难。一方面是普通居民希望现有 CPI 指数能够与他们的实际生活感受更为接近;另一方面,CPI 总指数又是政府判断宏观经济走势,执行宏观经济决策的重要参考依据。实践中,究竟应该如何编制更具应用价值的 CPI 指数,才能够既符合普通居民真实生活感受,又能指示宏观经济运行特征无疑成为了 CPI 编制理论与实践中不可回避的重要问题。针对这一现象,一些国家或地区的统计部门和理论研究者纷纷提出在编制 CPI 指数时,再按照不同收入水平层次来编制特殊群体 CPI 指数以破解这一难题。对于中国而言,随着通货膨胀压力的不断增加及贫富差距日渐扩大,针对不同收入阶层居民编制分层 CPI 指数,不仅能够更为准确地反映各收入群体的实际生活状况和消费能力,同时也为政府宏观经济及福利政策的制定提供了更加微观层面的参考信息。

　　国外关于这一方面的工作,肇始于 20 世纪 50 年代 Kenneth Arrow 针对特殊子群体编制 CPI 指数的开创性研究。之后,人们对分层 CPI 指数编制的理论与实践问题纷纷展开了广泛深入的研究。例如,Hollister and Palmer(1969)关于通货膨胀对穷人影响的研究;Hagemann(1982)关于不同住户类型间通货膨胀水平差异性的研究;Garner,Johnson and Kokoski(1996)编制关于穷人的居民消费价格指数;Murphy and Garvey(2004)为爱尔兰的低收入住户编制居民消费价格指数;Oosthuizen(2007)测算了南非在 1997—2006 年间不同收入水平居民的价格通货膨胀;Amble and Stewart(1994)编制了关于老年人的价格指数;Idson and Miller(1999)通过计算消费价格指数的方式研究了家庭中小孩数目对家庭消费模式的影响;Hobijn and Lagakos(2005)对美国不同收入阶层居民通货膨胀差异影响因素的研究;McGranahan and Paulson(2006)研究了美国基于年龄、收入、教育水平等不同人口特征的居民间通货膨胀的差异;Hobijn and Mayer,K.(2009)从人口特征的角度对美国不同收入阶层 CPI 分布特征和差异的相关研究等等。

　　同时,中国也于 20 世纪 90 年代开始了分层 CPI 指数的研究工作。孙允午(1995)首次分析了编制不同收入水平居民消费价格指数的意义;之后,李金华(1999)、胡晓辉(2000)、周丽晖(2006)、张权(2010)等分别就分层 CPI 的编制问题进行了一系列研究等。另外,中国台湾地区也有部分学者使用回归分析方法研究了台湾不同收入阶层居民的 CPI 及其差异。例如 Pang-Tien,Lieu,Chinkun,Chang and Jry-rong,Chang(2004)分析了台湾地区不同收入阶层居民的通货膨胀差异;Pang-Tien Lieu,Chinkun,Chang and Philip,Mizzi(2013)分析了台湾地区不同收入阶层居民生活成本指数的差异等。

　　综合国内外研究现状来看,国外的研究显得较为系统和深入,同时也获得了丰硕的成果。国内的研究则显得较为滞后,相关方面的研究多以简单的理论分析为主,在分层 CPI 指数的构造和分层 CPI 差异动态性方面的研究都是浅尝辄止。本章节将以一定的经济指数理论为基础,在适当考虑各收入阶层消费偏好差异的情况下,构建相对合理的分层 CPI 指数,进而结合国家统计局公布的有关数据,编制了城镇地区七类不同收入水平居民的 CPI 指数,并对各分层 CPI 指数进行了动态化的跟踪对比性研究,以期在进一步推动中国分层 CPI 指数编制的理论与实践工作的同时,更为清晰地反映不同收入水平居民生活成本差异及其通货膨胀现实情况。

一、分层 CPI 指数的理论构造

分层 CPI 指数的构造可基于固定篮子法,也可使用经济指数理论方法。但由于不同收入阶层在消费结构和偏好上的显著差异,使用固定篮子法显然不利于反映这一复杂现象。于是,本书基于经济指数理论构造分层 CPI 指数。

(一)一般性的可变消费偏好下生活成本指数的构造

Konüs(1924)提出的真实生活成本指数假设消费者的偏好是不变的,这一假设并不是很符合经济现实,尤其是当研究不同收入阶层的消费情况时。因而,本书将假设不同收入阶层消费者的消费偏好是存在差异的,并据此推导相应的真实生活成本指数。

为便于分析,我们约定以下公式符号:$C(\boldsymbol{p}^t, u)$;$t = 0,1$ 表示第 t 期,在某一商品价格组合 $\boldsymbol{p}^t = (p_1^t, \cdots, p_i^t, \cdots p_n^t)$ 下,消费者为了获得效用 u 所支付的最小消费成本,$P_{\text{konüs}}(\boldsymbol{p}^0, \boldsymbol{p}^1, u)$ 则表示在同一效用水平下,消费者两期不同价格水平条件下相应的最小支出之比,也即 Konüs 真实生活成本指数。则根据真实生活成本指数的基本含义有:

$$P_{\text{konüs}}(\boldsymbol{p}^0, \boldsymbol{p}^1, u) = \frac{C(\boldsymbol{p}^1, u)}{C(\boldsymbol{p}^0, u)} \tag{3.27}$$

由于上述指数中消费者偏好和效用函数是恒定不变的,Fisher,Shell(1968)首次提出了应将影响偏好结构的因素并入 Konüs 真实生活成本指数。根据这一建议,我们可以得到以下能够反映消费者偏好可变的真实生活成本指数:

$$P_{\text{konüs}}^{1/0}(\boldsymbol{p}^0, \boldsymbol{p}^1, u, U(\boldsymbol{q}; \boldsymbol{\theta})) = \frac{C(\boldsymbol{p}^1, u, U(\boldsymbol{q}; \boldsymbol{\theta}))}{C(\boldsymbol{p}^0, u, U(\boldsymbol{q}; \boldsymbol{\theta}))} \tag{3.28}$$

其中,假设 $U(\boldsymbol{q}; \boldsymbol{\theta})$ 为消费者直接效用函数,$\boldsymbol{q}$ 为所消费商品的物量组合,$\boldsymbol{\theta}$ 为所有可能影响消费偏好结构的因素。

上述表达式中涉及到两种基准期,也即效应 u 的基准期和偏好结构 $\boldsymbol{\theta}$ 的基准期。其中,若将偏好结构的基准期设定为第 0 期时,则得到下列 Konüs 真实生活成本指数:

$$P_{\text{konüs}}^{1/0}(\boldsymbol{p}^0, \boldsymbol{p}^1, u, U(\boldsymbol{q}; \boldsymbol{\theta}^0)) = \frac{C(\boldsymbol{p}^1, u, U(\boldsymbol{q}^1; \boldsymbol{\theta}^0))}{C(\boldsymbol{p}^0, u, U(\boldsymbol{q}^0; \boldsymbol{\theta}^0))} \tag{3.29}$$

若将当期设定为偏好结构 $\boldsymbol{\theta}$ 的基准期,则可得如下 Konüs 真实生活成本指数:

$$P_{\text{konüs}}^{1/0}(\boldsymbol{p}^0,\boldsymbol{p}^1,u,U(\boldsymbol{q};\boldsymbol{\theta}^1))=\frac{C(\boldsymbol{p}^1,u,U(\boldsymbol{q}^1;\boldsymbol{\theta}^1))}{C(\boldsymbol{p}^0,u,U(\boldsymbol{q}^0;\boldsymbol{\theta}^1))}\qquad(3.30)$$

如果编制的是定基价格指数,则上述两式的主要区别在于,式(3.29)的偏好结构固定为第 0 期,它不随价格对比基期的变化而发生改变,故可理解为偏好结构是固定的;而式(3.30)则由于始终选择当期的偏好结构为基准期,它能够随着当期的不断改变而更新,因此被理解为偏好结构不断变化的 Konüs 真实生活成本指数。但仍需要指出的是,倘若编制的是相邻两期价格对比的环比指数,则与式(3.30)类似,式(3.29)也能被当作反映偏好结构变化的 Konüs 真实生活成本指数。

(二)基于 GFT 直接效用函数下的可变偏好生活成本指数

1. 消费偏好改变的含义及 GFT 直接效用函数的特性

在应用直接效用函数推导相应成本指数前,有必要对消费偏好改变的经济含义进行适当的介绍和分析。

记一般直接效用函数为 $U(\boldsymbol{q};\theta)$,并假定该函数是关于 $\boldsymbol{q}$ 连续二阶偏导的。$R_i^k(\boldsymbol{q};\theta);i,k=1,2,\cdots,n$ 表示在点 $\boldsymbol{q}$ 处商品 k 对商品 i 的边际替代率,θ_j 为有别于 $\boldsymbol{q}$ 的可观察到的偏好变量。同时假设在 $\boldsymbol{q}$ 的预算限制定义域内,该效用函数和它的所有一、二阶偏导数对可变参数 $\theta_1,\theta_2,\cdots,\theta_m$ 都至少是一阶可微的;同时每一个边际替代率 $R_i^k(\boldsymbol{q};\theta)$ 对每一个偏好结构参数都是一阶可微的。则根据 Ichimura(1951)、Tintner(1952),若下列条件式(3.31)成立,则 θ_j 可界定为 $U(\boldsymbol{q};\theta)$ 关于商品(最优)组合 $\boldsymbol{q}$ 下的偏好可变的变量(Preference Changing Variable):

$$\frac{\partial R_i^k(\boldsymbol{q};\theta)}{\partial\theta_j}\neq0;j=1,2,\cdots,m\qquad(3.31)$$

下面借助 GFT(The generalized Fechner-Thurstone)函数具体分析偏好变化的经济含义。

GFT(The generalized Fechner-Thurstone)经常被人们当作研究消费偏好变化的主要参考对象,如 Basmann,R.(1983,1985)多次使用该函数进行消费偏好变化情况下的生活成本指数及消费需要变化等相关问题的研究。其函数的一般形式为:

$$U(\boldsymbol{q},\theta,\gamma)=\prod_{i=1}^{n}(q_i-\gamma_i)^{\theta_i}\qquad(3.32)$$

其中,i 为正整数,$\gamma=(\gamma_1,\gamma_2,\cdots,\gamma_m)$ 为维持基本生活水平的基本需求消费向量;$q_i>\max\{0,\gamma_i\}$,$\boldsymbol{\theta}=\Theta(\boldsymbol{p},y,\boldsymbol{\varphi})$,$\boldsymbol{p}$ 为消费品的相对价格;y 为消费者

的收入;φ 为所有可能被包含的例如前期消费、滞后价格等某类参数。

上述效用函数的参数 θ_i 和 γ_i 分别具有较为特殊的含义,前者能够反映不同对比期消费者偏好的变化,后者能体现消费者的非位似特征。当前者为一固定常数,后者取值为零时,该指数将退化为柯布——道格拉斯效用函数。

为便于讨论,此处假设 γ 为零向量,即 $\gamma=O$。则在点 q 处商品 k 对商品 i 的边际替代率 MRS 为:

$$R_i^k(\boldsymbol{q};\boldsymbol{\theta})=\frac{U_i}{U_k}=\frac{\theta_i/\theta_k}{q_i/q_k} \tag{3.33}$$

相应地,上述边际替代率中当偏好 θ_j 发生改变时,商品 k 对商品 i 边际替代率的弹性为:

$$\sigma_{i;\theta_j}^k(\boldsymbol{q};\boldsymbol{\theta})=\frac{\partial \ln R_i^k}{\partial \ln \theta_j}=\frac{\theta_j}{U_i}\cdot\frac{\partial U_i}{\partial \theta_j}-\frac{\theta_j}{U_k}\cdot\frac{\partial U_k}{\partial \theta_j} \tag{3.34}$$

其中,U_k 和 U_i 分别是消费者对商品 k 和 i 的边际效用。

根据 Basmann,R.,Molina,J. and Slottje,J.(1983)的研究结论,我们选取对上述边际替代率能够产生二次效应影响(Secondary Utility Effects)和凡勃伦效应(Veblen Effects)[①]的消费者收入和相对价格作为影响消费者偏好变化的重要变量。若设 $\theta_j=y$,则商品 k 对商品 i 边际替代率的弹性,亦即式(3.34)将变为:

$$\sigma_{i;y}^k(\boldsymbol{q};\boldsymbol{\theta})=\delta_{i,y}-\delta_{k,y} \tag{3.35}$$

其中,$\delta_{k,y}$、$\delta_{i,y}$ 分别为商品 k 和 i 边际效用的弹性。

同样地,若设 $\theta_j=P_j$ 时,式(3.34)则变为:

$$\sigma_{i;P_j}^k(\boldsymbol{q};\boldsymbol{\theta})=\delta_{i,P_j}-\delta_{k,P_j} \tag{3.36}$$

其中,$i,k=1,2,\cdots,n$。

2. 消费偏好变化下、基于 GFT 直接效用函数的生活成本指数

当 $\gamma=O$ 时,应用高级微观经济学的有关理论,借助拉格朗日函数,我们很快能够得到基于 GFT 直接效用函数下,商品 i 的马歇尔需求函数为:

$$q_i(\boldsymbol{p},y)=\frac{\theta_i}{\theta}\cdot\frac{y}{p_i}; \tag{3.37}[②]$$

若以第 0 期的偏好结构为效用基准期,并且消费者偏好假设为:$\boldsymbol{\theta}=\boldsymbol{\theta}^0$,则可得出与式(3.29)相应的不变消费偏好下的 Konüs(定基)真实生活成本

---

① 这是由美国经济学家凡勃伦提出的一种基于居民消费行为特征的效应,故称为凡勃伦效应。其含义为:商品价格定得越高销售量也越大。它是指消费者对一种商品需求的程度随其价格的提高而增加,它反映了人们进行挥霍性消费的心理行为。

② 限于篇幅,其推导过程没有给出,后文亦如此。

指数：

$$\mathrm{GFT}(P_{\mathrm{kon\ddot{u}s}}^{1/0}) = \frac{C(\boldsymbol{p}^1, u^0, U(\boldsymbol{q}^1; \boldsymbol{\theta}^0))}{C(\boldsymbol{p}^0, u^0, U(\boldsymbol{q}^0; \boldsymbol{\theta}^0))} = \prod_{i=1}^n \left(\frac{p_i^1}{p_i^0}\right)^{\theta_i^0/\theta^0} \tag{3.38}$$

其中：

$$C(\boldsymbol{p}^1, u^0, U(\boldsymbol{q}^1; \boldsymbol{\theta}^0)) = \prod_{i=1}^n \left(\frac{\theta_i^0}{\theta^0}\right)^{\theta_i^0/\theta^0} \times \prod_{i=1}^n (p_i^1)^{\theta_i^0/\theta^0} \times (u^0)^{1/\theta^0} \tag{3.39}$$

$$C(\boldsymbol{p}^0, u^0, U(\boldsymbol{q}^0; \boldsymbol{\theta}^0)) = \prod_{i=1}^n \left(\frac{\theta_i^0}{\theta^0}\right)^{\theta_i^0/\theta^0} \times \prod_{i=1}^n (p_i^0)^{\theta_i^0/\theta^0} \times (u^0)^{1/\theta^0} \tag{3.40}$$

同理,若将当期的偏好结构作为参考的效用标准,并令 $\boldsymbol{\theta} = \boldsymbol{\theta}^1$,则可得出与式(3.30)对应可变效用下的 Konüs 真实生活成本指数：

$$\mathrm{GFT}(P_{\mathrm{kon\ddot{u}s}}^{1/0}) = \frac{C(\boldsymbol{p}^1, u^0, U(\boldsymbol{q}^1; \boldsymbol{\theta}^1))}{C(\boldsymbol{p}^0, u^0, U(\boldsymbol{q}^0; \boldsymbol{\theta}^1))} = \prod_{i=1}^n \left(\frac{p_i^1}{p_i^0}\right)^{\theta_i^1/\theta^1} \tag{3.41}$$

下面考虑 θ 的赋值情况。再次由 Basmann, R. , Molina, J. and Slottje, J. (1983)的研究结论可知,不管 θ 是何种形式的函数,在 GFT 直接效用函数形式下,当达到消费者均衡时,第 i 种商品货币支出的边际效用比例 θ_i/θ 应该等于花费在第 i 种商品上的支出比例 y_i/y。因此,可分别用 y_i^0/y^0 和 y_i^1/y^1[①] 等价地表示 θ_i^0/θ^0 和 θ_i^1/θ^1,于是式(3.38)和(3.41)分别可变为：

$$\mathrm{GFT}(P_{\mathrm{kon\ddot{u}s}}^{1/0}) = \prod_{i=1}^n \left(\frac{p_i^1}{p_i^0}\right)^{y_i^0/y^0} \tag{3.42}$$

$$\mathrm{GFT}(P_{\mathrm{kon\ddot{u}s}}^{1/0}) = \prod_{i=1}^n \left(\frac{p_i^1}{p_i^0}\right)^{y_i^1/y^1} \tag{3.43}$$

由前面的说明可知,在编制定基指数时,式(3.42)具有固定消费偏好特征,式(3.43)则具有可变消费偏好特征;但在编制环比指数时,两者均能够适时地以不同形式反映消费偏好变化。另外,由于各收入阶层在不同种类商品消费支出上的显著差异,上述两式均以消费支出比例为幂指数,更能够反映不同收入阶层间的消费支出差异情况。因此,本书选择上述两式构造(环比)的分层 CPI,不仅能够反映不同收入阶层在同一时期的消费偏好差异,还能体现每一阶层居民在不同时期的偏好差异。

---

① 考虑到数据可获得性方面的问题,本书主要从收入的角度来反映不同收入阶层居民消费偏好的差异。

二、中国城镇地区居民分层 CPI 的实践编制

(一)中国城镇地区居民分层 CPI 的实践编制

1. 中国城镇居民按照收入水平的分层

考虑到数据的可获得性,本书仅针对中国城镇居民编制分层 CPI。其中收入等级的分类方法使用了国家统计局网站公布的"按收入等级分城镇居民家庭平均每人全年消费性支出"中的居民收入水平分组法,将居民按收入水平分为:最低收入户(10%)、低收入户(10%)、中等偏下户(20%)、中等收入户(20%)、中等偏上户(20%)、高收入户(10%)、最高收入户(10%)等七个层次。不过,编制分层 CPI 时,基于数据来源的限制,还需要做以下假设:(1)同一时期,不同收入阶层居民所购买的商品种类是一致的;(2)同一时期,不同收入阶层居民所购买同一商品的价格均是相同的。

尽管上述假设均是有偏的,但目前世界各国编制 CPI 指数时,基本上较为认同此假设,同时也不失为一种较具操作性的适当处理方法。本书在计算分层 CPI 时,选择的是国家统计局公布的较高层级分类商品(八大类商品的支出权重和价格指数)的汇总数据。

2. 中国城镇居民的分层 CPI 编制结果

对于前述公式的选择,通过计算,我们发现编制年度环比指数时,式(3.42)、式(3.43)指数值间的差异较小。因此,本书仅列出前者的编制结果,见表 3.7。

表 3.7　城镇分层 CPI 及其加权的 CPIZ 指数、官方公布的城镇 CPI

年份	最低收入户(10%)(CPI1)	低收入户(10%)(CPI2)	中等偏下户(20%)(CPI3)	中等收入户(20%)(CPI4)	中等偏上户(20%)(CPI5)	高收入户(10%)(CPI6)	最高收入户(10%)(CPI7)	总指数(分层 CPI 汇总的 CPIZ)	CPI(国家统计局公布的城镇居民 CPI)
1996	108.49	108.41	108.30	108.22	108.09	108.04	107.95	108.17	108.80
1997	101.95	101.92	102.01	102.05	102.15	101.29	102.39	102.11	103.10
1998	98.44	98.46	98.51	98.54	98.65	98.68	98.88	98.62	99.40
1999	97.41	97.37	97.46	97.51	97.65	97.79	97.97	97.62	98.70

年份	最低收入户(10%)(CPI1)	低收入户(10%)(CPI2)	中等偏下户(20%)(CPI3)	中等收入户(20%)(CPI4)	中等偏上户(20%)(CPI5)	高收入户(10%)(CPI6)	最高收入户(10%)(CPI7)	总指数(分层CPI汇总的CPIZ)	CPI(国家统计局公布的城镇居民CPI)
2000	98.98	99.07	99.05	99.10	99.20	99.33	99.49	99.19	100.80
2001	100.59	100.57	100.54	100.46	100.39	100.38	100.38	100.35	100.70
2002	99.18	99.14	99.12	99.02	98.93	98.96	98.93	99.01	99.00
2003	101.47	101.21	100.98	100.95	100.81	100.71	100.66	100.88	100.90
2004	103.51	103.13	103.81	103.51	103.26	103.06	102.67	103.33	103.30
2005	99.68	99.75	99.86	99.98	100.03	100.18	100.40	100.06	101.60
2006	101.79	101.64	101.55	101.46	101.34	101.39	101.10	101.40	101.50
2007	105.39	105.11	103.80	103.57	103.30	103.10	103.52	103.35	103.50
2008	107.12	106.52	106.18	105.82	105.47	103.93	103.11	105.42	105.60
2009	99.52	99.51	99.46	99.41	99.37	99.25	99.09	99.34	99.10
2010	103.97	103.76	103.50	103.31	103.08	102.83	102.48	103.12	103.20
2011	107.04	105.89	106.56	106.74	106.03	105.22	103.71	105.56	105.30

注:表中数据均为年度环比数据,上年指数均设定为100。

数据来源:城镇分层 CPI 及其加权的 CPIZ 指数均通过计算得到,官方公布的城镇 CPI 来自于中国国家统计局网站。

(三)城镇居民分层 CPI 间的差异性分析

1. CPIZ 与 CPI 的比较性分析

为了分析上述分层 CPI 的准确性及可靠性,将分层 CPI 汇总的 CPIZ 与国家统计局公布的相应 CPI 指数用图 3.1 表示,以进行比较。

国家统计局公布的 CPI 指数,是基于八大类商品汇总而成的;而本书计算的 CPIZ 是基于分层 CPI 汇总而成,从理论上来讲,两者的结果应该是一致的。但由于两者所使用的公式不一样,同时本书还兼顾了各阶层间消费者偏好差异,因此两者不必相等。

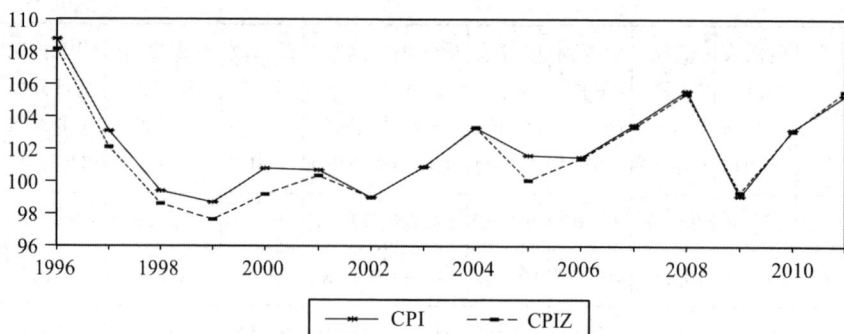

图 3.1　CPI,CPIZ 走势图

从上图来看,两者的趋势基本一致,但也存在一些差异。也即,在 1996—2001 年和 2005 年,两者存在一些差异,不过其他年份则较为接近。而且本书计算的 CPI 基本上比国家统计局公布的 CPI 小,如果忽略公式差异带来的影响,则我们可将其视为不同收入阶层居民消费偏好差异所致。而且总体来看,通货膨胀水平较低的年份,两者似乎更容易出现偏离。据我们分析,这可能是因为这一情况下,相对低收入消费者更容易实现商品间的替代以满足同样的效用,于是不同收入阶层居民消费者偏好差异相对显著;反而在通货膨胀较为严重时期,商品价格出现较为普遍的上涨,商品间的替代变得较为困难,各阶层居民消费者偏好具有趋同化特征,两者的偏离也趋于缩小。根据图 3.1 可以看出,1999 年前后,通货膨胀相对温和,这段时期也是两者偏差幅度较大、偏离时间持续较长的时期,同时这也进一步说明了消费者偏好在各收入阶层间是存在差异的。

2. 各分层 CPI 间的比较与分析

(1)各分层 CPI 序列间差值的动态特征与比较。

为了比较各分层 CPI 时间序列间的差异,本书分别计算了七类分层 CPI 间的任何一对差值,并将方差最大的几组差值列于图 3.2。

结合实际计算的结果及图 3.2 与图 3.3,我们可发现以下特点:

第一,各分层 CPI 指数间的差异关系。1996—2006 年间,图 3.2 的各曲线几乎都在零附近波动,各分层 CPI 并无显著差异,而从 2007 年开始至 2011 年,各分层 CPI 开始出现大幅波动,其中 2008 年和 2011 年的波动幅度更为明显。而各种差值中,CPI17 最为明显,其次是 CPI27 和 CPI37。上述现象说明,从 2007 年开始,最低收入阶层的 CPI 指数开始明显高于最高收入阶层,其中 CPI17 的值于 2008 年达到最大差值 4.01 个百分点。

事实上,从实际计算结果来看,这段时间内各分层 CPI 间都出现了较为明显的差异。

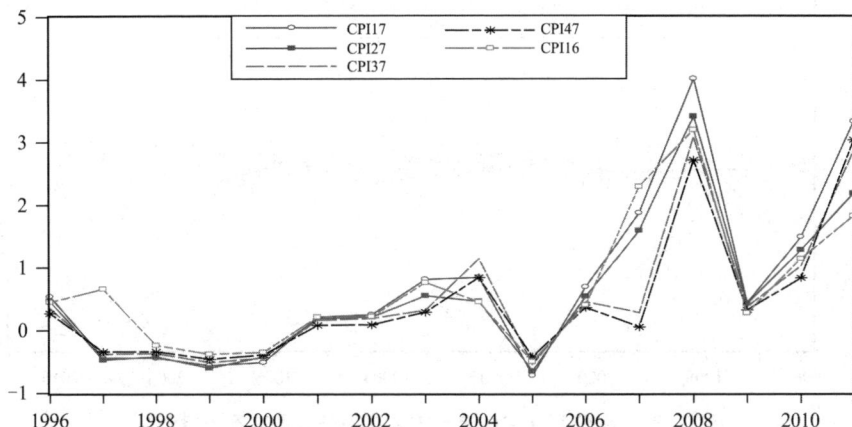

图 3.2　CPI17,CPI27,CPI37,CPI47,CPI16 之时间序列走势图

注:CPI17 表示 CPI1 与 CPI7 之差,也即:CPI17=CPI1−CPI7,其他及后文的表示与此类似。

数据来源:作者计算。

由此可见,1996—2006 年间,我国城镇各阶层居民 CPI 指数差异相对较小,其变化相对平稳;而从 2007 年开始,不同阶层居民间的 CPI 指数开始出现较为严重的分化现象,低收入阶层居民的 CPI 指数要明显超出高收入阶层。

第二,各分层 CPI 与 CPIZ 总指数间的差异关系。从图 3.3 来看,1996—2006 年间,各阶层居民 CPI 指数与 CPIZ 的差异较小;而从 2007 年开始,除了 CPI5 依然与总指数仍然极为接近外,CPI1、CPI2 指数和 CPI6、CPI7 指数均与 CPIZ 存在明显的偏离,其中前者的偏离方向为正,而后者的偏离方向为负。

由此可知,1996—2011 年间,中国城镇居民 CPI 总指数最能反映收入水平处于较高层次,也即收入水平处于大约 70% 层次居民的 CPI5 指数。这也从另一角度解释了近些年来中国居民对 CPI 指数感觉失真的主要原因。而且从上述分析我们不难发现,近些年城镇各阶层居民分层 CPI 指数的差异出现扩大化趋势,CPIZ 对相应总体的代表性也在随之下降。这也说明,在目前中国通胀压力不断增加及通胀较为严重的时期,编制分层 CPI 的紧迫性及较强的现实经济意义。

另外,为了进一步研究各分层 CPI 与 CPIZ 间的差异,本书还计算了各分层 CPI 与 CPIZ 的差值,并将差值列于图 3.3。

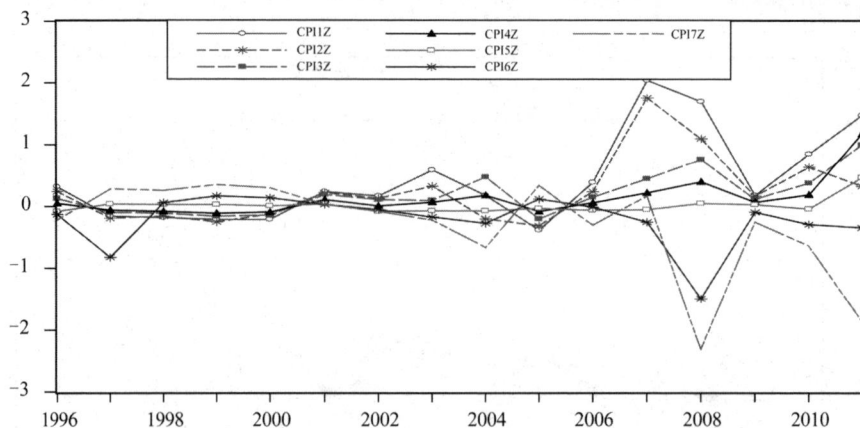

图 3.3　各分层 CPI 与 CPIZ 差值时间序列走势图

(2)各分层 CPI 描述性统计指标的有关比较与分析。

第一,各分层 CPI 时间序列数据特征的比较。

为了进一步了解各分层 CPI 时间序列间的差异性,本书计算了描述各分层 CPI 时间序列分布特征的两类统计指标,并将其列于表 3.8,以便更为详细地比较。

表 3.8　各分层 CPI 时间序列的描述性统计指标

分层 CPI 统计指标	CPI1	CPI2	CPI3	CPI4	CPI5	CPI6	CPI7
均值	102.16	101.97	101.92	101.85	101.73	101.51	101.42
标准差	3.42	3.22	3.17	3.12	2.96	2.72	2.52
标准差与均值之比	0.0335	0.0316	0.0311	0.0306	0.0291	0.0268	0.0248

由上表可知,随着收入水平的不断提高,各分层 CPI 序列的均值也在减小,同时分层 CPI 内部的波动性也在下降,由此可见,低收入阶层可能要遭受更大的通胀波动与风险。

第二,各年份分层 CPI 截面数据特征的比较。

下面进一步分析各年七大分层 CPI 间的差异性及其变化特征,并将其均值与标准差列于表 3.9。

表 3.9　各年份分层 CPI 截面数据的统计描述

统计指标 ＼ 年份	1996	1997	1998	1999	2000	2001	2002	2003
均值	108.21	101.97	95.59	97.59	99.17	100.47	99.04	100.97
标准差	0.20	0.34	0.15	0.22	0.18	0.09	0.11	0.29
统计指标 ＼ 年份	2004	2005	2006	2007	2008	2009	2010	2011
均值	103.28	99.98	101.47	103.97	105.45	99.37	103.28	105.88
标准差	0.37	0.25	0.22	0.90	1.44	0.16	0.52	1.13

由上表可知,总体来看,1996—2011 年间,我国城镇居民分层 CPI 的差异性经历了先下降,而后从 2002 年开始逐步增加的现象,尤其是近些年增加的幅度较为显著。与此同时,各年分层 CPI 的均值也出现了较为类似的变化特征。这充分说明,随着通胀严重程度的加剧,各分层 CPI 间的差异也在扩大。

三、分层 CPI 指数研究结论的国际比较及分析

(一)国外关于分层 CPI 指数的研究结论

本书将国外研究的相关结论列于表 3.10。

表 3.10　国外部分文献关于分层 CPI 的研究结论

研究作者和论文发表的时间	研究的国家(地区)及样本时间	具体研究对象	相关结论
Garner,1996	美国 1984—1994	穷人与非穷人间通货膨胀水平差异性	穷人住户的价格指数与整个城市居民的价格指数间没有出现显著的差异
Michael,1979	美国 1967—1974	不同类型人口和经济特点的家庭	差异并不显著

研究作者和论文发表的时间	研究的国家（地区）及样本时间	具体研究对象	相关结论
Hobijn and Lagakos，2005	美国 1987—2001	不同人口特征居民	老年人及小孩在 18 岁以下的家庭住户所遭受的通货膨胀水平高于平均值；当某一类住户某年所遭受的通货膨胀水平高于平均值时，其下年所遭受的通货膨胀水平将低于平均值
McGranahan and Paulson，2006	美国 1983—2005	31 组人口群体	弱势群体与总的城市人口所感受到的通货膨胀水平并无明显差异，不过弱势群体的通货膨胀水平的波动性更为明显
Taktek，1998	加拿大 1993—1996	低收入群体、老年住户及低收入的老年住户	三者间的价格指数与总体的价格指数间的离散程度并不高，而且最高与最低价格指数间相差在 2 个百分点以内
Murphy and Garvey，2004	爱尔兰 1989—2001	城市和农村的最低收入群体与总指数	1989—1996，全部指数都较为近似，而 1996—2001，城市最低收入群体较整个总指数有更大的波动性，而农村最低收入群体与总指数却较为接近。
Artsev，Roshal And Finkel，2006	以色列 1999—2005	不同收入分位数住户间的通货膨胀	相对较小的差异，不过不同收入阶层间通货膨胀的离散程度会随着中位数通货膨胀水平的上升而上升

续表

研究作者和论文 发表的时间	研究的国家 （地区）及 样本时间	具体研究对象	相关结论
Mckay and Sowa,2004	（非洲国家）加纳 1998—1999	不同收入阶层间	贫困群体的通货膨胀与总的财力 CPI 指数间无明显差异；当作者使用主要食品类商品进行深入分析时，却发现不同收入水平居民间的食品通货膨胀水平相差较为明显

资料来源：作者的整理。

因此，总体来看，上述国家或地区不同收入阶层和不同人口特征群体间的 CPI 指数并没有出现明显的差异，各种 CPI 指数均具有加大程度的趋同性。在这样的情况下，总的城镇居民 CPI 指数的代表性也是相对较强的。

不过，也有研究得出了与上述研究不同的结论。如 Crawford and Smith(2002)使用 1975—1999 年间关于英国研究发现，不同住户间的通货膨胀水平出现了较大的变化，以及有小孩的住户所遭受的通货膨胀率要小于没有小孩的家庭。Pang-Tien Lieu，Chinkun Chang and Jry-rong Chang (2004)关于 1991—1996 间中国台湾地区的研究指出，不同人口特征住户面临的 CPI 指数各不相同，其中最贫困的群体所面临的通货膨胀水平要明显高于一般水平群体，而且这种差异是持续性的。

（二）本书与国外相关研究结论的比较

基于 1996—2006 年，中国城镇居民各分层 CPI 指数间并无显著差异，而且各指数的波动性也并不显著。从这一角度来看，本书的结论与表 3.9 多数国家的特征较为一致。

但从 2007 年开始，中国城镇居民分层 CPI 指数间的差异开始变得较为显著，该差异的波动性也较为明显。从这一方面来看，本书的研究结论与 Crawford and Smith(2002)及 Pang-Tien，ect(2004)研究的部分结论较为相似。

另外，从整个时间段来看，由于本书的分层 CPI 指数也呈现出两阶段特征，其动态变化特点等都与爱尔兰的研究情况较为类似。

本章基于价格指数理论探讨了分层 CPI 编制的理论方法，并据此编制了 1996—2011 年我国城镇七类不同收入层次居民的 CPI 指数及其综合指数，在分析各分层 CPI 间动态差异性的同时，将其与国际研究的有关结论进行了比较，并得出以下几点结论。

(1)城镇居民各分层 CPI 指数间的差异具有两阶段特征。1996—2006 年，各分层 CPI 指数并无显著差异，走势均比较平稳；而 2007—2011 年，各分层 CPI 指数间的差异变得较为明显，尤其是较低收入阶层与较高收入阶层居民间。根据前面分析可知，通胀水平越严重，各分层 CPI 间的分化程度也越大。

(2)样本期间内，城镇居民 CPI 总指数始终与收入水平处于第五层次居民的 CPI(也即 CPI5)最为接近。这一现象进一步表明，1996—2011 年，我国城镇居民的 CPI 总指数更真实地反映了相对较高收入居民生活成本的相对变化，这也部分解释了我国中低收入阶层居民更易对 CPI 总指数感觉失真的本质原因。

(3)整个样本期内，低收入居民要较高收入居民遭受更为严重的通胀水平波动，承担更大的通胀风险。而且平均来看，前者的平均通胀水平要高于后者。

(4)由于近些年我国城镇各阶层居民间 CPI 指数的差异性呈现拉大之势，分层 CPI 的方差也随之增加。因而，2007 年以后我国城镇居民 CPI 总指数对相应总体的代表性也在逐渐下降。相应地，针对不同收入阶层居民编制分层 CPI 的作用和意义也更为突出。

(5)从国际比较来看，样本期内，中国城镇居民分层 CPI 差异及其变化的两阶段特征与波兰 1989—2001 年的现象具有一定程度的相似性。

第四章 核心 CPI 估计及中国
实践问题研究

　　尽管居民消费价格指数(CPI)综合反映了一定时期内,社会各阶层居民消费货物和服务价格总水平的相对变化,而被世界各国作为衡量通货膨胀的重要指标。但从实际情况来看,CPI 的动态走势并不足以成为警示经济系统性、结构性风险的有效通货膨胀指标,究其原因主要是编制频率较高的 CPI 指数往往容易受到少数商品价格异常波动的影响。以中国为例,2012 年,食品类价格上涨对 CPI 的拉动作用最为显著。从月度 CPI 指数来看,食品类商品价格对 CPI 上涨的贡献度变化较为频繁,由 2012 年 1 月份的 73.1% 逐步回调到 10 月份的 33.5%,此后快速反弹,12 月份再升至54.8%。进一步具体到 CPI 中更为详细的商品,自 2007 年,中国猪肉价格突然上升,并将 CPI 推升到一个制高点后,猪的命运也首次与 CPI 指数紧密联系到一起,以致人们认为"是猪肉拱高了 CPI"。随后,猪肉价格在经历了 2008 年上半年涨、下半年跌,2009 年相对平稳,2010 年开始反弹,2011 年快速上涨期,而后再到 2012 年的低迷,猪肉走势似乎始终与 CPI 紧密相关。正因如此,一个能够更好地反映宏观经济形势的指标——核心 CPI 成为了政府,尤其是中央银行关注的重点对象。

　　核心 CPI 更好地反映了通货膨胀的潜在变化趋势,具有较强的前瞻性,能够更有效地预测通货膨胀的有用信息,因而在反映现实的经济形势、进行经济预测与决策等方面发挥着极其重要的作用。世界上越来越多的国家和地区中央银行也都重点关注核心 CPI,并着力构建更为准确的核心CPI 指标。

　　核心 CPI 也是学者们极为关注的一大问题,统计官方和学术界纷纷穷尽其方法以估计出更为准确的核心 CPI,但至今却未能形成较为一致的权威算法。

　　基于此,本章拟从 CPI 指数编制的基本理论着手,就核心 CPI 的有关问题进行深入分析,并在此基础上进一步对近期中国通货膨胀的成因及其传导机制展开系统性分析和研究。

第一节 核心 CPI 估计方法及国际实践

一、核心 CPI 估计方法回顾

核心 CPI 概念的提出始于 20 世纪 70 年代,但作为一个学术和实践的概念,则始于 Eckstein(1981)在《核心通货膨胀》(*Core Inflation*)一文中的定义:核心通货膨胀是经过适当加权的单位劳动和资本成本的增长,可视为总供给价格增长趋势的代理性变量。此后核心 CPI 率开始引起人们的广泛关注。时至今日,基本含义已得到一定程度的共识:标题 CPI 中由总供给与总需求决定的具有持续性特征的趋势性成分部分。其余部分则为非核心 CPI 或暂时性通货膨胀,由极少部分商品价格的暂时性上涨而引致,并随着暂时性上涨的结束而趋于平稳。这也进一步说明,中央银行货币政策应该以盯住 CPI 的趋势性成分即核心 CPI 为主,而非标题 CPI。另外,Wynne(2008)则从福利成本的角度提出了不同的概念:核心 CPI 可以被定义为带来福利损失的那部分通货膨胀。但笔者认为,将通货膨胀分解为能够带来福利损失和不会带来损失的两部分,从某种程度上也是延续了传统的分解方法。基于此,本书以第一种核心 CPI 的含义为基本前提展开相关分析和研究。

尽管通货膨胀的中长期趋势是客观存在的,但却难以直接观察或计算得到,人们只能通过一系列的方法对其进行间接估计。从学术界和各国(或地区)统计部门的实际操作来看,可将测量核心 CPI 的方法分为以下两大类。

(一)统计方法(Statistical Approach)

该方法主要借助统计学的有关理论与方法对核心 CPI 进行估计。该方法主要包括以下几类。

(1)剔除法(Exclusion Method)。将 CPI 商品篮子中价格波动幅度最为严重的某些商品剔除,然后针对篮子中剩下的其他商品重新分配权重以编制一个更具稳定的 CPI 指数,以此估算核心 CPI。该方法被许多国家的中央银行及其他研究人员和国际政策的制定者(例如,国际货币基金组织和经济合作与发展组织)广泛采用。

(2)修剪均值法(Trimmed Mean Method)。该方法由 Bryan and Cecchetti

(1994)首次提出,也即在每个 CPI 测量期间,将 CPI 篮子中价格变动最大和最小的分类指数按一定百分比扣除,再计算出调整后的 CPI 即为核心 CPI。

（3）加权中位数法（Weighted Median Method）。将 CPI 商品篮子中商品按价格的波动幅度排序,价格变动幅度处于中位数的那个分类指数的价格变动即为核心 CPI。

（4）方差加权价格指数法（Variance Weighted Price Index Method）。Dow(1994)最先提出了方差加权价格指数法,该方法是另外一种调节权重的方法,其基本思想是对单个商品（服务）的权重按照其价格波动方差的大小占总方差的比重进行调整。

（5）平滑技术法（Smoothing Method）。即使用简单移动平均法、X11、X12 等季节调整法平滑掉时间序列中的短期波动干扰,以分离出 CPI 的中长期趋势来估算核心 CPI。20 世纪 80 年代,该方法被广泛应用于欧洲;另外,在学术界中,该方法的应用极为普遍。黄燕（2004）、黄燕与胡海鸥（2006）运用剔除食品法和加权中位数法估算了中国的核心 CPI。范跃进和冯维江（2005）采用剔除法、修剪均值法和加权中位数法等估计了 1995—2004 年间中国核心 CPI,并在此基础上讨论了中国核心 CPI 与宏观经济之关系。龙革、曾令华和黄山（2008）分别应用了剔除法、修剪均值法、加权中位数法、SVAR 模型及共同趋势法估计了中国核心 CPI,并进行了相应的比较与分析。

（二）基于模型的方法（Model-based Approach）

（1）结构向量自回归模型法（SVAR）。Quah and Vahey(1995)将核心 CPI 定义为 CPI 中对实际产出没有中期和长期影响的成分,也即以货币的长期中性理论为基础提出了该方法。简泽（2005）通过结构向量自回归模型测量了中国 1954—2002 年的核心 CPI;赵昕东（2008）则扩展了 Quah and Vahey(1995)的两变量结构向量自回归模型建立了包括消费价格指数、食品价格指数与产出的三变量 SVAR 模型,并施加了基于经济理论的长期约束估计了 1986—2007 年中国的核心 CPI。

（2）共同趋势模型法（Common Trends Model）。该模型是 SVAR 模型的进一步扩广,Warne(1993)对此模型与识别方法进行了详细的介绍。Bagliano 和 Morana(2003)将原有的双变量结构向量自回归模型进行了扩展,运用协整系统中各变量包含共同趋势的理论基础,建立共同趋势模型,估计了美、英两国的核心 CPI 率。

（3）动态因子模型法（Dynamic Factor Model）。该方法的基本思路是,假设 CPI 中存在一个共同的动态因子（即为核心 CPI）,然后用模型对其进行提取以估计。其常用的方法主要有三种：借助状态空间模型，使用卡尔曼滤波进行估计。例如，汤丹、赵昕东（2011）使用状态空间模型估计了1991—2011 年中国的核心 CPI；使用广义动态因子模型估计核心 CPI；采用协整—误差修正模型的调节系数矩阵正交分解技术来估计协整向量系统的共同因子，以此作为核心 CPI。王少平和谭本艳（2009）采用该方法估计了美国、英国和中国的核心 CPI。

二、部分国家核心 CPI 的估计方法与评价

（一）部分国家核心 CPI 的估计方法

为了进一步了解上述方法的应用情况及各国的实践操作方法，下面简单介绍部分国家核心 CPI 的估计方法（表 4.1）。

表 4.1　部分国家核心 CPI 的估计方法

国家或地区	核心 CPI 估计方法	相关说明
阿根廷	官方估计方法：标题 CPI 中剔除波动性较大的商品或者季节性产品（新鲜水果和蔬菜、外衣、节假日交通运输、休闲旅游及住宿），以及受间接税影响较大的货物和服务或政府管制价格的商品（如住户燃料、水电、公交邮递及电话服务，汽车燃料及香烟等）	中央银行没有明确地说明使用了核心 CPI，但是内部却主要参考左边方法估算的核心 CPI
	非官方估计方法：CPI：剔除食品和能源；IPCP：持续性的加权 CPI 指数	供内部讨论使用
澳大利亚	非官方估计方法：截尾平均（30%）、加权平均、剔除法（如剔除价格波动性较大的商品）	这些估计方法很好地捕捉了标题 CPI 的长期趋势
巴西	官方估计方法：截尾均值（剔除累计权重低于20%，高于80%的商品）、剔除政府管制的价格和家用食品	对确定利率起辅助作用，所有这些估计方法都仅供内部使用
	非官方估计方法：截尾均值：（剔除累计权重低于14.4%，高于90.4%的商品）、其他方法	

续表

国家或地区	核心 CPI 估计方法	相关说明
加拿大	剔除法:剔除波动性最大的八类商品,并调整剩下的部分,例如剔除能源及间接税等;方差加权法	—
中国	没有公开	
印度	—	
印度尼西亚	官方:剔除政府管制价格及价格波动性较强的商品	外部交流使用
日本	官方:剔除波动性较大的商品,例如新鲜食品等	外部交流使用
韩国	官方:剔除石油产品和除谷物外的农产品	用于预测标题 CPI,并作为银行的调控目标
墨西哥	剔除价格波动性最大的商品	用于评估标题 CPI 及预测货币政策
俄罗斯	官方:剔除价格波动性大的及政府管制价格的商品	目的在于消除短期市场冲击的影响
沙特阿拉伯	—	—
南非	官方:剔除抵押贷款利率;剔除新鲜鱼和冻肉等	央行仅剔除抵押贷款利率核心 CPI
土耳其	—	—
美国	官方:剔除食品和能源,但也会用到截尾均值法	监视和监测通货膨胀水平的作用
欧盟	—	—
法国	官方:剔除公共税、价格波动性较为明显的商品;HICP:剔除未加工的食品及能源	预测通货膨胀
德国	官方:剔除食品价格 非官方:剔除能源和未加工食品;CPI 加权法,CPI	用于进行经济分析和监测
意大利	官方:HCIP:剔除未加工的食品及能源;非官方:根据学术界研究的方法进行测算	—
英国	非官方:加权中位数法;截尾平均法	—

资料来源:作者整理。

由表 4.1 可知,几乎所有的国家都使用了剔除法估算核心 CPI,而且大多数国家都使用了多种方法估算核心 CPI。

(二)核心 CPI 估计方法的评价

结合 CPI 和核心 CPI 的关系及相关的定义,我们发现上述两大类方法的本质都是试图从 CPI 中剔除随机性干扰部分,以分离出具有中长期趋势特征的剩余部分,即核心 CPI。只是在具体的分解方法上,前者主要使用了统计方法,而后者则借助计量经济模型。

其中,对于各国统计官方和非官方使用最为常见的剔除法,则存在明显的主观性,因为这些被剔除的商品,它们也有可能会对一国 CPI 的长期趋势产生重要影响,将其剔除,可能不甚合理;另外,我们发现上述两大方法在估算核心 CPI 时,都以标题 CPI 为主要指标研究对象,来提取 CPI 的趋势项,也即核心 CPI。

根据前文论证,国家统计局所使用方法计算的标题 CPI 等价于按不同收入阶层居民 CPI 直接汇总而成的。因此,针对标题 CPI 提取核心 CPI,相当于用同一标准衡量不同收入阶层居民的长期趋势项。但不同收入阶层居民消费结构是存在较大差异的,各商品篮子间也就存在较大的异质性,相应地各分层 CPI 的长期趋势项和随机冲击项将会出现一定的分化,从而呈现出一定的异质性。以总体 CPI 为研究对象,并据此针对各分层 CPI 使用同一准则,容易忽略上述异质性,从而造成核心 CPI 估算上的分解差异。

基于此,本书将结合各收入阶层居民 CPI 水平,并在考虑其差异性的基础上,利用变参数状态空间模型对中国城镇地区居民核心 CPI 进行估算。

第二节　基于指数理论的核心 CPI 估计方法与应用

一、中国城镇地区核心 CPI 估计与检验

下面将利用第三章的分层 CPI 数据,借助状态空间模型估算出每一阶层居民的 CPI 的长期趋势,并对其进行加权计算,以汇总出核心 CPI。

（一）数据平稳性经验

在建立模型估计分层 CPI 长期趋势之前，本书先对七个层次的 CPI 数据进行平稳性检验。其检验结果如表 4.2 所示。

表 4.2 七大收入阶层 CPI 单位根检验及其结果

变量	ADF 检验值	5%临界值	平稳性	变量	ADF 检验值	1%临界值	平稳性
CPI1	-1.00	-2.70	非平稳	$\triangle$CPI1	-4.41	-4.20	平稳
CPI2	-3.03	-3.08	非平稳	$\triangle$CPI2	-4.21	-4.20	平稳
CPI3	-3.06	-3.08	非平稳	$\triangle$CPI3	-5.44	-4.20	平稳
CPI4	-0.99	-3.12	非平稳	$\triangle$CPI4	-5.68	-4.20	平稳
CPI5	-2.03	-3.21	非平稳	$\triangle$CPI5	-4.38	-4.12	平稳
CPI6	-2.70	-3.18	非平稳	$\triangle$CPI6	-5.43	-4.20	平稳
CPI7	-1.76	-3.15	非平稳	$\triangle$CPI7	-4.35	-4.05	平稳

注：检验过程中均设有截距项，"$\triangle$"表示一阶差分。

由上表可知，各分层 CPI 指数均为不平稳序列，一阶差分后均变为平稳序列。

（二）状态空间模型的设定

通过一系列的尝试和调整，本书最终设定如下状态空间模型形式：

信号方程为：

$$\text{CPI}_{it} = \text{CPI}_{it}^l + \text{CPI}_{it}^c \tag{4.1}$$

状态方程为：

$$\text{CPI}_{it}^l = c_i(1) + c_i(2)\text{CPI}_{it-1}^l + \varepsilon_{it}^l \tag{4.2}$$

$$\text{CPI}_{it}^c = c_i(3)\text{CPI}_{it-1}^c + \varepsilon_{it}^c \tag{4.3}$$

其中，$i = 1, 2, 3, 4, 5, 6, 7$；$\varepsilon_{it}^l \sim N(0, \sigma_{it}^2)$；$\varepsilon_{it}^c \sim N(0, \delta_{it}^2)$。

（三）状态空间模型的估计结果

使用 Eviews6.0 软件估计上述模型，得到如下参数估计结果（表 4.3）。

表 4.3　状态空间模型参数的估计结果

参数	最终状态	P 值
CPI_{1t}^{l}	101.84	0.000
$c_1(1)$	0.0240	0.000
$c_1(2)$	0.9997	0.000
$c_1(3)$	-0.1880	0.000
CPI_{2t}^{l}	101.65	0.000
$c_2(1)$	$-.04266$	0.000
$c_2(2)$	0.9995	0.000
$c_2(3)$	-0.1149	0.000
CPI_{3t}^{l}	101.74	0.000
$c_3(1)$	0.0094	0.000
$c_3(2)$	0.9999	0.000
$c_3(3)$	-0.1562	0.000
CPI_{4t}^{l}	101.04	0.000
$c_4(1)$	2.992	0.000
$c_4(2)$	0.9678	0.000
$c_4(3)$	-0.1931	0.000
CPI_{5t}^{l}	101.69	0.000
$c_5(1)$	0.0228	0.000
$c_5(2)$	0.9997	0.000
$c_5(3)$	-0.3495	0.000
CPI_{6t}^{l}	103.50	0.000
$c_6(1)$	-10.653	0.000
$c_6(2)$	1.0737	0.000
$c_6(3)$	-0.1022	0.000
CPI_{7t}^{l}	100.05	0.000
$c_7(1)$	6.7705	0.000
$c_7(2)$	0.9295	0.000
$c_7(3)$	-0.1244	0.000

由此可见,上述状态空间模型的估计效果较为理想,状态空间模型的形式设计较为合理。在此基础上,我们得出了七类分层 CPI 的长期变动趋势项,其数据表示如图 4.1 所示。

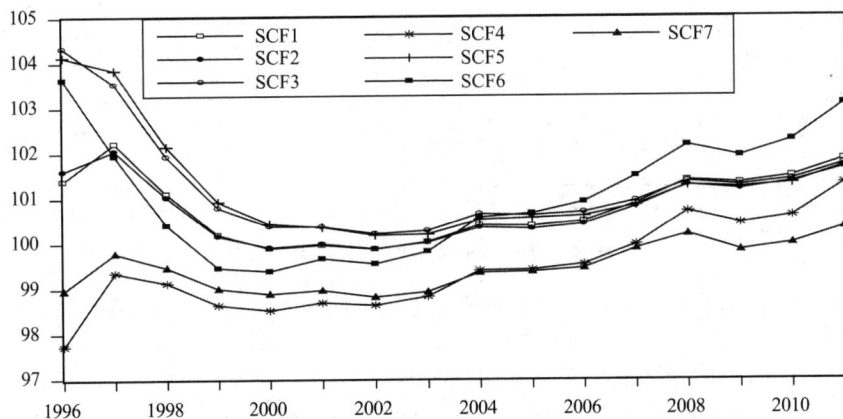

图 4.1 城镇居民七类分层 CPI 的长期趋势项

注:SCF$_i$ 分别表示 CPI$_i$ 对应的长期趋势项。

然后通过对七类 CPI 的长期趋势项,按照相应阶层居民消费支出占总支出的比例进行加权,汇总出最终的核心 CPI,其计算结果如表 4.4 所示。

表 4.4 中国城镇地区核心 CPI

年份	1996	1997	1998	1999	2000	2001	2002	2003
核心 CPI	101.54	101.59	100.56	99.73	99.50	99.59	99.42	99.56
年份	2004	2005	2006	2007	2008	2009	2010	2011
核心 CPI	100.02	100.04	100.16	100.58	101.07	100.86	101.03	101.54

为了更清晰地反映城镇不同收入阶层居民 CPI 及其核心 CPI 的变化趋势及相互关系,现将两者以图 4.2 表示。

根据 Bryan 和 Cecchetti(1994),核心 CPI 应该比观测到的 CPI 具有较小的波动性。从图 4.1 可以看出,城镇地区核心 CPI 的波动性要明显小于其标题 CPI;同时,在 1996—2011 年间,前者的标准差为 0.776,而后者的标准差则为 2.93。由此可见,本书所估计的城镇地区核心 CPI 波动性较小,具有较强的中长期趋势特征。

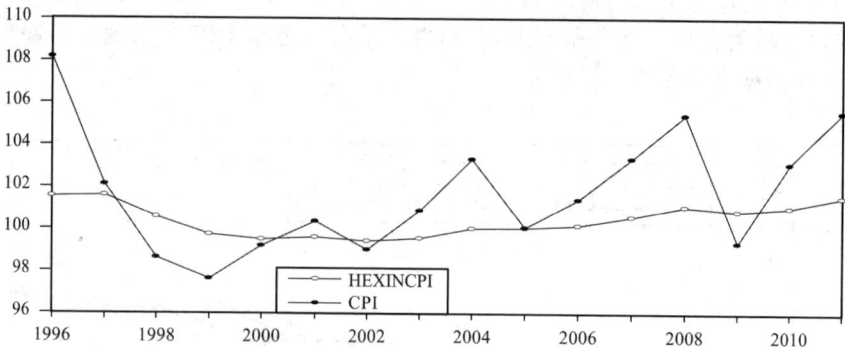

图 4.2　城镇居民 CPI 及其核心 CPI

注：CPI 为由七大分层 CPI 加权得到的总指数，HEXINCPI 为其对应的核心 CPI。

另外，从图 4.2 我们还发现，HEXINCPI、CPI 的图形出现了四次相交，其中相交时间和幅度最大的一次为 1997—2000 年，其次是 2009 年。这一结论表明，城镇地区 CPI 的短期冲击效应具有双向性，也即这一暂时性的冲击大部分都是正的冲击，但也存在负向冲击的情况，不过近些年来负向冲击的情况较为少见。这种现象也从某种程度上说明了，CPI 中暂时性冲击并非总是波动性最大的，因而应用传统意义上的统计方法估计核心 CPI 可能是存在风险的。

（四）关于核心 CPI 估计结果的相关检验

1. 基于核心 CPI 的理论检验

根据 Blinder(1997)等对核心 CPI 的理解，从货币政策的角度看，核心 CPI 是中央银行的价格指数，所反映的是 CPI 中与货币增长量相关联的长期持久成分。根据这一理解，从中长期来看，货币增长量应该对核心 CPI 的变化具有极其重要的决定作用，而核心 CPI 的变化则从很大程度上反映了货币增长量的变化。再结合货币政策对总供需作用的滞后性可知，货币增长量应对核心 CPI 具有较强的预测和解释性。本书将以此为依据来检验上述核心 CPI 估计方法的有效性。

此处以广义货币供应量 M2 作为解释变量，来检验其对城镇地区核心 CPI 的预测能力。其中，M2 的数据与上述所用全部 CPI 数据一样选用年度环比指数，数据来自于中国人民银行和相关年份的《金融统计年鉴》。其估计结果如下：

$$HEXINCPI = 83.4438 + 0.143 \ m^2(-1) \qquad (4.4)$$
$$t \ 值:(18.629) \quad (3.778)$$
$$R^2 = 0.5233 \quad D-W = 1.213$$

由于上述 $D-W$ 值偏小,为了进一步了解模型的拟合效果,本书对其残差序列进行了单位根检验,发现其残差序列为 5% 显著性水平下的平稳序列。

而使用城镇居民 CPI 指数作为被解释变量,进行上述分析,得到的结果则为:

$$CPI = 70.0932 + 0.2638 \ m^2(-1) \qquad (4.5)$$
$$t \ 值:(1.588) \quad (3.567)$$
$$R^2 = 0.163 \quad D-W = 1.132$$

显然,上述拟合优度太低,其检验难以通过;而通过进一步的检验发现其残差序列为非平稳序列。

对比两者的回归分析结果可知,滞后一年的广义货币供应量对本书所估算的核心 CPI 的解释和预测作用最强,而对相应 CPI 的解释和预测作用却均不理想。

另外,本书还计算了 M2 和城镇地区核心 CPI 的相关系数,结果如表 4.5 所示。

表 4.5 M2 与城镇地区核心 CPI 和 CPI 的相关系数

M2 的滞后期数	0	1	2
HEXINCPI	0.538	0.723	0.476
CPI	0.300	0.403	−0.021

由表 4.5 可知,M2 与 HEXINCPI 的相关系数明显高于其与 CPI 的相关系数。另外,由于货币政策的滞后效用,上表中滞后一期的 M2 与城镇地区核心 CPI 的相关系数最高,达到 0.723,滞后两期和当期的相关系数也并不低。这进一步说明本书 HEXINCPI 估计方法和结果的合理性,以及货币政策在影响 HEXINCPI 上的显著作用。

2. 与其他研究结果之比较

本书尝试将上述结果与王少平、谭本艳(2009)所估计的核心 CPI 进行比较,并将相关结果列于表 4.6。

表 4.6　王少平、谭本艳(2009)及本书相关 CPI 和核心 CPI 的比较

各种 CPI 指数	2001	2002	2003	2004	2005	2006	2007	2008
本书估计的城镇地区 CPI	100.35	99.01	100.88	103.33	100.06	101.40	103.35	105.42
王、谭所列的全国 CPI	100.73	99.23	101.17	103.90	101.82	101.47	104.77	105.90
本书估计的城镇地区核心 CPI	99.59	99.42	99.56	100.02	100.04	100.16	100.58	101.07
王、谭的全国核心 CPI	101.26	99.48	99.53	100.34	100.81	100.69	100.81	101.40

同时将上述两类通货膨胀及核心 CPI 分别用图 4.3、图 4.4 表示,以更更加直观地进行比较。

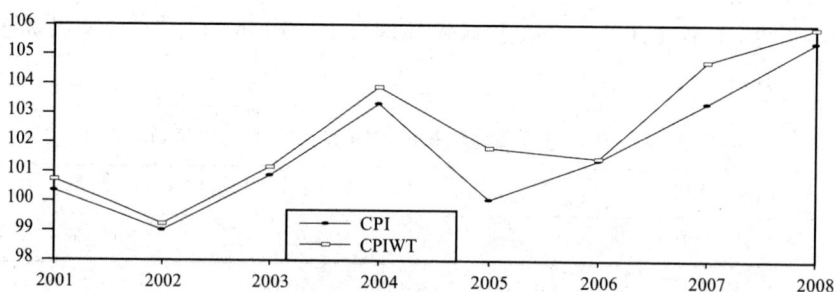

图 4.3　全国居民 CPI 指数及城镇居民 CPI 指数

注:CPI 为本书计算的城镇居民 CPI,而 CPIWT 为全国 CPI(实为国家统计局的数据)。

对于上述表与图,需要说明的是,本书与王少平、谭本艳(2009)的研究存在一些差异,这主要表现在,首先,两者所选时间跨度不一样;其次,研究对象也不一样,本书以城镇地区 CPI 指数为研究对象,而后者则以全国的 CPI 指数为研究基础。尽管这在一定程度上可能会降低两者的可比性,但我们依然可对其进行比较。首先,本书计算得到的城镇居民 CPI 指数与王、谭所列的较为接近,并且前者比后者小(如图 4.4),这是因为本书没有考虑到农村居民 CPI,而且在 2001—2008 年间,农村地区 CPI 基本上都是稍小于城镇地区,因此两者的差异还算合理;另外,两者计算得到的核心 CPI 指数相差并不大,本书的估计值基本上都偏小于后者,而且经过本书的

分析还发现两者的趋势较为相似（如图 4.4），因此本书的估计结果还算合理。

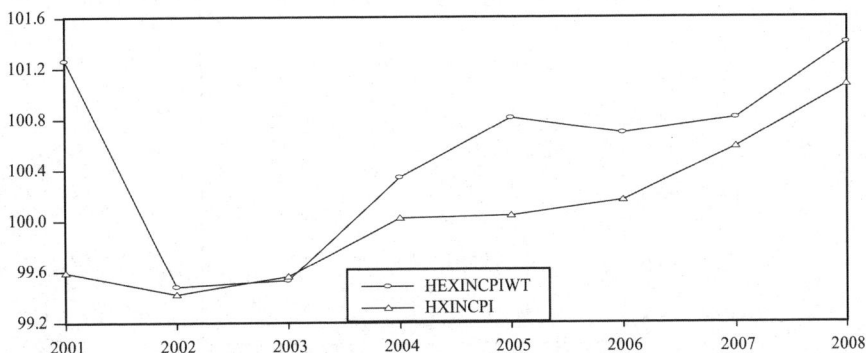

图 4.4 两类核心 CPI 的比较

注：HEXINCPIWT 表示王少平、谭本艳（2009）估算的全国核心 CPI，而 HEXINCPI 则表示本书所计算的城镇地区核心 CPI。

另外，本书的估计存在这样一些优势：第一，时间跨度更长，这为本书获得较为稳定可靠的估计结果和进一步验证货币政策与核心 CPI 的相互关系提供了有力的支撑；第二，本书是基于先编制分层 CPI 指数，而后建模分解并加权估计出核心 CPI 的。因此，本书的研究既借助了有关 CPI 指数编制的基本理论，同时又利用了计量经济模型工具，从而将核心 CPI 的研究进一步扩展到了相对微观的层次，同时也使得本书的研究结论更为严谨、可靠；第三，本书的估计结果较王少平、谭本艳（2009）估算的全国核心 CPI 更为平稳。通过计算我们发现，在 2001—2008 年样本期间，本书估计的核心 CPI 的方差更小。

3. 货币供应量与城镇地区核心通胀的脉冲反映分析

经过 Johansen 协整检验，发现 HEXINCPI 和 M2 间存在长期协整关系，为了进一步了解城镇地区核心通胀与广义货币供应量之间的相互关系及影响程度，有必要对其进行脉冲响应分析。在分析之前，为了进一步确定模型的最优阶数，以便获得较为稳定的 VAR 模型。从分析结果来看，滞后 2 阶 VAR 模型的 4 个根均落在单位圆内（图 4.5），因而表明相应 VAR 模型所有根模的倒数都小于 1，即滞后 2 阶的 VAR 模型是稳定的。相应的脉冲响应图如图 4.6 所示。

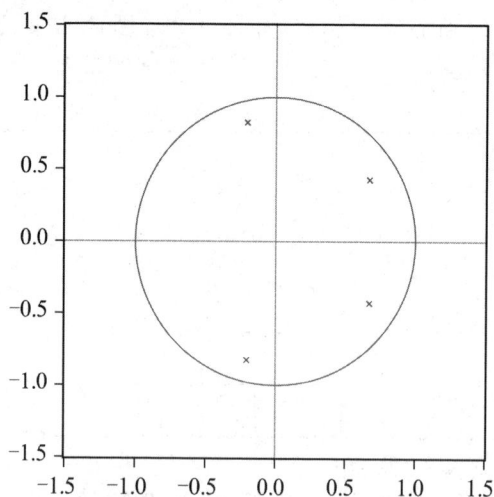

图 4.5　AR 模型平稳性检验结果

Response of M2 to HEXINCPI　　　　　　Response of HEXINCPI to M2

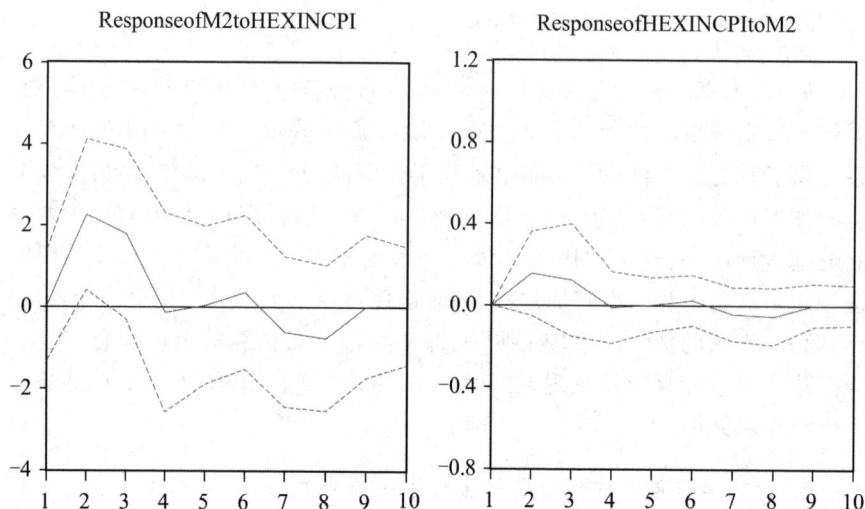

图 4.6　HEXINCPI 与 M2 间的脉冲响应冲击

由图 4.6 可知,一个标准差的 HEXINCPI 的冲击,将会使得 M2 在第 2 期达到最大冲击效应,并于之后开始逐渐减弱,第 9 期开始恢复到冲击前的稳定状态;而一个标准差的 M2 的冲击,将会使得 HEXINCPI 在第 2~3 期间达到最大冲击反映,同样于之后开始逐渐减弱,第 4 期开始恢复到冲击前的稳定状态。从两者一个标准差对对方冲击的短期效应来看,均对对方具有一定的正向冲击效应,不过 HEXINCPI 对 M2 的冲击效应要大于后者对前者的冲击效应;但从长期来看,在对方的冲击下,双方都能够回到原来的稳定状态。

二、城镇地区核心 CPI 分析与政策的主要启示

(一)中国城镇地区 CPI、核心 CPI 特点

由图 4.3 可知,继 1996 年中国城镇地区较为严重的通货膨胀之后,近些年,例如 2008 年、2011 年,中国又出现了几次较为严重的通货膨胀,但其严重程度都没有超过 1996 的情况,不过近些年中国城镇地区 CPI 水平具有走高的趋势,而且这种趋势呈现波动式上述。

但中国城镇地区核心 CPI 却表现得相对平稳,其波动性相对较小,1996—2011 年间,其极差为 2.17196,而相应 CPI 的极差则为 10.55。尤其是在通货膨胀较为严重的几个时期,例如 1996 年、2008 年和 2011 年,核心 CPI 的变化还是相对较小的。但需要指出的是,1996—2011 年间,核心 CPI 的变化具有较强的规律性。在 1996 年,发生严重的全国性通货膨胀时期,城镇地区核心 CPI 处于较高水平,并于 1997 年达到历史最高水平 101.6。而后逐渐走低,并于 2002 达到最低点,为 99.42,之后逐渐走高,并于 2011 年再次达到 1996 年的通货膨胀水平,即为 101.54。

因此,总体来看,1996—2011 年间,中国城镇地区核心 CPI 呈现"U"形特征,并于 2002 年开始一直处于上升趋势(图 4.7),并于 2011 年达到历史性的次高水平。结合两者的走势来看,我们认为,近些年中国城镇地区通货膨胀和核心 CPI 都出现了逐渐上升的趋势,而前者上升趋势中所包含暂时性冲击的成分居多,这说明中国城镇地区通货膨胀仍属于偏结构性的;但后者在上升的过程中也开始接近历史最高水平,同时近些年中国城镇地区结构性通货膨胀有转化为全面通货膨胀的潜在危险。

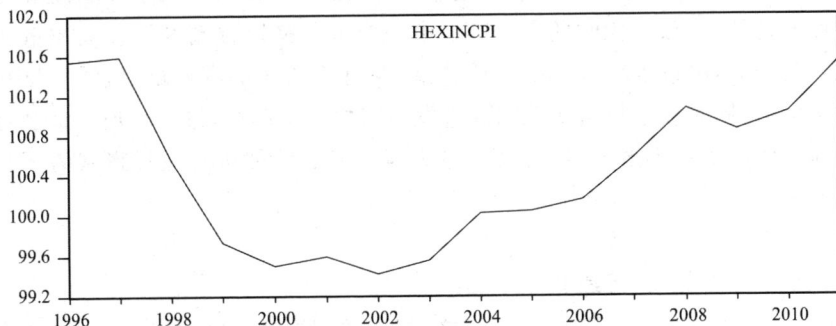

图 4.7　城镇地区核心 CPI 走势

（二）政策的主要启示

世界经济的发展规律表明,许多快速增长的经济体都必然伴生一定程度的通货膨胀。但若通货膨胀超出了一定的范围,将会在总体上影响经济发展的质量和居民福利水平的提高。因而,"十二五"规划纲要明确指出,要处理好保持经济平稳较快发展、调整经济结构和管理通货膨胀预期三者间的相互关系,保持宏观经济政策的连续性和稳定性。而准确把握通货膨胀及核心 CPI 的变化水平及波动特征,将有助于有效、合理地进行宏观经济调控,管理好通货膨胀水平,以确保"十二五"规划任务的全面完成及目标的如期实现。

2013 年全球经济依然充满诸多变数,形势依旧不容乐观,世界主要发达经济体经济复苏乏力,两大梯队新兴经济体经济增长预期普遍低于去年。但随着国际性金融环境的逐步改善、悲观情绪的进一步释放,新一轮宽松政策的全面实施,世界经济将会小幅波动式回暖。中国进出口增速可能随着世界经济轻度复苏而反弹,但由于成本上涨带来的比较优势弱化,进出口增速难以恢复到危机前水平。2012 年中国经济增速"破八",创出 2000 年以来的年度 GDP 增长率最低值。在本轮经济周期下行的过程中,拉动经济增长的"三驾马车"投资、消费、出口在过去一年也低位运行。而今年统计局发布的上半年的宏观经济数据显示,上半年中国 GDP 同比增长 7.6%,其中二季度增长 7.5%,增速有所放缓。这些现象与中国经济运行中出现的一些新矛盾和问题,例如,经济增长动力偏弱,化解产能过剩形势严峻,企业生产经营困难加剧,中小企业融资难融资贵,财政金融的风险的增加等有一定的关系。因此,今后几年中国经济发展将面临一系列较为严峻的形式。

基于近些年中国较为严重的标题通货膨胀更具暂时性的冲击特征,并具有向全面通货膨胀转化的潜在危险,同时核心 CPI 总体水平并不高等几方面的特征,今后一段时期,一方面,中国应该坚持以提高经济发展质量和效益为中心,继续实施稳健的货币政策,保持流动性适度充裕,盘活存量并优化增量,同时注意风险防范和促进发展的相互协调性,进一步加大金融对实体经济的支持力度。另一方面,还应谨防突发性因素对通货膨胀的不利冲击。

三、有关结论与建议

自从 20 世纪 70 年代核心 CPI 概念被提出以来,人们对其基本含义及估算方法进行了广泛的研究。本书基于传统核心 CPI 的定义,采用一种新的估计方式,也即基于分层 CPI 指数的角度估计了中国城市核心 CPI。具体地,本书以 1996—2011 年间城镇居民消费价格指数和不同收入阶层居民的年度人均平均消费支出数据为样本,以价格指数理论为基础,在编制城镇居民分层 CPI 指数的基础上,借助状态空间模型估算了城镇地区核心 CPI。总体来看,本书所估计的核心 CPI 波动性更为平稳,能够反映城镇地区 CPI 的长期趋势,与货币政策的关联性较强,同时货币政策对其具有较强的预测和解释作用。

另外,估计的结果还告诉我们,中国城市核心 CPI 呈现出相对稳定的"U"变化特征,并在 2002 年达到历史最低水平之后一路走高,2011 年几乎接近 1997 年的历史最高水平,但依然处于相对可控的范围内;同时,2002 年开始,中国城镇居民 CPI 的大幅波动主要源于暂时性因素的冲击,且这些因素暂未显著地影响到核心 CPI 的变化趋势。不过,本书的研究也存在一些不足之处。由于数据可获得性方面的限制,考察的核心 CPI 仅限于城市地区,缺乏对全国地区核心 CPI 的整体性研究。

第三节　中国通货膨胀的影响因素及传导机制

由上面的分析可知,中国近些年的核心 CPI 走势较为温和,但近些年中国却通货膨胀频发,对于其中的原因,我们有必要作进一步的深入分析,以进一步深入了解暂时性冲击的重要影响因素。因此,这一节主要针对近些年中国通货膨胀的成因及其对通货膨胀的传导机制进行较为系统深入的分析。

一、中国近期通货膨胀的现状

自 1978 年以来,中国已经发生过几次较为严重的通货膨胀。第一次高通货膨胀期(1985—1989)——"价格闯关"所致的政策性通货膨胀。第二次严重的通货膨胀(1993—1995)——投资主导的投资消费需求双拉动型通货膨胀。[①] 第三次严重的通货膨胀(2007—2008)——食品价格持续上涨的推动。最近一次,也即 2010—2011 年严重的通货膨胀,而关于其推动因素,至今也难见一致说法。尽管这几次通货膨胀都发生于经济体制转轨时期,但每次通货膨胀所面临的内、外宏观经济环境却不甚相同。尤其是近些年,

---

① 国家统计局课题组. 中国新一轮通货膨胀的主要特点及成因[J]. 统计研究,2005:(4).

内、外宏观经济环境更是出现了一些新的特征。

一方面随着经济的快速发展和现代化经济水平的不断提高,中国劳动力以及土地、资源、环境等成本上升压力越来越大。其具体表现在,首先,中国住房、医疗、教育改革迫使居民生活成本出现持续性上升,长期户籍制度的限制造成部分地区出现用工短缺,以及最低工资标准和社会福利改革举措的推进等一系列因素促使中国劳动力成本出现快速上涨。来自联合国的统计数据表明,1999—2007年,扣除物价因素后中国劳动力实际工资增速为12.95%。其次,近些年房地产价格的持续性上涨、经济增长方式的转变,包括节能减排在内的一系列相关措施的实施,都使得企业面临着日趋增长的资源、环境等成本上升压力。所有这些现象都表明,中国政府、居民和企业正面临着不断上升的成本压力。

另一方面,随着我们经济与世界经济交往的日趋频繁化,国际输入型成本对中国通货膨胀的压力也在不断加大。其中,国际大宗商品及国际原油价格的快速上升对成本的推动作用更为突出。近些年,特别是2006年超预期的全球经济增长,使得供给严重不足的国际大宗商品价格开始持续走高,而中国作为大宗商品的主要进口国,其价格持续大幅的上涨必然会传导到国内,从而导致中国出现成本推动型通货膨胀;另外随着工业化的快速发展,中国经济增长对能源和原油的依赖程度也不断增加,国际原油价格的大幅上涨也对中国通货膨胀造成了不可忽视的成本影响。

针对诸多内忧外患的成本压力,成本推动型通货膨胀因此成为近些年来学术界和业界关注的焦点。因此,针对通货膨胀成本推动因素的研究也随之展开。

而对于成本推动型通货膨胀的研究,其历史至少可以追溯到1767年詹姆斯斯图尔特的《政治经济学原理》一书中关于通货膨胀理论的研究。200多年来,国外学者对其进行了深入系统的研究。例如,Selden(1959)从交易方程式出发的研究,指出成本推动型通货膨胀的上升需要通过货币量、货币流通速度和交易量等中间变量发生作用。同时通过相关的检验发现,1955—1957年间成本因素对美国通货膨胀的作用力十分有限。Kalecki(1971)对成本和价格间的关系进行了研究,并认为垄断程度越高,商品需求价格弹性越小,成本对通货膨胀的传导渠道越畅通。Mishkin(1984)使用总供需模型对成本推动型通货膨胀进行了深入分析,他指出成本冲击之所以导致通货膨胀,是由于政府在面临成本冲击时采取了扩张性的货币政策。Kojima等(2005)基于投入产出关系,对中国的工资与通货膨胀关系进行了研究,并指出1978—2004年间中国工资上涨可能是导致通货膨胀的重要因素。

而对于国内关于成本推动型通货膨胀的研究,自 20 世纪 80 年代开始,颇具代表性的研究有:金重仁(1987)对成本转嫁现象的研究;赵昕东(1998)利用主成份方法分析了 1978—1998 年需求拉动与成本推动对中国通货膨胀的贡献率;朱启贵(2011)运用状态空间模型分析了 1992 年以来国际油价向中国通货膨胀传递的特征,发现国际油价向中国通货膨胀传递系数随着时间而渐进变化等;范志勇(2008)关于超额工资对通货膨胀影响的研究,发现 2000—2007 年间,货币供给而非超额工资增长是导致通货膨胀的主要因素等。

纵观已有研究,学术界已经对通货膨胀的成本推动型因素有了一定的认识,但其中关于输入性成本因素对国内通货膨胀的传导机制,以及中国通货膨胀成本因素在区域上的差异,还需要做一些更深入性的研究。本书基于动态面板数据模型的通货膨胀成本推动因素的分析,综合国内外双重因素,以传导机制和地区差异等为视角,对中国通货膨胀的成本推动因素作了进一步的分析,以期更加全面、深入地展现中国通货膨胀的成本推动特征。

二、近期中国通货膨胀的推动因素分析

(一)模型、方法与数据说明

1. 变量的选择及模型的设定

结合 Machlup(1960),Makochekanwa(2007),Javed,Z. H. 等(2010),厉以宁(2011),桑百川(2008)等的分析,本书选择的成本因素为劳动力成本、原材料价格、供给冲击等。另外,本书在将通货膨胀率作为被解释变量建立模型的同时,也将其滞后期作为重要解释变量引入模型,以凸显通货膨胀的惯性特征。因此,本书建立如下的含有因变量滞后期的动态面板数据模型。

$$\text{CPI}_{it} = \alpha_0 + \sum_{s=1}^{h} \alpha_i \text{CPI}_{it-s} + \beta_s \sum_{s=0}^{k} RE_{it-s} + \gamma_s \sum_{s=0}^{k} WGI_{it-s} + \mu_i + v_{it}$$

$$(4.6)$$

其中,$i=1,2,\cdots,N$,表示所选的省市、自治区数。$t=1,2,\cdots,T$,表示时间跨度。$\mu_i \sim IID(0,\sigma_\mu^2)$,$v_{it} \sim IID(0,\sigma_v^2)$,且 $u_{it} = \mu_i + v_{it}$。此模型能够很好地揭示被解释变量的动态变化特征而获得广泛的应用。

上述方程中,被解释变量为 CPI,代表通货膨胀率水平;CPI_{t-i} 代表通货膨胀率水平的第滞后 i 期项;h 和 k 均为相应项的最大滞后阶数。RE 是

反映工业企业作为中间投入所支付的价格水平变动趋势和程度的统计指标,是扣除工业企业物质消耗后的主要成本,以反映企业中间投入生产要素成本。WGI 代表企业劳动力成本。参考 Kojima 等(2005)、志勇(2008)的研究,此处用按行业分地区职工平均名义工资(以下简称工资)反映企业单位劳动力成本,以作为企业劳动力成本的代表性变量[①]。

另外,本书进一步对一些重要的输入型成本因素给予考虑,并建立下列模型。

$$CPI_{it} = \alpha_0 + \sum_{s=1}^{h} \alpha_i CPI_{it-s} + \beta_s \sum_{s=0}^{k} RE_{it-s} + \gamma_s \sum_{s=0}^{k} WGI_{it-s} + \delta_s \sum_{s=0}^{k} CRB_{t-s} \times$$

$$RE_{it-s} + \eta_s \sum_{s=0}^{k} CRB_{t-s} \times WGI_{it-s} + \varphi_s \sum_{s=0}^{k} POIL_{t-s} \times RE_{it-s} +$$

$$\lambda_s \sum_{s=0}^{k} POIL_{t-s} \times WGI_{it-s} + \mu_i + v_{it} \qquad (4.7)$$

上述方程中,CRB(Commodity Research Bureau)为国际大宗商品期货价格综合指数(以下简称国际大宗商品价格指数)。根据纪敏、陈玉财(2011)的研究,本书选取 CRB 作为进口商品价格指数,反映重要的输入型成本因素或供给冲击型因素。POIL 为国际原油期货价格,考虑它们对国内通货膨胀的传导作用,本书同时选择 WGI 和 RE 作为其传导变量。另外针对变量间可能出现的多重共线性问题,本书使用的动态面板数据能够从时间和截面构成的二维空间来反映数据的变化规律,以控制个体异质性、减少回归变量之间的多重共线性。对于模型(4.7)中的交互乘积项[②],主要是为了结合面板数据来考虑输入型成本因素对中国通货膨胀的影响。其中交互乘积项的系数,例如 δ 度量 CRB 通过劳动力成本 WGI 对通货膨胀的传导作用,再如 λ 度量国际原油期货价格 CRB 通过 WGI 对通货膨胀的传导作用。这些交互乘积项是以 CRB 和 POIL 对 CPI 的传导机制为基础设立的,同时也可以对有关传导机制的有效性进行检验。

2. 估计方法

由于模型(4.6)和模型(4.7),即动态面板数据模型中使用了 CPI_{it-1} 作为重要解释变量,使得其与一般面板数据模型存在较大差异。因此本书选

[①] 在实证过程中,我们也尝试过用实际工资增长率作为劳动力成本的代表性变量,但其结果并不理想,随机干扰项存在严重的二阶自相关,拟合效果差。而用名义工资增长率进行实证的效果却非常好,尽管名义工资包含通货膨胀因素,但其本身也反映了企业所用劳动力成本。基于此,我们选取名义工资增长率作为劳动力成本的代表性变量。

[②] 于交互项,本书参考 Laeven(2003)和 Rizzo(2007)在其文献中的处理方法。

取一步系统 GMM 法,在 Stata11.0 中嵌入"xtabond2"程序进行参数估计。另外,为确保模型估计的有效性和稳健型,系统 GMM 估计一般需要做两种主要的检验:(1)过度识别检验。检验过度识别的矩函数中工具变量是否联合有效的检验被称为过度识别约束检验,常用的有 Sargan 检验和 Hansen 检验,为了确保工具变量的有效性,本书在采用 Sargan 检验的同时,适当参照 Hansen 检验。(2)随机扰动项序列相关检验。在随机扰动项 v_{it} 同方差的假定下,一次差分后的随机扰动项只存在一阶自相关,即 AR (1)。如果随机扰动项 v_{it} 随时间存在序列相关,那么系统 GMM 的估计量就是非一致的,因此必须对其进行研究,以便选择合理的工具变量。

3. 数据说明

基于数据的可得性,本书选取 1996—2010 年全国 29 个省市自治区的年度数据作为样本(其中海南和西藏的数据存在部分缺失,已从样本中删除),其中居民消费价格指数、企业中间投入生产要素价格指数、工资等变量的相关数据均来自于《中国统计年鉴》,而国际原油期货价格指数、国际大宗商品价格指数等变量分别来自于南华期货-博易大师软件和路透社 RJ/CRB 网站。另外,所有数据均为上年同比增长率数据,因此无需再进行季节性调整。

(二)估计结果及其分析

1. 基本估计结果

(1)封闭经济条件下的实证分析结果。

对于模型(4.6),本书使用一步系统 GMM 估计,同时对其过度拟合和工具变量的有效性进行检验,其结果如表 4.7 所示。

表 4.7 报告了动态面板数据模型(4.6)的回归结果。首先从各地区通货膨胀的惯性来看,西部和东部地区的通货膨胀惯性更为严重,而中部地区的通货膨胀惯性相对较小。其次,不论是中、东、西部地区,或从全国范围来看,企业购进价格和工资均对通货膨胀有较大影响。但具体地,从全国范围来看,工资对通货膨胀的影响程度明显超过企业购进价格这一成本;另外,就东部地区来看,两要素成本对通货膨胀的影响无显著差异,但西部地区的企业购进价格和工资对通货膨胀的影响更加显著,后者较前者高出 65.5 个百分点,不过这一结果仍低于全国范围内的 80%。通过上述的横向对比可以发现,劳动力工资对通货膨胀的影响程度已经超过企业中间投入生产要素价格。

（2）开放经济条件下的实证分析结果

表 4.7　模型(4.6)的一步系统 GMM 估计结果及其检验

变量＼地区	全国	东部地区	中部地区	西部地区
L1. CPI	0.392*** (8.30)	0.424*** (7.25)	0.310*** (6.13)	0.433*** (6.31)
RE	0.205*** (9.67)	0.204*** (5.91)	0.233*** (15.21)	0.200*** (5.78)
WGI	0.372*** (11.11)	0.210*** (4.76)	0.204*** (7.96)	0.325*** (7.25)
Cons	−5.030*** (−10.33)	−2.706*** (−4.81)	−2.681*** (−5.93)	−4.406*** (−7.22)
Arellano-Bond 检验 AR(1)	−3.60(0.00)	−2.90(0.00)	−2.03(0.042)	−2.32 (0.02)
Arellano-Bond 检验 AR(2)	−1.36(0.174)	−2.16(0.03)	−1.53(0.126)	−1.36 (0.174)
Sargan test	140.91(0.00)	107.03(0.00)	71.49(0.128)	89.46 (0.006)
Hansen test (Chi2)	28.32(1.00)	8.95(1.00)	5.52(1.00)	10.81 (1.00)
GMM	不拒绝	不拒绝	不拒绝	不拒绝
IV	不拒绝	不拒绝	不拒绝	不拒绝
有效样本数	348	120	96	132

注：上述一步系统 GMM 估计是在 statal1.0 中嵌入"xtabond2"程序进行的。内生变量滞后期选择 Lag(2,2),L1. 表示滞后 1 期,下同;AR(1)、AR(2)给出的都是统计量对应的 z 值;括号内为 p 值,Sargan test 和 Hansen test 给出的都是卡方值,括号内为 p 值;***、**、*分别表示在 1%、5%和 10%的显著性水平上显著,下同。

为了进一步检验输入型成本因素对中国通货膨胀的影响,本书再对模型(4.7)进行估计,结果如表 4.8 所示。

表 4.8　模型(4.7)的一步系统 GMM 估计结果及其检验

地区\变量	全国	东部地区	中部地区	西部地区
L1. CPI	0.412 *** (6.63)	0.399 *** (6.04)	0.341 *** (3.56)	0.462 *** (4.58)
L1. RE	0.018(0.51)	0.070(1.55)	0.037(0.39)	0.028(0.60)
WGI	0.358 *** (9.43)	0.150 *** (2.41)	0.322 *** (6.75)	0.339 *** (7.87)
CRB ×RE	0.354 *** (4.28)	0.492 *** (4.65)	0.147(0.85)	0.403 ** (3.78)
L1. POIL×RE	−0.009 (−0.13)[①]	−0.071 (−0.55)	−0.136 (−1.12)	0.026 (0.23)
L1. POIL× WGI	0.137 *** (9.68)	0.113 *** (5.94)	0.169 *** (8.94)	0.150 ** (5.05)
Cons	−4.787 *** (−9.04)	−2.022 *** (−2.46)	−4.257 *** (−5.35)	−4.583 *** (−7.32)
Arellano-Bond 检验 AR(1)	−4.43(0.00)	−2.76(0.01)	−2.42(0.015)	−2.77(0.01)
Arellano-Bond 检验 AR(2)	−0.21(0.83)	−1.16(0.25)	−0.71(0.476)	−0.35(0.728)
Sargan test	145.38(0.00)	76.56(0.00)	47.23(0.422)	79.85(0.087)
Hansen test (Chi2)	28.19(1.00)	7.92(1.00)	0.62(1.00)	6.03(1.00)
GMM	不拒绝	不拒绝	不拒绝	不拒绝
IV	不拒绝	不拒绝	不拒绝	不拒绝
有效样本数	348	120	96	132

注:内生变量滞后期选择 Lag(4,4)。

---

① 此处表明,国际原油价格通过企业中间要素投入传导到 CPI 的作用并不显著。相反,从国际大宗商品价格通过企业中间要素投入传导到 CPI 的作用却非常显著。因此,此处的实证分析中,出现多重共线性的可能性还是非常小的。另外,本人尝试去掉 RE×POIL 项后重新估计,其结果影响甚微,相差无几。基于此,本书实证分析中由于选用了交互项,因此 POIL 与 CRB 间多重共线性问题不会严重。

由表 4.8 可知,首先从全国范围来看,企业原材料投入成本不再对通货膨胀造成显著影响,而不断增长的劳动力名义工资依然对通货膨胀形成较大压力,这与 Kojima 等(2005)对中国的研究结论极为相似。另外,国际大宗商品价格能通过企业购进价格对通货膨胀进行有效传导;而国际原油期货价格则难以通过企业购进价格对通货膨胀进行有效传导,但却能通过劳动力成本有效地推动通货膨胀上涨。

从国内和国外输入型的成本因素比较来看,国外输入型成本因素对中国通货膨胀已经造成较大压力。

其次,从东、中和西部地区来看,中、西部地区来自劳动力成本的通货膨胀压力明显超过东部地区,东部地区面临的劳动力成本压力较小。而国际大宗商品价格通过生产要素价格传导到中部 CPI 的路径并不畅通,但却对东、西部地区有显著影响。另外,国际原油期货价格通过工资对三大地区通货膨胀形成传导作用,但三大地区间的差异并不显著,并且这种传导具有大约一年的滞后性。另外,对于通货膨胀的惯性,西部地区更为显著,东部地区其次,中部地区最小。由此可见,三大地区通货膨胀的推动因素及其对通货膨胀的传导作用存在较大的差距。

(3)两种结果的对比分析

结合表 4.7 和表 4.8 来看,我们发现企业生产要素价格对通货膨胀的影响主要源于国际大宗商品价格的传导作用,而要素价格本身对通货膨胀的推动作用并不显著。另外,劳动力成本对通货膨胀的影响较为显著,但与企业生产要素价格不同的是,它对通货膨胀的影响主要源于国内劳动力成本本身,输入型因素只起到辅助性的推动作用。

(4)对估计结果的进一步分析

从本书实证分析的结果来看,中国通货膨胀因素开始呈现出国内外的双重压力。而且与以往不同的是,中国通货膨胀的成本推动特征较为明显,同时还呈现出较强的地区差异性。

首先,对于劳动力成本对通货膨胀的推动作用而言。中、西部作为经济相对落后的地区,其通货膨胀遭受劳动力成本推动的特征较为明显。因此,其结果是企业可能会通过不断提高产品价格而导致通货膨胀的加速,而这反过来又会进一步降低中、西部地区企业的竞争力,从而导致地区经济发展水平呈现拉大趋势。长此以往,这对缩小地区经济水平差距将产生不利影响。

其次,对于国际大宗商品价格对中国通货膨胀的传导而言。中国作为大宗商品的主要进口国,其价格的上涨必然对国内通货膨胀产生较大影响。但实证分析中一个令人深思的问题是,中部地区通货膨胀具备较强的对抗国际大宗商品价格冲击的能力,而东、西部地区通货膨胀却遭受较为严重的大宗商品价格上涨的冲击,这种显著差异是必然还是偶然,值得我们深思。本书认为,这一现象可能与中部地区作为中国重要的农产品、能源、原材料和装备制造业基地有着密切联系。但令人遗憾的是,中部地区并没有有效地解决东、西部地区对大宗商品超额需求所带来的问题。

最后,对于国际油价通过劳动力成本传导到国内通货膨胀而言。这可能是由于国际油价上涨增加了职工的生活成本,而职工又倾向于提高工资,结果是企业在提高职工工资水平的同时,相应地提高了产品价格而导致通货膨胀的发生。如果其间关系得以成立的话,则对于那些没有工资或工资收入较少的人而言,国际油价上涨导致生活成本增加的后果将是难以接受的。特别是农村居民,他们处于社会生活的低层,而且所得的工资性收入相对较少,其结果是他们只能通过提高农产品价格来应对通货膨胀。因此,政府有必要对那些主要靠非工资性收入生活的居民进行相应的补贴,以帮助他们应对国际油价上涨带来的通货膨胀冲击。

三、通货膨胀影响因素的有关研究结论

本书利用 1996—2010 年的历史数据,通过动态面板数据模型对中国通货膨胀的成本推动型因素、传导机制和地区差异等进行了实证分析。其主要结论如下。

（一）关于通货膨胀的成本因素及其传导机制

（1）劳动力成本、国际大宗商品价格,是诱发中国通货膨胀的两大主要成本因素,但国际油价也会对国内通货膨胀形成一定的推动作用。

（2）国际大宗商品价格,主要通过企业生产要素价格传导到 CPI,而且存在大约一年左右的滞后效应。而国际原油期货价格主要通过劳动力成本推高国内通货膨胀。

（二）成本推动型特征的地区差异

中国三大地区通货膨胀的成本推动因素存在显著差异。这主要表现在以下几方面。

（1）中、西部通货膨胀来自劳动力成本的压力最为严重,而东部地区压力则相对较小。这可能是因为中、西部地区的劳动力工资与东部地区存在追赶效应,结果导致劳动力成本持续性上涨而推高经济水平不发达地区通货膨胀。

(2)国际大宗商品价格仅对东、西部地区通货膨胀产生较为严重的传导作用,而中部地区作为重要的农产品、能源、原材料和装备制造业基地,为本地区生产经济发展提供了大量的大宗商品,从而有效地对抗了国际大宗商品价格上涨对通货膨胀的冲击。这一方面说明,大宗商品对地区经济发展的突出贡献,同时也表明中国关于进一步推进中部地区大宗商品生产的重大战略意义。

当然为了有效地应对成本推动型通货膨胀,针对上述问题,也有必要采用相应的措施:①完善收入分配制度,进一步加大对中、西部地区工资政策的倾斜力度,以逐步提高中、西部地区劳动力的工资水平;②从中国现代化建设的全局出发,加快中部地区的快速崛起;面对国际油价的持续性上涨,政府应加大对非工资性收入群体,特别是对农村地区居民的燃油补贴等。

第五章　CPI 中自有住房服务统计方法及中国实践问题研究

　　近些年来中国房地产业得到了快速发展,同时房地产价格也出现了持续的快速上涨。其中,尤其是 2003—2007 年间,中国固定资产投资过热带动国内房价持续性上扬,北京、上海、广州等一线城市的房价涨幅最为显著。虽然从 2008 年开始,在国家对房地产业进行宏观调整和一系列措施出台的情况下,房价上涨的趋势有所缓解,但整体房价呈上扬的趋势并没有得到有效遏制。目前,中国一二线城市房地产价格死灰复燃,并呈现快速上涨之迹象。而在居民可支配收入并未出现同步上涨的情况下,房地产价格快速上涨极大地推高了居民购置住房的成本,给居民生活造成了沉重的负担。而作为衡量通货膨胀的重要经济指标,CPI 却难以真实地反映这一现实情况。因此,CPI 中自有住房处理的有关问题成为中国民众极为关心和广泛讨论的焦点。

　　由于 CPI 中居民自有住房服务消费权重的确定对 CPI 指数的计算结果会产生较大影响,而不同核算方法所得到的权重也不尽相同,甚至大相径庭。因而,相应处理方法的选择会对各国 CPI 指数的计算结果产生较大影响。由此可知,对 CPI 中自有住房处理方法的选择和数据准确性的深入分析,是一项极具理论和实践意义的研究。

　　本章将结合学术界现有的研究成果,并立足于中国实践,对 CPI 中自有住房的处理方法进行理论与实践方面的系统性分析,在科学认识和合理定位自有住房经济属性的同时,进一步探索适应于中国自有住房服务统计的方法,将有助于优化和完善 CPI 之编制方法,提高 CPI 数据的权威性和应用性。

第一节　自有住房经济属性及相关问题研究

　　从民间到官方,从普通百姓到专家学者,都对该问题进行了较为深入的广泛讨论。其中,普通民众认为,吃、穿、住、行是人的基本消费集合,是人类生存与发展的必备前提。既然吃、穿商品的购买属于消费行为，自有住房的购置则理所当然也属于消费行为，而非投资。学术界关于住房属性的讨论，则始于 1980 年住房制度改革之初，当时集中在对住房属性的讨论，即住房是商品属性还是福利属性。① 而目前学术界关于住房属性的讨论则主要集中于居民购买用来自己居住的房屋（以下简称"自有住房"）是消费品还是投资品的确认上。目前，国内学术界的研究主要得出了以下三种结论：

观点一：自有住房属于消费品。

关于这一观点的代表性研究主要有：

（1）万大宁等。该作者在 2000 年出版的《住宅消费对上海经济增长贡献度研究》著作中指出，居民购买用于自己家庭居住的住房行为属于消费活动，而被购买的住房属于消费品。②

（2）葛守昆。在 2011 年发表的论文《居民住房究竟是投资品还是消费品的经济学探讨——中国居民住房的属性判断与发展取向》中，该作者运用经济学原理对居民购买的自有住房的经济属性进行了有针对性地分析，并提出了将住房作为消费品发展房地产的宏观政策取向。

（3）李永强、白漩、吴伶等。他们在 2008 年发表的论文《关于居民购房是投资还是消费的理论思考》中指出，就目前可行的政策而言，判断商品房是消费还是投资主要是区别对待居民购买的"第二套房"——从使用角度出发，居民的第一套房主要是用于自住，也就是消费，而超过的商品房购买就被认为主要是用于投资。

观点二：住房属于投资品。

持有这一观点的主要是国家统计局和一批从事国民经济核算研究的大学教授和专家学者等人。另外，张冬佑，郑学工（2006）在《居民购房应算投资还是消费》一文中指出，居民购买自有住房属于投资品，并从不同的角度对这一界定进行了分析与研究。

观点三，自有住房兼具投资品和消费品双重属性。

关于这一观点的代表性研究主要有：

（1）周建成、包双叶。相关作者在 2008 年发表的论文《住房消费、住房投资与金融危机——美国次级债危机对中国房地产业宏观调控理论基础的冲击》中，从多重视角下对住房消费与住房投资进行了重新解读。并指出，在不同分析视角下，对于居民购房性质，或者说对于何谓住房消费、何谓住

---

① 李永强、白漩、吴伶. 关于居民购房是投资还是消费的理论思考[J]. 经济学动态,2008 (7):29-32.

② 万大宁等. 住宅消费对上海经济增长贡献度研究[M]. 上海:上海社会科学院出版社, 2000.

房投资会得出截然不同的结论。但在虚拟经济视角下,传统理论意义下的住房投资与住房消费本质上并无区别,二者均具有投资属性。

(2)周清杰(2008)。通过相关对比性分析后指出:自有住房的费用是否应该计入 CPI 并不存在一个普适性的做法,自有住房兼具消费品和投资品两种性质,简单地把自有住房看作投资品的传统观点已经被越来越多的国家所摒弃等结论。

(3)周旭霞、詹敏、袁秀明等。作者在 2010 年发表的论文《投资性消费:一个不可忽视的现象》中指出,住房是一种特殊的商品,兼有投资和消费两种属性,在中国住房市场化转轨的特殊时期,购房支出已成为居民家庭总支出的重要组成部分,如果完全忽视住房的两栖性,真实的居民消费率必然被隐含了一部分等等。

由此可知,居民购买的自有住房到底是投资品还是消费品,或者是双重性质的物品,国内学术界并没有形成较为一致的观点。本书将适时参考相关的"国际标准",但却并不局限于该标准的不同思路,从理论上对上述问题进行深入系统的扩展性研究,以试图进一步厘清自有住房的经济属性。

一、经济资产与耐用消费品的关联性分析

(一)两者的基本含义

1. 经济资产的基本含义

资产是一个多角度、多层面的概念,既有经济学中的资产概念,也有其他学科,例如会计学中关于资产的概念,下面对其进行简单介绍。

从经济学来讲,资产是能够在其生命期内提供服务和出售时获得一定收入的、具有长期生命力的某种东西(斯蒂格利茨,1993)。具体而言,资产即指能够为企业,或其他任何经济主体带来经济利益或经济价值的经济资源,这也是 SNA(2008)中关于资产的基本含义。由此可知,判断一项物品是否属于资产的标准在于,首先,其所有权应该是明确的;其次,是否能够为所有者带来经济利益或实现经济价值。从这一角度来看,我们可以把资本视为资产的一个子集,即资产这个概念的范畴要大于资本的范畴。

从会计学来看,1957 年,美国会计学会发表的《公司财务报表所依恃的会计和报表准则》中明确提出:"资产是一个特定会计主体从事经营所需的经济资源,是可以用于或有益于未来经营的服务潜能总量";而 1962 年,Moonitaz(穆尼茨)与 R.T. Sprouse(斯普劳斯)在《企业普遍适用的会计准

则》一文中明确指出:资产是预期的未来经济利益,这种经济利益已经由企业通过现在或过去的交易获得。① 该观点属于目前会计学较为流行的关于资产基本含义的解释。

仔细分析,我们就会发现,经济学和会计学中考察的资产主要限于经济资产,两者关于资产的基本含义并无本质区别,它们都强调资产的所有权和其主体持有资产的目的(亦即获得未来的预期收益),这种定义与 SNA(2008)中关于"经济资产"的含义几乎是一致的。

  2. 耐用消费品的基本含义

国际《CPI手册》)指出,耐用消费品的突出特点是经久耐用。耐用消费品可以反复或持续使用,能长期(或多年)满足消费者的需要或愿望,例如家具或(住户使用的)车辆就是如此。所以,耐用品往往被视为在使用期向消费者提供了连续性服务。② 耐用消费品与一般性消费品的差别主要在于使用时间期限上。SNA(2008)认为,耐用品是指可在至少一年的时间内反复或连续使用,并假定具有正常或平均物理使用率的物品。由此可知,耐用消费品是以消费为目的、可以反复或连续使用一年以上的消费品。

(二)经济资产与耐用消费品的关联性分析

居民使用的耐用消费品,其所有权无疑是明确的,并且绝大多数都能够在较长的时间内为住户提供连续性服务,从经济资产的基本含义和 SNA 的综合性生产观来看,耐用消费品与经济资产中的固定资产并无本质的差异。从这一角度来看,居民所使用的耐用消费品也可以被视为某种意义上的固定资产,其服务性产出也可纳入 GDP 核算范围。但 SNA(2008)指出,耐用消费品因为其提供的服务不属于生产性范围而不属于 SNA 所界定的资产,住户成员为自身最终消费而进行的服务生产历来不包括在国民经济核算的生产范围内。对于这一处理,SNA 从三个方面进行了解释:住户内部服务的自给性生产是一种自给自足的活动,对经济中其他部门的影响非常有限;由于绝大多数住户服务不是为市场而生产的,因此通常没有合适的市场价格可用来对这些服务进行估价;除自有住房的虚拟租金以外,自给性服务的生产决定既不受经济政策的影响,也不影响经济政策的制定,因为其虚拟价值不等于货币流量。③

---

  ① 王红霞.对资产概念的回顾与思考,http://www.mastvu.ah.cn/jxc/flare/jinji/ckwk/1-17.htm.
  ② ILO,IMF,OECD,UNECE,Eurostat. the World Bank. *Consumer Price Manual*:*Theory and Practice*[M]. Geneva,2004. International Labor Organization.
  ③ EC,IMF,OECD,UN,World Bank.*System of National Accounts*[M].2008.United Nations.

由此可见,尽管从理论上看,耐用消费品能够被当作某种程度的经济资产[1],但从国民经济核算之目的和实践角度来看,由于耐用消费品以消费为主要目的,将其作为一种消费品无疑也是合情合理的。同时,现有 SNA 也是基于上述原因来界定生产范围的。

二、自有住房经济属性的分析

前面分析了经济资产和耐用消费品的有关问题,这一部分我们将进一步分析自有住房是否是耐用消费品或经济资产,如果是经济资产,应该属于哪一类经济资产?

(一)自有住房是否是耐用消费品

1. 自有住房的基本含义

讨论关于自有住房的经济属性,首先需要准确界定什么是自有住房,自有住房包括哪些部分。自有住房一般由居民自己建造或自己购买,对于其中的任何一种情况,居民拥有自有住房,不仅仅是拥有纯建筑物部分,而且还拥有建筑物所依附的土地。因此,Diewert(2003)认为,自有住房是一种典型的捆绑式的综合性资产,并将其分为纯建筑物结构以及依附的土地。[2]相应地,自有住房的服务也由两部分物品提供,亦即纯建筑物部分和依附建筑物的土地。

2. 自有住房是否是耐用消费品

从中国目前的现状来看,居民购买自住房本质上是向国家购买了土地使用权及向开发商购买了附于土地上的建筑物等。因此,实际交易中,居民购买自住房的价格也就包含了三部分,亦即土地所有权(或使用权)的价格、纯建筑物的建造成本及相关税费成本等。而事实上,自有住房与一般的耐用消费品是存在较大差异的。其差异具体体现为:

---

① 例如,SNA(2008)就指出,"在其他一些类型的分析中,可能更注重使用替代性的概念。例如,生产范围可能会发生改变,往往是扩大生产范围,比如把住户成员为自己最终消费而进行的家庭服务生产纳入生产范围。通过把耐用消费品和人力资本包含在内,可以扩大固定资产以及有关固定资本形成的概念"。

② Diewert. The Treatment of Owner Occupied Housing and other Durables in a Consumer Price Index[J]. *Manuscript*,*University of British Columbia*,2003:27.

第一，自有住房的购置成本一般要高出耐用消费品很多，购买自有住房一般需要支付高额的费用。

第二，由于土地使用价值的变化，以及建筑结构的耗损，也就会出现购置住房将会获得持续的资本收益或损失。

第三，自有住房的使用期限要大大超出一般耐用消费品，其二手房的价值也远远高出其他"二手"耐用消费品。

第四，房价只由购买欲和支付能力决定，而与一般生产价格或产品价值所决定的价格无关。[①]

第五，宏观经济政策会影响自有住房的虚拟租金，而自给性服务的生产决定，例如耐用消费品服务的价格既不受经济政策的影响，也不影响经济政策的制定[②]，因为其虚拟价值不等于货币流量。

第六，虚拟价值系统与实体价值系统具有本质区别，它与人们的心理密切相关。[③] 人们购买自有住房正是基于房价走势的心理预期，而人们购买耐用消费品则主要基于实际购买力。

由此可知，自有住房显然难以等同于一般意义上的耐用消费品。当耐用消费品（如空调、冰箱、彩电等）既可当作经济资产又可当作消费品时，实践中为了国民经济核算的简便性和易操作性，人们往往将其作为消费品处理，而且这样的处理并不会造成严重的宏观经济管理后果。因为人们对耐用消费品的消费并不会直接地影响到宏观经济的大幅波动和滋生金融危机，更不存在耐用消费品市场泡沫。而根据上述分析可知，由于自有住房的特殊性质，人们购买自有住房的行为不仅容易导致宏观经济的大幅波动，而且还会形成较为严重的房地产市场泡沫，甚至引发金融危机。2007 年 8 月美国次贷危机的爆发就是极具代表性的例子。次贷是房地产市场贷款的一个种类，它与房地产金融之间具有较为密切的关联性，次贷危机的产生与房地产市场泡沫直接相关，并构成此次金融危机的导火索。显然，一般性消费品的购买则难以对宏观经济产生如此大的波动，甚至金融危机的爆发。即使在汽车消费量非常大的今天，居民对价格较为高昂的汽车的购买行为，也难以产生如此强度的经济"地震"效应，这无疑是自有住房与耐用消费品极具本质性的区别，也是 SNA 将自有住房当作投资品，而将其他例如居民购买的汽车、冰箱空调等作为耐用消费品的主要考量。

由此可知，在许多方面，自有住房与居民所使用的耐用消费品，例如空

---

① 马克思. 资本论（第三卷）[M]. 北京：人民出版社，1963.

② 但已有研究表明，使用贷款购买汽车的这一借贷方式可能会对金融市场产生一定程度的影响，而随着贷款购车规模的不断扩大，其影响程度也在增加，并出现滋生金融危机的可能。

③ 郭金兴. 房地产的虚拟性及其波动[M]. 天津：南开大学出版社，2005.

调、冰箱、彩电等物品的商品属性是存在明显差别的,将居民自有住房简单地归结为耐用消费品或半耐用消费品或许并不妥。

(二)SNA(2008)中关于自有住房经济属性的界定

SNA(2008)指出,固定资产是只有生产者才持有的、以生产为目,在生产过程中被反复或连续使用一年以上的生产资产。固定资产的显著特征并不在于其具备某种物理意义上的耐用性,而是它可以在一段超过一年的长时期里反复或连续地用于生产。因此,一项物品要成为固定资产,必须至少具备三个:必须是生产资产、必须是为生产目的而持有的资产、必须能够在生产过程中反复使用而且其价值能够得到补偿的资产。显然,土地和居民用的汽车都不是固定资产,因为前者不满足第一个条件,后者不满足第二个条件。

以此为基础,SNA进一步解释了自有住房作为固定资产的基本含义。对所居住的房屋拥有所有权,视同为拥有一家非法人企业,该企业提供了住房服务并被其所属住户的居民所消费。居民提供住房服务的价值等于在市场上租用同样大小、质量和类型的房屋所要支付的租金。需要关注针对房屋所缴纳的税款。住房服务通常很少缴纳增值税等税款,但如果应缴纳并且自有住房所有者又被免除交税,则此笔税款应从自有住房价值中扣除。住房服务的虚拟价值记作房主的最终消费支出。①

由此可知,SNA中对于自有住房的处理可以理解为:拥有自有住房的居民被作为非法人企业主,该企业主拥有的自有住房被视为固定资产,该固定资产作为生产资料为该住户自己提供了住房服务,其折旧费通过收取服务费进行补偿。

但需要指出的是,SNA(2008)中所指的自有住房仅指住房的建筑物部分,而并不包括其依附的土地(所有权或使用权)。因此,依据上述原则来看,自有住房所依附的土地并不具备成为固定资产的相应条件。

(三)自有住房经济属性的进一步分析

要正确地界定自有住房的经济属性,有必要了解居民购买自有住房时所支付的各种费用及其所购置的对象。在国外,居民购置自有住房时,不仅购买了土地使用权及其地面上的建筑物部分,还购买了土地所有权。由于土地并不是生产性资产,因而居民购买所获得的土地并不是固定资产,而是

---

① EC,IMF,OECD,UN,World Bank. *System of National Accounts* [M]. United Nations,2008:187.

有形的非生产性资产。在资本交易核算中,土地所有权的交易成为非金融交易中区别于固定资产获得或处置、存货变动和贵重物品交易外的一项交易,单独列为土地和其他非生产性资产的购买与处置;另外,居民在购买土地所有权及使用土地时所投入的相关税费也只能属于固定资产形成,同样不是固定资产;而对于土地上的纯建筑物部分,从性质上来讲,我们则可将其视为固定资产。因此,在国外,居民购买的用来自住的房屋,尤其是购买所得的土地,不能够当作固定资产来处理。不过,土地上的纯建筑物部分和购买土地所有权及使用土地时所投入的相关税费,则是可以当作固定资产来处理的。

而在中国,居民购买自有住房时仅购买了自有住房所附土地的使用权。居民拥有的土地使用权到底属于何种资产,我们有必要借助 SNA 加以厘清。SNA(2008)对非金融资产的分类进行了重新调整,并列出了相关的调整结果,其分类结果如表 5.1 所示。

表 5.1 SNA(2008)中关于非金融资产的分类

生产资产
固定资产
住宅
其他建筑物和构筑物
非住宅建筑
其他构筑物
土地改良
机器设备
运输设备
ICT 设备
其他机器和设备
武器系统
培育性物资源
重复产生产品的动物资源
重复产生产品的数目、庄稼和植物资源
生产资产所有权转移的费用
知识产权品

生产资产
研究与开发
矿藏勘探与评估
计算机软件与数据库
计算机软件
数据库
娱乐、文学或艺术原作
其他知识产权产品
存货
材料和用品
在制品
培育性生物资源在制品
其他在制品
制成品
军事库存
待转售货物
贵重物品
贵金属与宝石
古董和其他艺术品
其他贵重物品
非生产资产
自然资源
土地
矿物和能源储备
非培育性生物资源
水资源
其他自然资源
无线电频谱
其他

续表

生产资产
合约、租约和许可
可交易的经营租赁
自然资源使用许可
从事特定活动的许可
货物与服务的未来排他性权利
商誉和营销资产

资料来源：EC，IMF，OECD，UN，World Bank. System of National Accounts[M]. United Nations，2008.

由上表，并结合 SNA(2008)的有关内容可知，非金融资产分为生产资产和非生产资产两大类。其中，生产性资产又细分为固定资产、存货和贵重物品；非生产资产细分为自然资源和合约、租约和许可。

对于自有住房，我们可以将其资产分为如表 5.2 的几个部分。

表 5.2 中国与国外购置的自有住房的价格构成

中国居民自有住房的价值构成	美国等国家居民自有住房的价值构成
纯建筑物的价格	纯建筑物的价格
土地使用权(70 年)	土地所有权的价格
(除上述两项价格外的)相关税费成本	(除上述两项价格外的)相关税费成本

由表 5.1 和 5.2 可知，上述两种情况下的纯建筑物都应该属于固定资产；而美国居民购房时所一并购买的土地，则属于自然资源（中的"土地"）。[1] 尽管表 5.1 中并没有明确地指出中国居民购买自住房时土地使用权属于何种资产，但我们依然可以结合上表加以判断。首先，表 5.1 明确规定，土地属于自然资源，而合约、租约和许可则属于非生产资产；其次，中国居民向政府购买土地使用权，本质上相当于政府将土地使用权出租给居民，该出租可以看作是一种合约、租约和许可。由此可知，中国居民购买自有住房的土地使用权，可以被视为居民的"合约、租约和许可"性的非生产资产。其实，对于这一结论，我们还可以结合 SNA 中的"资源租赁可以适用于

---

    [1] 从表 6.1 的分类，我们可以看出，SNA 中"住宅"仅指纯建筑物部分，而并不包含所依附的土地的。因此，在 SNA 中，"住宅"与"自有住房"是两个不同的概念。

SNA 中确认为资产的所有的自然资源"①补充说明加以进一步确认。因此,如果居民购买的自有住房包括土地的所有权,则建筑物部分和相关税费成本均可以被作为固定资产处理,但土地依然作为一种单独的资产处理;而如果居民购买的自有住房中只包括土地的使用权(而非所有权),同样地,建筑物部分和相关税费成本均可以被作为固定资产,而土地使用权则属于"合约、租约和许可"性质的。

综上所述,从 SNA 的基本理论出发,中国居民购买的自有住房中除了建筑物的价格和相关税费的成本可被视为固定资产外,剩下的土地使用权(资产)则属于合约、租约和许可性的非生产资产。这样的处理方式与企业会计准则的处理方式较为一致。也即:企业会计准则规定:土地使用权用于自行开发建造厂房等地上建筑物时,土地使用权的账面价值不与地上建筑物合并计算其成本,而仍作为无形资产进行核算②,土地使用权与地上建筑物分别进行摊销和计提折旧。③

(四)关于自有住房属于消费品的观点分析

为了分析上述观点,我们有必要列出学者们认为住房属于消费品的几种主要观点。

(1)葛守昆(2011)指出,近些年中国房地产发展的重心主要放在为投资者服务方面,对消费者有所漠视,今天房地产困局原因在于宏观政策上将住房作为投资品造成的后果。④

由此可见,葛守昆(2011)将目前的房地产市场发展存在的问题归结于政府宏观政策上将住房作为投资品。尽管时至今日,房地产业依然是中国经济发展的支柱产业,房地产业依然较为繁荣甚至火热,房地产价格上涨的趋势并没有得到有效控制。但葛守昆的这一理由还是不够充分的。首先,由前些年大蒜、绿豆等消费品价格的快速上涨可以证明,商品价格的快速上涨与政府对该商品的认知态度并无直接联系。因为即使在政府采用各种手段打击炒作这些商品价格的不法行为时,这些商品的价格还是依然居高不下。由此可见,即使是消费品,仍然可能被投机者进行充分的炒作或者进行投机;其次,作者将政府对住房的宏观政策与该商品本身的经济属性混为一谈。实践中,政府可以通过减少住房投资收益来抑制人们对住房的投机或

---

① EC,IMF,OECD,UN,World Bank. *System of National Accounts*[M]. United Nations,2008
② 这一处理方法与 SNA(1993)较为类似。
③ 吕新艳. 土地使用权摊销会计处理之我见[J]. 财会月刊,2012(13):55.
④ 葛守昆. 居民住房究竟是投资品还是消费品的经济学探讨[J]. 现代经济探讨,2011(2):5-8.

投资行为,从而使得长期来看住房不具备投资价值,但却难以彻底改变短期内住房可能存在较高投资价值或投机收益的事实。因为影响房地产价格的因素较为复杂,短期内房价存在一定的波动也是完全可能的。

(2)焦鹏(2008)指出,若衡量宏观经济总物价水平的变化,那么显然要采用获得法对自有住房进行处理,也即将其视为消费品。但是中国目前CPI的首要目标并没有明确提出,这也必将导致长期对自有住房属性的争论。同时焦鹏还认为,与其长时间的争论住房属性,不如首先明确编制CPI的目的,这是指引CPI得以完善的必由之路。①

按照焦鹏(2008)的观点,自有住房的商品属性取决于人们编制CPI的基本目的。显然,这一说法的逻辑性并不强。首先,宏观经济总物价水平与CPI所反映的居民消费品价格总水平是两个不同的概念。前者反映的对象包括居民消费品、投资品、中间消耗品及进口商品等所有的消费品和生产资料用品,而后者反映的只是前者的部分商品。但由于两者间的特殊关系,尽管后者能够在一定程度上反映前者,但却永远代替不了前者。因此,将自有住房作为消费品,也难以将两者划等号。再者,这种看法还容易误导人们将股票也当作消费品。因此,不管人们编制CPI是出于何种目的,可以肯定的是,CPI所反映商品的范围是确定的。只不过由于不同的目的,对于同一消费品的价格可能采用不同的统计口径和方式而已。

(3)李永强、白漩、吴伶(2008)等建议,就目前可行的政策而言,判断商品房是消费还是投资主要是区别对待居民购买的"第二套房"——从使用角度出发,居民的第一套房主要是用于自住,也就是消费,而超过的商品房购买就被认为主要是用于投资。②

李永强的观点代表着众多认为自有住房是消费品的人的观点。显然,李永强等试图根据商品的用途来确定其经济属性,这一处理方式无疑具有较强的理论基础,也是SNA中常用的方法。例如,企业用的汽车就是投资品(亦即固定资产),而一般居民用车就是消费品,这是SNA中根据商品的用途来确定商品是否是投资品的典型例子。但这样的处理方式还是存在一定的问题。首先,在第一套房是消费品的假定下,人们购买第二套房的目的是否就一定是投资行为,我们无从了解。而且,即使人们出于投资或消费购买了第二套房,这一目的也会因为诸多因素而发生改变。显然,将第二套房界定为投资品,并不具备实践上的可操作性;其次,人们购买第一套房,即使

---

① 焦鹏. 现代指数理论与若干实践问题研究[D]. 厦门:厦门大学博士学位论文,2008:139-140.

② 李永强,白璇,吴伶. 关于居民购房是投资还是消费的理论思考[J]. 经济学动态,2008(7):29-32.

用来自己居住,也不能被视为消费品。关于其中的原因,前面已经进行了较为详细的分析。

此处,我们试图进一步分析普通民众对自有住房属于消费品的观点。美国心理学家马斯洛(Abrahan,H. Maslow)于1943年提出了"需要层次理论",并在其需要的五层次论中,将居民的基本居住需要归属于第二层次——安全需要,与生理需要一同被认为是人们生存的基本需要。不少人据此认为,对于绝大多数中低收入家庭来说,住房是用来满足其基本居住需要的,因而是生活必需品,应该也是消费品。但我们需要看到的是,人们购买住房时,不仅仅是购买了纯住宅(也即建筑物部分),而是同时购买了土地使用权(或所有权)。如果人们购买住房纯粹是为了消费,倾其家庭的全部积蓄,甚至不惜背上巨额债务来购买一套住房的行为或许就是不理性的。因为,居民完全可以通过租借住房来满足同等的需要,而将巨额现金流进行投资。人称"打工皇帝"的唐骏就是一个最好的例子。据报道,唐骏一直住在上海的一家宾馆里,而且一住就是10年。"我住的房子是租的。"唐骏说,他住在那里,每个月的费用是12万元。唐骏算了笔账:在上海买同样质量的房子至少要花2500万元,这2500万元自己拿来投资,他相信年回报率至少在30%以上,保守一点,按20%来计算,2500万元每年的回报就是500万元。而住宾馆一年才花150万元……我从中间还赚了350万元。[①]

唐骏之所以选择住宾馆酒店,难道是因为所谓的住房都"消费"不起吗?显然不是,其实唐骏一直是"住房"的真实消费者,只不过他消费的是宾馆提供的住房服务。显然,将住房作为消费品难以解释唐骏的行为。其实,唐骏不买房,主要源于他具备获得更高回报率的投资,唐骏上述的计算已经非常清楚地告诉了我们这一点。试想,如果买房能够获得更高的回报率,唐骏会作何选择呢? 答案是明显的,唐骏会选择去买房。

而普通民众之所以使用巨额的现金流去买房,而不是做其他投资,其原因又是什么呢? 上述的分析已经为我们提供了明确的答案。因为,居民没有像唐骏那样能够获得更高回报率的其他投资。试想,如果有一项投资,能够让居民获得较投资住房更高的期望回报率,理性的居民是选择购买自有住房还是做其他投资而去租房呢? 答案不言而喻,肯定选择其他投资并租房,而不是自己买房。

目前中国的房地产市场一片繁荣,居民投资房地产的热情如火如荼。随着中国GDP的持续快速增长和居民收入水平的不断提高,普通老百姓的

---

① 成都商报. 租房真比买房划算吗 "打工皇帝"月月住宾馆,http://cq. house. sina. com. cn/news/2008-09-26/105616497. html,2008年09月26日。

购房热情与日俱增。在这种情况下,绝大多数居民不是选择去租房,而是买房,甚至不惜为此背上巨额的贷款,甘愿成为"房奴",针对这一现象,不能不让我们想起马克思曾经对资本本性的概括。如果有 10% 的利润,资本就会保证到处被使用;有 20% 的利润,资本就能活跃起来;有 50% 的利润,资本就会铤而走险;为了 100% 的利润,资本就敢践踏一切人间法律;有 300% 以上的利润,资本就敢犯任何罪行,甚至去冒绞首的危险。①纵观世界各国的房地产市场,我们会发现一个较为普遍的规律,随着人口的不断增长,土地日益成为更为稀缺的资源,一段时期内各国房地产价格免不了要呈现较为明显的一段时期的上涨趋势。对于没有住房的人来说,房地产显然是一项极具投资价值的资本。

总之,由上述一系列的分析可知,自有住房的建筑物部分的确应该被作为固定资产,而不是耐用消费品;另外,房屋依附的土地应该属于非生产性资产,而不是固定资产。居民希望将住房价格纳入 CPI,其目的只有一个,就是希望政府能够及时地控制房价,以免快速上涨的房价成本转嫁到自己头上,从而影响自己未来的预期收入水平。

第二节　自有住房服务统计方法之比较

一、自有住房服务统计方法介绍

Diwert(2003)将自有住房服务消费的测算方法概括为四种,也即:购置法(Acquisitions approach)、支付法或现金流量法(Payments or cash flow approach)、使用者成本法(User cost approach)及租金等价法(Rental equivalence approach)等。下面逐一对其进行介绍和比较分析。

(一)购置法,亦称净获得法(Acquisitions Approach)

就是将市场交易(新建)住房的价格直接计入住房进行交易时期的 CPI。这一做法既不将其购置成本分摊到住房使用期内的各期,而且也不考虑其住房服务消费何时开始,以及消费者购房时何时付款和以何种方式付款。按照《CPI手册》,可以纳入购置指数的住宅自用房主支出包括:

---

① 中共中央马克思恩格斯列宁斯大林著作编译局编译,《马克思恩格斯全集》第17卷第258页,这句话原为托·约·登宁所说,在《资本论》中被马克思引据。

购置住房的净额(也就是参考总体的购置额减去销售额)、直接新建新住宅、现有住宅的改建和增建、房产转让时的律师费和房地产代理费、住宅的修理和维护费、住宅保险、相关房产和财产税等。

由于采用购置法核算住户自有住房消费服务的国家,其编制 CPI 的主要目的是衡量整个住户部门的价格通货膨胀,因而购置法在实践中的具体操作往往倾向于采取"净"获得的形式,这也就意味着购置法中的自有住房交易仅限于住户部门和其他部门之间,而住户部门间的自用住房交易则不属于其核算的范畴。因而,学术界将该方法称为"净获得法"。对于为何使用这一计量方法,Charles Goodhart(2001)对其进行了解释:尽管在有些方面,自有住房存量价格的改变比"净获得"的住房价格改变更具代表性,然而这种"净获得"法与处理耐用消费品的方法是一致的。[①]

实践中使用购置法的优势在于,所有的耐用消费品和非耐用消费品交易都按照完全统一的方式处理,统计官方不需要另外采用特别的方式和程序来处理耐用消费品的交易。[②] 包括消费者购买的自住房都可以按照统一的购置法进行处理,同时房主自住房的当期成本还能反映住房的全部消费支出。但其不足之处也是较为明显的,首先,购置法下的支出成本,亦即支出的权重可能受经济繁荣程度的影响,而致使基期年份权重较其他年份偏高或偏低,并影响到指数的数据质量及数据的稳定性;其次,由于建筑物所属的土地价格并不计入购置指数,因而实践中需要从自住房总交易价格中扣减掉土地价格,而其中有规则地、持续地收集土地价格较为困难(不过,针对前一个问题,我们可以选取连续几年的平均权重作为基期权重加以解决,但后一个问题的解决并非易事);再次,该方法将自有住房一方面当作耐用消费品处理,但却并没有将其购置的价格在住房的使用寿命期内进行分摊,而是全部记为购置当期,这一处理方法显然不妥。

(二)支付法(Payments or Cash Flow Approach)

周清杰(2008)认为,支出法即按照当期实际支付的现金额来计算自有住房的费用。因而,该方法也被称为现金流量法,其中的支出被定义为住户在自有住房及其服务上的全部支付,这一支付的核算方法与该住房何时被实际消费或使用并无关系。该方法测算了住户购买住房及其服务上所实际支付货币的变化。

---

① Goodhart,C.What Weights should be Given to Asset Prices in the Measurement of Inflation[J]. *The Economic Journal*,June,2001(111):335-356.

② Diewert. The Treatment of Owner Occupied Housing and other Durables in a Consumer Price Index[J]. *Manuscript*,*University of British Columbia*,2003.

《CPI手册》指出,理论上,上述支付应该包括:新购住宅的预付定金或保证金、房产转让时应付的律师费和房地产代理费、抵押贷款本金的偿还、抵押贷款利息的支付、住宅的改造与增建、住宅保险、住宅的修理与维护、房产差饷及税项。

在20世纪70年代,该方法受到了来自于美国的严厉批评。这些批评主要来自两方面:首先,最优金融资产组合的变化将可能导致该方法测算的支出出现不正常的波动。由于现实中存在大量视住房为投资品的投资者,当住房价格与债券等其他投资品出现价格的相对变化时,投资的最优组合需求必然使得投资者在住房和其他投资品间做出选择,并进行来回的频繁操作,从而使得住户的购房支出将会被显著地放大,并不利于保持CPI指数的稳定性;其次,该方法忽略了房主从房屋价格升值中获得的收益。当居民购买住房后,若其价格出现上升,住户的购房成本将随之同幅度地下降,而按照该方法计算的住户的购房成本却并没有因此而减少。而且在住房被作为投资的现象大量存在时,上述大量不足将表现得更为明显;再次,由于该方法将自有住房当作耐用消费品处理,因而也存在处理价格分摊方面的不足;另外,该方法也忽略了自有住房者拥有自住房的机会成本,其通常使用名义利率而缺乏对通货膨胀造成损失的补偿。

另外,除了在严重的通货膨胀时期,没有进行通货膨胀补偿按揭利率变得非常高时外,支付法所估算的自有住房者在该项商品上每月的虚拟消费支出通常会小于其他三种方法估算的结果。[1] 从国际经验来看,很少有国家使用该方法估算自有住房的服务价格。

(三)使用者成本法(User Cost Approach)[2]

该方法的基本理论框架是资本理论的基本方程,实践中通常被用来处理耐用消费品的消费情况。在估计自有住房的服务价格时,住房的使用者成本被认为是,自有住户购买住房的支付与出售住房时的价格之差及与居住期间的其他成本。该方法计算的是自有住房者使用住房服务所承担的成本。《CPI手册》指出,在加权期内,这些成本主要包括两部分:经常性的实际成本(如,修理和维护、房产税等)以及将资金用于住房而非其他目的的机会成本。理论上讲,较为系统性的使用者成本法需要用到这些变量信息:维

---

① Diewert. The Treatment of Owner Occupied Housing and other Durables in a Consumer Price Index[J]. *Manuscript，University of British Columbia*，2003.

② Diewert(1974)根据Fisher(1897)and Hicks(1939)推导使用者成本的方法,使用与Jorgenson(1963,1967),Jorgenson and Griliches(1967,1992),Christensen and Jorgenson(1969,1973)连续时间不同的方法,提出了离散时间情况下计算耐用消费品使用成本的方法。

修成本、保险、交易和建造住房的相关费用、贷款抵押利率、住房的折旧、资本收益、可选择性投资的机会成本等。

而对于具体的计算方法,人们提出了不同的计算方案。

(1)《CPI 手册》指出,如果购买住房的资金是通过抵押贷款获得的,则使用者成本(UC)的计算公式为:

$$UC = rM + iE + D + RC \tag{5.1}$$

其中,M、E、D、RC、K 分别表示购房抵押债务、住房权益、折旧、其他经常性成本和住房销售的资本收益等;r、i 分别表示抵押贷款利率和其他资产收益等。相应地,rM 则表示抵押贷款利息、iE 则表示拥有住房的机会成本。

(2)Poole,R.,Ptacek,F.,& Verbrugge,R.(2005)将使用者成本定义为:

$$UC = P_t(i_t + \gamma - E\pi^h) \tag{5.2}$$

其中,P_t 代表第 t 期住房价值;i_t 为名义利率;γ 代表折旧率、维修成本率及财产税率等;$E\pi^h$ 则代表住房价值增值率的预期值。

类似于上述计算方式,Katz(2009)将使用者成本计算方程表示为:

$$u_v^t = r^t V_v^t + O_v^t - (V_{v+1}^{t+1} - V_v^t) \tag{5.3}$$

其中,u_v^t 是从购买期第 t 期到第 $t+1$ 期的使用成本;V_v^t 为第 t 期购买的自有住房在 v 期的交易价格;r^t 为第 t 期的名义利率;O_v^t 为第 t 到第 $t+1$ 期自有住房的运营成本(例如维修成本等)。

仔细观察上述方程式,我们就会发现,除了在具体项目计算上存在一些差异外,上述具体的计算方法并无本质区别,而且它们均存在一定程度的问题。首先,根据 Diewert(2003)的意见,由于在应用使用者成本方法时,应扣除自有住房的资本收益。则当资本收益超过其他几项成本之和时,使用者成本将变为负数,此时该方法将会失效;其次,在其他条件不变的情况下,当名义利率 i_t 上升时,使用者成本将会随之上升,并最终导致 CPI 指数的上涨,此时若中央银行选用提高利率的方法来对抗通货膨胀无疑是无效的;再次,该方法是基于对折旧和机会成本的主观判断和理论假设,因而其测算结果很难真实地反映自有住房的支出成本,而且在利率和折旧率发生改变时,其计算结果也不利于保持价格指数值的稳定性。因此,该方法在自有住房服务核算实践中的应用性相对有限,也很少有国家单独使用该方法。其实,1993 年 SNA 中主要将该方法应用于对资本服务价值的核算,这或许从某种程度上说明了该方法可能并不适合于诸如住房服务这一资本品。

其实,经过仔细分析,我们就会发现,该方法的主要问题在于,将自有住房既当作投资品,又作为消费品,并同时计入 CPI 中。正如 Johannessen,R.

(2004)指出的,使用者成本的一个争议是,该方法将自有住房同时作为投资品和消费品。正是由于被当作了投资品,因此使用成本可能经常会为负值,这种情况在中国尤其如此。随着近些年中国的房地产市场价格出现持续性的上涨,有时候甚至几年之内房价就可以增值一倍,这样的情况下,应用使用者成本法进行估算显然是不符合逻辑的。这再一次证明,将自有住房同时当作投资品和消费品是不符合逻辑的。尤其是在中国城镇地区,这样的观点更是容易被证明是不符合逻辑的。而且上述这样的处理也就相对于将投资品的价格也直接或间接地计入了CPI,这样的处理显然是有违CPI初衷的。

(四)租金等价法(Rental Equivalence Approach)

同时将自有住房当作投资品和消费品处理,一方面会导致对自有住房负的消费,同时也相当于将投资品纳入了CPI。为了解决使用者成本法在实际应用中的困惑,人们提出了租金等价法。该方法主要是使用竞争性市场同类商品价格来对自有住房服务的价格进行虚拟估计,这也是1993年SNA被推荐使用的方法,同时也是欧盟统计局推荐其成员国处理自有住房服务的主要方法。目前,OECD成员国中,也有相当多的OECD国家使用该方法,该方法已经发展成为国际上处理自有住房服务的主流方法。使用该方法的基本假定是,假定自有住房和租赁房的物理特征和地理属性是相同。不过实践中,这一条件往往难以满足,于是人们经常使用对自有住房进行商品质量调整的方法对其加以解决。

但实践中也有不少人对该方法提出了诸多反对意见。首先,若政府对房屋租赁进行控制,或者政府补贴性租房占主导地位,则房屋租金的变化难以反映自有住房虚拟租金的实际变化;其次,由于租金等价法算得的自有住房的服务权重相对较大,因而相应的测量偏差更容易被放大;再次,当自有住房比率过大时,相对而言房屋租赁市场会相对减小,自有住房服务的价格参照范围将相对有限;最后,由于房屋的地点、面积大小等地理属性和物理属性都可能显著地影响着房屋租赁价格,因而不同地方和面积的房屋价格,其可比性可能并不强。这将为自有住房虚拟租金的确定带来一定程度的挑战。[1]

尽管存在上述一系列问题,但租金等价法还是较大程度地解决了使用者成本实践应用中存在的一些难题。毕竟,在存在一个较为类似的房屋租赁市场的情况下,租金等价法属于极为简单和有效的方法。

[1] Johannessen,R.. *Owner-occupied Housing in Norway:Why the Rental Equivalence Approach is Preferred*[C]//Eight Meeting of International Working Group on Price Indices,Helsinki. 2004.

二、自有住房服务统计方法之比较

为了进一步了解相关方法的优缺点及应用情况,下面分别对购置法与支付法和使用者成本法与租金等价法及相关问题进行分析。

(一)自有住房服务统计方法之比较分析

由于前两种方法与后两种方法存在较大的差异,因此下面将分两组来进行相关比较。

1. 购置法与支付法的比较

下面列出购置法与支付法的比较结果(表5.3)。

表5.3　购置法与支付法相关内容的比较

针对自有住房的处理方法	所包含的商品项目		适用对象	自有住房在CPI中的商品属性	相应CPI指数的主要功能
购置法(净获得法)	购置住房的净额、直接新建新住宅的费用	住宅的改造与增建费用、房产转让时的律师费和房地产代理费、住宅保险、住宅的修理与维护、相关房产和财产税等	住户部门从其他机构所购买的自住房,不包括住户间的二手房交易和自有住房的虚拟租金	国民经济总体的投资品	倾向于测算广义通胀
支付法	新购住宅的预付定金或保证金、抵押贷款本金的偿还、抵押贷款利息的支付		住户在自住房上的实际货币支出,其范围包括住户部门从其他机构所购买的自住房,住户间的二手房交易,但仍不包含自住房的虚拟租金	投资品和消费品	用于估计居民货币性收入或指数化目的

资料来源:作者整理。

由表5.3可以看出,上述两种方法在核算的商品项目上具有较大程度的重叠性。而在适用范围上,两种的共同点在于都不包含自住房的虚拟支出,但却都包含住户部门从其他机构所购买的自住房等;另外,两者在 CPI 的编制项目上也存在一定程度的差别,前者主要倾向于测算通货膨胀,而后者则更倾向于估计居民货币性收入或指数化。

国际上,购置法广泛应用于 CPI 中记录耐用消费品的交易价格。目前,也仅有极少数国家将其应用于自有住房服务的核算,例如,澳大利亚、新西兰等国。其原因主要在于,耐用消费品的寿命一般要明显短于自有住房,马歇尔曾经关于上述方法主要用于估计耐用消费品价格的建议对统计学家起到了较大的指导作用。不过 Diewert(2003)曾经指出,使用获取法是否适合主要取决于人们编制指数的基本目的。也即,如果人们编制指数的目的是测量当期的价格,获取法将近似于租金等价法或使用者成本法测量的结果;如果人们编制指数的目的是测量住户当期的货币支出,获取法将是最优的方法,因为租金等价法或使用者成本法包含了虚拟成分。但需要说明的是,Diewert 并没有具体指出人们编制的是何种指数。显然,如果人们编制的是通货膨胀指数,上述说法不无道理;但是如果人们编制的是 CPI 指数,上述说法可能会存在一定的问题。即使人们把自有住房当做消费品,与耐用消费品一样,其价格也不能够全部计入当期消费,而是需要逐期分摊。

因此,在 CPI 指数的计算中,上述两种方法均不太适用于核算自有住房提供的服务。但是,如果人们不是为了编制单纯意义上的 CPI 指数,上述方法的实用性则另当别论。

2. 使用者成本法与租金等价法的比较

下面列出使用者成本法与租金等价法的比较结果(表 5.4)。

表 5.4 使用者成本法与租金等价法相关内容的比较

针对自有住房的处理方法	所包含的商品项目	适用对象	自有住房在 CPI 中的商品属性	相应核算方法下 CPI 的编制目的
使用者成本法	住房的维修和保养、住房保险、抵押贷款利率、相关房产和财产税、住房的折旧、货币的机会成本、相关资产收益等	居民自有住房	投资品、耐用消费品等	用于测算居民生活成本、或近似于测量通胀
租金等价法	自有住房服务的虚拟租金		为居民提供服务的资产	

资料来源:作者整理。

　　尽管使用者成本与租金等价法都属于自有住房服务核算方法,但两者还是存在一些差异。由表5.4可知,前者所包含的商品项目及其在CPI中的商品属性几方面来看,均要比后者复杂得多,事实上这主要源于自住房主使用住宅的成本由多种因素决定。相应地,使用者成本法下的住房在CPI中的商品属性也不再是租金等价法下为居民提供服务的资产,而是兼具投资品、耐用消费品等多重属性。因而,使用者成本法下的自有住房在CPI中角色相对更为复杂,使用该方法编制的CPI指数也就并不是真正意义上的CPI指数。实践中应用使用者成本法的国家往往也不完全按照上述方法进行核算。例如,加拿大就是如此(表5.5)。

表 5.5　加拿大应用使用者成本法核算自有住房服务时的项目

自有住房
按揭利息成本
自有住房的重置成本
物业税(包括特殊费用)
业主的家庭和抵押贷款保险
业主的保养和维修
其他自有住宿费用

资料来源:加拿大统计局网站。

　　不过,另一OECD国家——芬兰在应用使用者成本法核算时,一并将相应的资产价格也纳入了自有住房的服务价格中,具体情况见表5.6。

表 5.6　芬兰CPI中自有住房核算项目构成(使用者成本法)

04.2.1　新住宅的获取
04.2.1.1　自有公寓及房地产
04.2.1.1.1　自有公寓(Owner Roccupied Flats)
04.2.1.1.2　自有房产(Real Estats)
04.2.2　装修
04.2.2.1　自有住房的装修
04.2.2.1.1　支付装修公司的装修成本
04.2.2.1.2　业主自己装修的装修成本

续表

04.2.3 住房贷款利率
04.2.3.1　住房贷款利率(使用贷款的平均利率)
04.2.4　自有住房的其他成本
04.2.4.1.1.1　自有住房代理佣金
04.2.4.1.1.2　自有住房转让税

资料来源:芬兰国家统计局网站;Consumer Price Indexh 2010＝100 Hand book for Users。

相对而言,租金等价法测算住房的虚拟租金较为单一,其权重的获得也相对更为容易,而且该方法处理下的自有住房服务也与 SNA 中有关商品的分类及其处理较为一致。因此,目前采用该方法的国家也相对较多。而且在 Diewert(2003)看来,在各种自有住房服务核算方法中,租金等价法与使用者成本法均属于最为可取的方法。①

3. 四种核算方法下自有住房权重的相关比较

从理论上分析各方法间的差异,有助于我们清楚地了解各种方法的优劣性及其应用条件,进一步比较各种方法在实践中核算结果的大致差异同样较为重要。为此,Woolford,K.(2003)利用澳大利亚悉尼的自有住房支出数据,参考澳大利亚统计局的一些做法,计算了不同方法下居民的住房消费支出,下面将其结果列于表5.7。

表5.7　不同核算方法下澳大利亚悉尼住户住房消费支出及其权重

方法及项目	1998—1999		2003—2004	
	支出($)	权重(%)	支出($)	权重(%)
获得法				
住房	164.78	20.7	210.81	21.2
水电费、维修及保养费	39.83	5	49.57	5
实际租金	53.65	6.7	71.08	7.1
住房交易	61	7.6	77.42	7.8
物业费用及其他费用	10.3	1.3	12.74	1.3

①　Baldwin,A.,Prud,M..Nakamura,A.. *An Empirical Analysis of the Different Concepts for Owned Accommodation in the Canadian CPI:the Case of Ottawa,1996—2005*[C]. OECD-IMF Workshop,Real Estate Price Indexes,Paris,2006.

续表

方法及项目	1998—1999		2003—2004	
	支出($)	权重(%)	支出($)	权重(%)
支付法				
住房	141.29	18.2	205.13	20.7
水电费、维修及保养费	39.83	5.1	49.57	5
实际租金	53.65	6.9	71.08	7.2
贷款抵押利率费用	37.51	4.8	71.74	7.3
物业费用及其他费用	10.3	1.3	12.74	1.3
使用者成本法				
住房	121.12	16.1	305.97	28.1
水电费、维修及保养费	39.83	5.3	49.57	4.6
实际租金	53.65	7.1	71.08	6.5
自有住户使用成本	17.34	2.3	172.58	15.8
物业费用及其他费用	10.3	1.4	12.74	1.2
租金等价法				
住房	241.91	27.7	299.18	27.6
水电费、维修及保养费	39.83	4.6	49.57	4.6
实际租金	53.65	6.1	71.08	6.6
虚拟租金	148.43	17	178.53	16.5
排除自有住房服务				
住房	93.48	12.9	120.65	13.3
水电费、维修及保养费	39.83	5.5	49.57	5.5
实际租金	53.62	7.4	71.08	7.9

资料来源：Woolford, K.. *An Exploration of Alternative Treatments of Owner-occupied Housing in a CPI*, Ottawa Group Meeting；London, May 2006.

　　由于表 5.7 同时包括了水电费、维修及保养费及住房的实际租金，不便于比较各种方法下自有住房服务消费支出。因而，我们将这些项目去掉后再进行比较，其结果列于表 5.8。

表 5.8　不同核算方法下澳大利亚悉尼住户的相关消费支出与权重

核算方法及项目	1998—1999		2003—2004	
	支出（＄）	权重（％）	支出（＄）	权重（％）
获得法				
住房				
住房交易	61	7.6	77.42	7.8
物业费用及其他费用	10.3	1.3	12.74	1.3
支付法				
住房				
贷款抵押利率费用	37.51	4.8	71.74	7.3
物业费用及其他费用	10.3	1.3	12.74	1.3
使用者成本法				
住房				
自有住户使用成本	17.34	2.3	172.58	15.8
物业费用及其他费用	10.3	1.4	12.74	1.2
租金等价法				
住房				
虚拟租金	148.43	17	178.53	16.5

资料来源：作者整理。

　　由表 5.8 可知，不同核算方法下居民对纯自有住房的消费支出存在较大差异。其中，租金等价法所对应的权重相对较高，其次则为使用者成本法、获得法及支付法等。尽管上述方法并不一定代表较为普遍的情形，但至少我们可以发现，对自有住房服务核算方法的选择将会对 CPI 中自有住房服务权重产生较大的影响。不过，上述表格并非完全按照表 5.3 和 5.4 的方法和内容来进行估算的，相对而言，表 5.8 中的计算内容更为单一，计算结果更为简单。不过，根据 Diaz and Luengo-Prado(2008)的研究，相对于使用者成本法而言，租金等价法相对会高估自有住房的服务。[①] 而 Johannessen,R. (2004)则指出，当自有住房者预期房价将上涨时，使用者成本法所估算的自

---

　　① Diaz,A.,Luengo-Prado,M..On the User Cost and Homeownership[J]. *Review of Economic Dynamics*,2008,11(3):584-613.

有住房每月的成本将超过租金等价法。[①]

其实,从各国的实践来看,使用购置法与支付法时,在所包含商品项目的选取上,还是较为灵活的,其主要目的可能是尽量地保证各种方法计算结果的一致性及其计算结果的稳定性。

(二)Diewert 的机会成本法(Opportunity Cost Approach)

租金等价法和使用者成本法一直是经济学家们较为看重的两种方法,它们都以资本理论的基本方程为基础。但这两种方法存在的问题是,依然难以更为准确地反映宏观经济整体价格水平的波动,特别是难以反映房地产市场的通货膨胀情况,从而降低了 CPI 作为宏观经济监测指标的功能。基于 2008 年世界金融危机背景下,应宏观经济金融体系的审慎监管要求,Diewert and Nakamura(2009)正式提出了自有住房服务价格估计的机会成本方法[②],以用来测量自有住房服务通货膨胀。Diewert and Nakamura 认为,机会成本方法是核算自有住房服务更为理想的理论框架。[③] 该方法是在两类机会成本——租赁机会成本和金融机会成本加权的基础上建立自有住房机会成本指数(Owner-occupied Housing Opportunity Cost Index)来反映自有住房服务价格变化情况的。

机会成本法主要包括两类成本:自有住房用于出租所获得的最高租金,此实则为租金等价相应的内容;依附于自有住房资产的金融使用成本(Financial User Cost)。实践中使用该方法编制 CPI 指数时,需先编制租赁等价指数和金融使用成本指数,然后再对两者进行加权平均,以编制用于计算 CPI 的自有住房服务的价格指数。该方法的本质是同时结合租金等价法和使用者成本法来估算自有住房的服务,下面对其进行简单介绍。

1. 租金等价的机会成本

这一机会成本是将自有住房用于出租而不是自己居住所获得的最高租金。由于决定住房价格的主要因素为地理位置和住房本身的建筑质量,而不同的住房其地理位置和建筑质量并不完全等同。因而,每一套住房在出

---

① Johannessen,R.. *Owner-occupied Housing in Norway:Why the Rental Equivalence Approach is Preferred*[C]//Eight Meeting of International Working Group on Price Indices,Helsinki. 2004.

② 该方法最先由 Diewert 在 2006 年参加巴黎的经合组织和国际货币基金组织研讨会时撰写的论文中提出。

③ Diewert and Nakamura. *Accounting for Housing in a CPI*,*Discussion Paper 09-08*,Department of Economics,University of British Columbia,Vancouver,British Columbia,Canada,V6T 1Z1,2009.

租时其租金也是不完全的;而且当一个国家或地区的房屋租赁市场不够规范、发达和初具规模时,统计官方往往难以找到与自有住房样本中每一自有住房单元相匹配的出租房。这样将给租金等价机会成本的确定带来一定困难,这也是人们反对使用租金等价法的主要理由。事实上,任何一种方案都不是完美的,租金等价法同样如此。况且实践中我们还可以采用商品质量调整及较为近似的估计方法来应对这些问题。

相对而言,租金等价法是国际最为流行、也是更为可取的核算自有住房服务价格的方法之一。因此,建立在该方法基础之上的自有住房使用机会成本的估算方法也是更为合理的。但我们仍然需要把握该方法的适用范围为和条件及该方法可能造成的误差。

2. 依附于自有住房资产的金融使用成本

使用者成本法,是将初始购房的金融投资在自有住房的使用期限内进行成本的分摊,其中金融投资同时考虑作为资本的初始投入和后期能够获得的收益两部分。由于使用者成本以资本理论为基础,因此该方法的使用应该以房地产市场达到均衡为基本条件。而当出现严重泡沫时,房地产市场往往是不均衡的。因此,Diewert and Nakamura(2009)提出了借助金融市场来估算金融使用者成本以代替使用者成本的计算,因为金融市场往往更易实现均衡。下面介绍一般情况下上述金融使用成本的计算方法。

假设购房者在第 t 期通过贷款 D^t 购买了价格为 V^t 的自有住房,因而购房初期,其拥有的资产为:V^t-D^t,同时假设购房者在每期都需要按揭付款 I^t,并定义 $I^t=\dfrac{I^t}{D^t}\cdot D^t=r_D^t\cdot D^t$,其中 $r_D^t=\dfrac{I^t}{D^t}$,此即为假设购房者使用等额本息还贷。若设第 t 期末,自有住房期望的市场交易价格为 u^t,并将其贴现到购房的时期 t,则金融使用成本为:

$$\frac{u^t}{1+r^t}=(V^t-D^t)-\left[\frac{-r_D^t D^t-O^t+(\bar{V}^{t+1}-D^t)}{1+r^t}\right] \qquad (5.4)$$

其中,$\bar{V}^{t+1}$ 为购置初期(t 期)自有住房的价格与使用期限内自有住房每期平均升值之和,其他符号含义如前所述。

上式两边同时乘以贴现因子 $1+r^t$,即得:

$$u^t=O^t+(r_D^t-r^t)D^t-\left[\bar{V}^{t+1}-(1+r^t)V^t\right] \qquad (5.5)$$

(三)自有住房服务统计方法的进一步讨论

如前所述,既然自有住房同时包含纯建筑物及其土地所有权(中国为使用权),而前者属于固定资产,后者属于自然资源资产(或非生产性的合约、租约和许可类资产)。因此,前者可以使用固定资产的折旧方法来计算其提供服务的价格,问题的难点在于后者服务价格的估算。因为,土地(所有权或使用权)一方面为居民自身提供了服务,或导致其自身价值的贬损,同时还具有升值的功能。不过,相对于后者而言,前者近乎可以忽略。但其服务价格的核算依然是国民经济核算和企业会计核算的难点问题。

对于中国而言,居民购买用于自住的房屋时,购买的是土地的使用权,而非所有权,其使用年限为 70 年。70 年后,如果政府强行收回土地使用权,显然从长期来看,自有住房也就失去了投资的价值,而短期内则可能变成纯投机品(其原理类似于到期价值为零的股票期权),这对于房地产市场的发展是非常不利的。因为即使土地使用的价格再高,也终将属于政府所有的资产。在这种情况下,核算自有住房的服务价格时,问题也就变得相对简单。我们可将纯建筑物的固定资产与土地使用权的非生产性资产视为同一性质的资产,通过购买时的初始价格及后期相应维修和保养的价格在使用年限内进行折旧分摊,以估算出每期(年,季或月)自有住房的虚拟价格。从这一角度来看,租金等价法和 Diewert and Nakamura(2009)的机会成本法均具有一定的参考价值,但无需考虑自有住房的增值。

如果 70 年的使用时间到期后,政府不是收回土地,而是继续无偿地让居民享有土地的使用权,此时自有住房则变成为了前文所述的投资品。相应地,自有住房的土地使用权就进一步扩展为了事实上的所有权,土地所有权提供的服务即为消费品,而其本身则为投资品。实践中,对于其消费品价格的估算历来就是国民经济统计和企业会计核算悬而未决的难点。尽管如此,从本质上来讲,住房为居民自住提供的服务与居民从房屋出租市场上租赁同类性质租房所获得的服务无疑极为相似。基于这一原理,经济统计学家提出的租金等价法是相对更为理想的方法,同时该方法也是国际上极为流行的核算方法。目前,绝大多数 OECD 成员国和非 OECD 国家主要使用该方法核算自有住房提供的服务。

但如果我们从一个相对长远的时间期限内来考虑自有住房的核算方法,问题则变得更为复杂。由于拥有自有住房能够获得期望收益,购买自住房相对于将现期的消费在人的一生或整个家庭内部进行最优分配,以使整个家庭能够获得更多的消费效用,此即为无限期界与世代交叠模型的基本原理。因此,从这一角度来看,Diewert and Nakamura(2009)的机会成本法则具有较强的理论与实际意义。

第三节　自有住房服务统计方法及
权重的国际比较

一、CPI 中居住类商品的分类问题

下面列出《CPI 手册》中关于住房类商品的分类标准(表 5.9)。

表 5.9　《CPI 手册》中关于住房类商品的分类

04　住房、水、电、煤气和其他燃料
04.1　住房实际租金 　　　　　　租户所支付的实际租金 　　　　　　其他实际租金
04.2　住房的估算租金 　　　　　　自有住房者估算租金 　　　　　　其他估算租金
04.3　住房的保养和维修 　　　　　　寓所保养和维修所需的材料 　　　　　　寓所的保养和维修服务
04.4　住房的供水和其他服务 　　　　　　供水 　　　　　　垃圾的收集 　　　　　　污水的收集 　　　　　　未另分类的与住房相关的其他服务
04.5　电、燃气和其他燃料 　　　　　　电 　　　　　　煤气 　　　　　　液体燃料 　　　　　　固体燃料 　　　　　　热能

资料来源:《CPI 手册》。

　　由表 5.9 可知,《CPI 手册》将 CPI 中住房类消费品共分为四个类别,但关于"住房的估算租金"这一项的具体内容,却未能进行较为详细的界定和

说明。实践中,各国在具体的执行上也存在较大的差异,这可能也是各国居住类商品权重差异较大的主要原因。由于各国并没有详细地列出"住房的估算租金"的具体内容和项目,我们也难以进行一些更为深入的比较性分析。下面将根据居住类商品的相关权重及相关方法的处理,粗略地做一些基本的介绍和分析。

二、国际上自有住房服务统计方法及相关权重之比较

为了进行相对全面的比较,我们收集了部分 OECD 国家及非 OECD 国家居住类商品权重及相关方法。

(一)国际上自有住房服务统计方法及有关权重

下面同时列出部分 OECD 部分国家及非 OECD 国家虚拟房租核算方法及与实际房租相关权重数据(表 5.10、表 5.11)。

表 5.10　部分 OECD 国家虚拟房租处理方法及住房租金之权重

国家	实际房租	自有住房虚拟房租			两项权重和(%)
	权重(%)	是否被包括在 CPI 中	自有住房的估计方法	权重(%)	
比利时	6.23	否		0	6.23
法国	6.23	否		0	6.23
英国	6.40	否		0	6.40
卢森堡	5.51	否		0	5.51
土耳其	5.13	否		0	5.13
波兰	3.97	否		0	3.97
智利	3.87	否		0	3.87[①]
西班牙	2.69	否		0	2.69
意大利	2.45	否		0	2.45
葡萄牙	2.29	否		0	2.29
斯洛文尼亚	1.09	否		0	1.09

---

① 该项数据为 2011 年的权重数据。

续表

国家	实际房租 权重(%)	自有住房虚拟房租			两项权重和 (%)
		是否被包括 在 CPI 中	自有住房的 估计方法	权重(%)	
匈牙利	0.95	否		0	0.95①
美国	6.49	是	租金等价法	23.98	30.47
加拿大	5.81	是	使用者成本法	15.81	21.62
丹麦	7.25	是	租金等价法	13.95	21.20
德国	—	是	租金等价法	—	20.99
瑞典	6.69	是	使用者成本法	13.61	20.30
瑞士	—	是	租金等价法	—	19.15
日本	3.07	是	租金等价法	15.58	18.65
墨西哥	3.38	是	租金等价法	14.15	17.53
芬兰	7.37	是	使用者成本法	9.80	17.17
荷兰	6.04	是	租金等价法	11.01	17.05
挪威	3.50	是	租金等价法	12.96	16.46
冰岛	3.35	是	使用者成本法	12.82	16.18
捷克	4.71	是	租金等价法	10.82	15.54
澳大利亚	6.71	是	获得法	8.67	15.38
新西兰	8.99	是	获得法	4.11	13.10
爱尔兰	5.00	是	支付法	5.67	10.67
斯洛伐克	1.09	是	租金等价法	8.42	9.50

数据来源:OECD官方网站以及各国家统计局网站。另外,"—"表示不确切知道该国的具体数据或方法,下同。

---

① 匈牙利的统计局网站公布的数据显示,自从 2012 年开始,该国不再将住房的虚拟租金纳入 CPI 中,而此前 2009—2011 年间,该项权重数据分别为:5.269、4.864、5.074,同时其使用的核算方法为租金等价法。

表 5.11　部分非 OECD 国家虚拟房租处理方法及实际房租之权重

国家	实际房租	自有住房虚拟房租			两项权重和
	权重(%)	是否被包括在 CPI 中	自有住房的估计方法	权重(%)	
俄罗斯	12.53	否	—	0	12.53
阿根廷	12.7	否	—	0	12.7
马尔代夫	11.68	否	—	0	11.68
巴西	3.80	否	—	0	3.80
秘鲁	3.21[①]	否	—	0	3.21
塞尔维亚	1.09	否	—	0	1.09
波黑	0.98	否	—	0	0.98
保加利亚	0.92	否	—	0	0.920
马其顿	0.60	否	—	0	0.60
伊朗	10.00	否	—	0	10.00(农村)
	5.80	是	租金等价法	19.17	24.97 城市
印度	2.90	是	综合方法	20.61	23.51
新加坡	4.43	是	租金等价法	15.59	20.02
南非	4.76	是	租金等价法	11.42	16.18
约旦	2.66	是	——	12.48	15.14
中国	——	是	使用者成本法[②]	——	13.00[①]

资料来源:作者整理。

(二)自有住房服务统计方法及相关权重之比较

1. 自有住房虚拟房租处理方法的比较

从上表来看,各国自有住房核算主要采用了两种方法。也即排除法(将自有住房提高的服务排除在 CPI 之外)及租金等价法。其中,OECD 国家

---

① 该权重数据还包括住宅维修保养类商品。

② Heath, A. (2007)在 *CPI Measurement Issues with a Special Focus on Owner-occupied Housing* 一文中指出,加拿大、中国、南非和瑞典均采用了使用者成本方法估计自有住房的服务价格。

中,美国、丹麦、德国、瑞士、日本、墨西哥、荷兰、挪威、捷克、斯洛伐克①使用了租金等价法,而非 OECD 国家中伊朗、新加坡和南非使用了租金等价法;另外,OECD 国家中比利时、法国、英国、卢森堡、土耳其、波兰、智利、西班牙、意大利、葡萄牙、斯洛文尼亚、匈牙利②使用了排除法,而非 OECD 国家中俄罗斯、阿根廷、马尔代夫、巴西、秘鲁、塞尔维亚、波黑、保加利亚、马其顿等国家。而且,结合表 5.10 和 5.11 来看,使用排除法的国家数要超过采用租金等价法的国家。

另外,只有极少数国家采用了购置法、支付法和使用者成本法核算自有住房提供的服务。

2. 自有住房和实际房租权重之比较

再次分析表 5.10 与表 5.11,在 CPI 中未包括自有住房的国家中,居住类商品权重普遍较低,其中 OECD 国家以比利时为最高,即为 6.233%;非 OECD 国家中以俄罗斯为最高,即为 12.53%。另外,OECD 国家中,实际租金和虚拟租金的和最高的为美国,其权重为 30.467%,最低的斯洛伐克也达到 9.501%。而非 OECD 国家中,伊朗、印度、新加坡、南非和约旦均要明显高于中国。其他同样采用使用者成本法的国家,例如加拿大、瑞典及芬兰等国,两项权重之和均较高,并显著高于中国。另外,根据徐奇渊(2010)、孙文凯、罗圣杰(2011)的研究,在中国国家统计局公布的 CPI 指数中,自有住房所占权重不高于 3.20%。而表 5.10 与表 5.11 中凡是将自有住房提供的服务计入 CPI 的国家中,自有住房虚拟服务支出权重最低的国家新西兰,其权重为 4.11%,其次是爱尔兰的权重为 5.67%,而这个的数据均要高出中国很多。与此不甚匹配的是,与美国 69% 的住房自有率相比,无论是中国建设部公布的 81.62% 的住宅私有率,还是入户调查中得到的 82.6% 的住房自有率,中国的住房自有率都是偏高的。③ 中国农村居民住房的自有率相比更高的情况下,中国关于自有住房及出租房支出的权重的确有些偏小,中国民众对这一问题的怀疑也不无道理。针对这一问题,下文将作进一步的分析,以期进一步地厘清中国的有关实践问题。

---

① 另外,韩国和以色列也使用了租金等价法。

② 爱沙尼亚、希腊也使用了排除法。

③ 樊雪志,董继华. 中国城镇居民住房市场化改革的实证分析[J]. 经济理论与经济管理,2007(5):33-36.

第四节　中国自有住房服务统计问题及优化

一、中国自有住房服务消费支出权重的再研究

在进一步研究中国 CPI 中居住类商品支出权重之前,我们有必要了解其项目分类方式。

(一)中国 CPI 中住房类商品的分类方式

由于中国 CPI 中居住类商品的分类方式与《CPI 手册》中的不尽相同,因此有必要将其简单介绍于表 5.12。

表 5.12　中国 CPI 中居住类商品的分类

八、居住类消费品			
1. 建房及装修材料	2. 租房	3. 自有住房	4. 水、电、燃料
木材 木地板 砖 水泥 涂料 胶合板 玻璃 黏胶 油漆 其他	公房房租 私房房租 其他费用	房屋贷款利率 物业管理费用 维护修理费用 其他	水 电 液化石油气 管道燃气 其他燃料

资料来源:国家统计局——流通和消费价格统计报表制度(2010 年统计年报和2011 年定期报表)。

(二)中国 CPI 中居住类商品权重问题分析

从国际比较来看,中国自有住房的虚拟租金权重相对偏低,下面将对此作进一步的分析。图 5.1 反映了 1995—2011 年间中国部分收入阶层居民 CPI 中居住类商品权重变化。

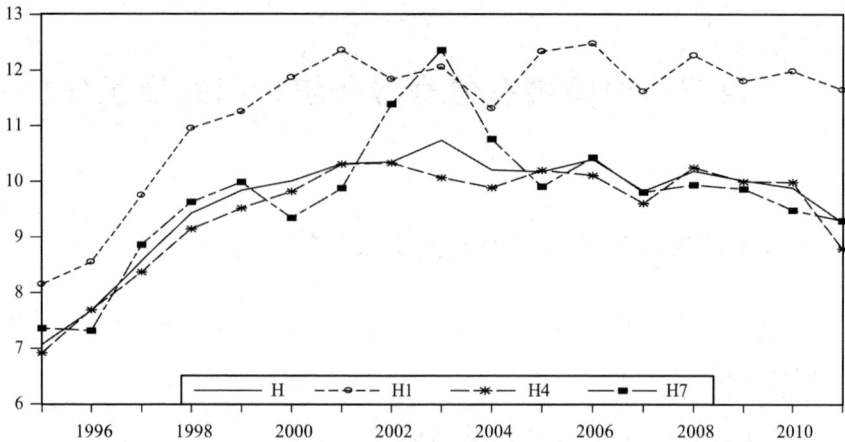

图 5.1　1995—2011 年间城镇部分收入阶层居住类商品权重

注：H、H1、H4、H7 分别表示全体城镇居民、最低收入 10％阶层居民、中间收入阶层居民及最高收入阶层居民居住类商品的权数，其计算的数据来源于国家统计局网站公布的数据，并通过适当的调整和整理而成。

由于数据可获得性方面的困难，我们难以将上述权重数据进行细化，只能做一些粗略的分析。由图 5.1 可知，1995—2011 年间，中国城镇三大收入阶层关于居住类商品支出权重变化趋势大致可分为较为明显的两个阶段，1995—2001 年逐渐上升阶段；2002—2011 年相对平稳的走势阶段。而 2003—2008 年，正是中国房地产价格快速上涨的时期，按照使用者成本法核算的中国这段时期内城镇居民居住类商品的权重却是停滞或者下降的，这显然与现实情况并不匹配。从这一方面来看，中国居住类商品权重也是相对偏低的。

另外，根据徐奇渊（2010），在中国统计 CPI 的居住类商品中，自有住房、租房、建房材料和水电燃气四大项分别占居住类子权重的 20％、11％、28％和 41％。为了便于比较，我们列出了其他采用使用者成本法核算自有住房服务的国家居住类商品中相关分类项目的权重，见表 5.13。

表 5.13　部分使用者成本法核算自有住房服务国家中居住类商品权重结构

国　　家	实际租金占居住类总支出之比	水、电、燃气等占居住类总支出之比	居住类商品消费支出总比例
中　　国	11.00％	41.00％	13.00％
加拿大	22.30％	17.06％	26.30％
冰　　岛	15.89％	13.05％	25.36％

资料来源：作者整理。

由表5.13可知,加拿大和冰岛等国,其水电燃气等商品所占居住类商品权重相对于中国明显偏低,而中国在水电燃气等商品上的权重明显过高,其每月的支出是自有住房服务消费支出的近2倍[①],是实际房租的4倍。

而与此形成鲜明对比的是,加拿大关于这两类商品的比例大约1∶3.53;冰岛为1∶3.84;另外,美国的大约为1∶4.53;日本的大约为1∶2。由此可知,这些国家水电燃气等商品支出与自有住房的虚拟租金之比和中国形成了显著的倒挂,其倒挂比例最低为4倍(例如日本)。这说明要么中国自有住房虚拟租金权重太小,要么说明水电燃气等商品支出权重过高。事实上,这也间接地反映了中国自有住房服务消费支出权重的确是偏低。而且,从我们的实际感受来看,一般家庭的水电燃气等商品的消费支出应该是不可能超过自有住房的虚拟租金的,因为后者属于更大类商品的消费,而且现实中一般家庭居住的住房如果用于出租的话,月租金少则几百,多则上千元,而一般家庭每月水电燃气的费用不可能超过几百元,甚至上千元。而之所以出现上述严重的倒挂现象,极有可能与中国自有住房虚拟租金的核算方法不当有密切相关。

二、中国自有住房服务统计方法的问题分析

根据王军平(2006)的介绍,国家统计局对自有住房的处理办法是计算虚拟租金,计算公式为:

城镇居民自有住房虚拟房租
=[(年初城镇居民住房面积+年末城镇居民住房面积)/2]×城镇及工矿区个人建房单位面积工程造价×4%(折旧率)

农村居民自有住房虚拟房租
=年末每间住房价值×年末户均住房间数×农村人口户数×2%(折旧率)

其中,城镇及工矿区个人建房单位面积工程造价=城镇住房竣工价值/竣工面积。[②]

对于上述计算方法,存在两大问题,具体如下所述。

1. 农村和城镇居民自有住房折旧率相差较大

一般农村住房的建筑质量并非全部采用框架结构,而目前中国城镇居

---

①　之所以要将自有住房虚拟租金支出与水电燃气等商品支出进行对比,是因为从国际上来看,它们的分类相对单纯,可比性更强。

②　王军平. 住房消费在CPI中的权重亟须提高[J]. 价格理论与实践,2006(2):33-35.

民自有住房基本上都采用框架结构,其抗震性和耐用性明显要强于农村居民自有住房。因此,城镇居民自有住房的使用期限应该相对较长,因而折旧率也应该更低。上述两种计算方法中,前者折旧率大于后者的处理方法与现实不甚相符。具体地,城镇居民自有住房 4% 的折旧率相对偏高,而农村居民 2% 的折旧率相对而言更为现实。

2．“城镇及工矿区个人建房单位面积工程造价”会导致虚拟租金的低估

回顾中国城镇地区房地产市场发展历程,始于 20 世纪 80 年代,中国开始推行城镇住房制度改革,与此同时中央政府陆续出台了土地有偿使用、城市建设综合开发、个人建房、房地产市场培育等一系列发展房地产业的政策。尽管如此,个人建房并没有在中国城镇地区得到广泛的发展,目前城镇地区的个人建房现象也极为少见。因为从经济竞争和利益角度讲,个人集资建房的大面积发展不仅会损坏房地产行业的发展,同时土地使用权资源的低价获取对于多数商品房购买者来说也是一种资源占有和使用的不公平。因此,尽管总体上来看,政府的政策是支持个人建房的,但实施起来却困难重重。这也就导致目前中国城镇地区居民只能通过向开发商购买来获得自有住房。

而商品房的销售价格是根据市场来确定的,这一价格明显高于城镇及工矿区个人建房单位面积工程造价。根据王军平(2006),在统计上又有城镇及工矿区个人建房单位面积工程造价、房地产开发企业(单位)竣工房屋造价、商品住宅销售价格三种之别。然而,它们之间的差别悬殊,2000 年三种价格分别为 429 元、1139 元、1948 元,到 2003 年三种价格分别为 444 元、1273 元、2197 元。① 商品住宅销售价格是城镇及工矿区个人建房单位面积工程造价的 4—5 倍,而且随着房地产开发利润的不断上升,两者间的价差还会进一步拉大。由此可见,用城镇及工矿区个人建房单位面积工程造价估算虚拟租金,会导致 CPI 中居住类商品权重的严重低估。

从上述角度来讲,中国居住类商品(尤其是自有住房)权重偏低,其本质原因并非中国误用了不当的方法,而源于操作方法上的缺陷和处理不当。

三、中国自有住房服务统计方法的优化

(一)坚决抑制对房地产的非理性投资和投机行为

房地产市场平稳健康发展对于进一步扩大内需、确保物价的长期稳定

---

① 王军平.住房消费在 CPI 中的权重亟须提高[J].价格理论与实践,2006(2):33-35.

和促进经济平稳较快增长有着十分重要的意义。目前,快速上涨的房地产价格,一方面对居民的消费造成了明显的挤出效应,极大地提高了居民使用住房服务的消费成本,为生活带来了极大的不便。因为,尽管自有住房并不是消费品,但其价格的快速上涨却对居民的消费能力和消费成本带来了极大的负面效应。首先,自有住房价格的快速上涨,增加了居民的购房成本,在可支配收入没有同步增加的情况下,投资的增加必然会导致当期消费的减少,从而可能会造成内需的启而不动;其次,住房价格的快速上涨必然导致实际和虚拟房租的持续性上涨。而其中房租的快速上涨将会导致消费者实际房租支出的增加和有房群体的资产快速增加,其结果是财富分配不均衡的加剧和贫富差距的进一步扩大。

　　另一方面,快速上涨的房地产价格进一步加剧了房地产市场风险,对社会经济稳定造成了严重威胁。由于近些年中国房地产价格的持续性上涨,住房投资回报率明显高于其他投资品。与此同时,居民的收入也呈现较快的上升,于是普通投资者开始表现出空前的购房投资热情,从而演绎了房地产市场的过度繁荣,滋生了严重的房地产市场泡沫,对房地产市场持续健康发展带来了不利影响。20世纪90年代初日本爆发的房地产泡沫破裂就是最有力的证据,其危机是世界各国历史上迄今为止极为严重的一次房地产危机,并导致日本经济大伤元气,至今仍无完全恢复迹象。

　　再次,快速上涨的房地产价格不利于CPI中自有住房服务支出的统计。当房地产价格快速上涨的时候,CPI所反映出来的通货膨胀一般都是失真的。这主要源于房地产市场对其他市场的传导具有一定的时滞性。住房属于投资品,它与一般性消费品的价格决定方式不尽相同。这种差异决定了房地产市场价格的快速上涨难以及时地传导到其他部门或消费品市场,极为典型的例子就是,房屋租赁价格与房地产价格只是有限的同步。在这样的情况下,通过反映住房服务、水电和装修建材等消费品价格变动情况的CPI更难以反映包括房地产市场在内的社会整体性通货膨胀。这也是日本和美国等相关国家未能及时有效地预测历史上几次极为严重的房地产危机的主要原因。由此可知,快速上涨的房地产价格对CPI反映通货膨胀的有效性提出了极大的挑战,也对CPI中科学、合理地核算自有住房服务支出带来了极大的不便。

　　由此可见,房地产作为一种投资品,实属一把双刃剑。实践中,适度的房地产投资能够促进经济的发展,但过度的投资乃至投机将不利于经济的可持续发展。因此,保持房地产市场健康持续的发展,不仅有利于提高对居民自有住房服务核算的实际意义,同时也是确保经济长期稳定发展的基本前提。

（二）自有住房服务核算中方法的科学应用比方法本身的选择更为重要

从前述澳大利亚悉尼住户不同自有住房服务统计方法下的相关核算权重（也即表 5.7 的结果）数据，以及部分 OECD 国家自有住房服务权重（也即表 5.10）和中国的相关数据可以看出，不仅不同核算方法下 CPI 中自有住房服务的权重存在较大差异，而且即使选择同一核算方法，其结果也会相差很大，而且各种方法的核算结果间不存在必然的大小关系，这也充分说明自有住房服务核算中，方法的选择并不是最重要的，更为重要的应该是相关方法是否得到了合理的应用和正确的使用。从这一点来说，中国目前之所以出现与高自有住房率不甚匹配的低自有住房服务权重，其本质原因主要在于核算方法（例如使用者成本法）应用上的不合理性和操作上的失误所致，而非方法选择上的不当。

但尽管如此，各种方法在实践操作上的简便程度和可操作性上还是存在一定差异的。基于此，中国 CPI 中自有住房服务核算，可以选择更具操作性和实践应用性的方法。

（三）自有住房处理中应合理区分土地使用权（或使用权）和建筑物部分

如前所述，自有住房至少可分为两大主要部分，亦即土地使用权（或使用权）和纯建筑物部分。如果将前者视为（合约、租约和许可性的）非生产性资产，而后者为固定资产，则两者的经济属性是存在明显差异的。对于前者，尤其是在中国，随着城市化水平的不断提高，土地正成为日益稀缺的资源，其保值增值的功能较为明显；而后者则由于框架结构的不断老化和耗损，折旧较为明显，因此，从固定资本的角度来核算其服务成本或价格应该较为可取。

但其中关于土地服务价格的核算，依然是自有住房服务统计的难点。因为，持有土地权属会产生机会成本的同时，也可能获得相应的土地升值收益，两者相抵后结果是正是负难于分辨。不过，近些年中国房地产市场价格出现了持续性上涨行情，增值收益可能会超过机会成本，也即投资房地产能够获得正的收益。这一现实对于购房自住者或者投资购房者来说，本质上是相同的。

总之，从理论上来讲，自有住房服务的核算应该对房屋权属和纯建筑物部分有所区分，其中房屋权属服务价格无疑是估算的重点和难点。

（四）中国 CPI 中自有住房服务核算方法的优化需逐步推进

对于自有住房处理方法的选择，20 世纪 70 年代美国劳工统计局就曾进行了极为广泛、热烈的讨论，并于 20 世纪 80 年代最先在 CPI-U 中使用租金等价法。该方法是假定自有住房和租赁房的物理特征和地理属性是相对同质性的条件下，使用竞争性市场同类商品价格来对自有住房服务的价格进行虚拟估计。该方法是 SNA（1993，2008）被推荐使用的方法，同时也是欧盟统计局推荐其成员国处理自有住房服务的主要方法。目前，OECD 成员国中，也有相当多的 OECD 国家使用该方法，该方法已经发展成为国际上处理自有住房服务的主流方法。美国劳工统计局的研究也表明，无论实践证据还是理论研究，都清晰地表明租金等价法都是处理自有住房服务最好的方法[28]。但最近的研究表明，竞争性房屋租赁市场的实际租金具有粘性，学术界称其为粘性租金（Sticky Rents）。这主要是因为该租金通常是租户与房东在之前某一时间点约定的，并且合同的有效期短则几个月，长则一年以上。显然，其租金在反应当期自有住房使用成本上存在一定的滞后性，且合同的租期越长，其滞后性往往也越严重奥济梅克（Ozimek，2013）。[2] 因此，对于租期较长，甚至超过一年的出租房，其粘性租金不应作为虚拟租金的参考对象，此时可结合重复租赁法（Repeat-rent）等方法加以处理。

不过，实践中也有不少人对该方法提出了诸多反对意见。首先，若政府对房屋租赁进行控制，或者政府补贴性租房占主导地位，则房屋租金的变化难以反映自有住房虚拟租金的实际变化；其次，当自有住房比率过大时，相对而言房屋租赁市场会相对减小，自有住房服务的价格参照范围将相对有限；再次，由于房屋的地理和物理特性都可能显著地影响着房屋租赁价格，因而不同地段和结构的房屋，其价格可比性可能并不强，这将为自有住房虚拟租金的确定带来一定程度的挑战。① 针对上述有关问题，下文将结合中国目前的现实情况做进一步的深入分析和探讨。

（1）目前中国实际房屋租金的变化是否能够近似地反映虚拟租金的变化。实际上，当政府租金管制和政府补贴租金在整个房屋出租市场占主导地位时，房屋租金的变化可能与虚拟租金存在显著差异，从而难以反映后者。但结合中国目前的现实情况来看，首先，中国政府并没有对房屋租赁市场采用较大范围的租金管制；其次，对于政府补贴租金的情况，国内有些地

---

① Johannessen，R. . *Owner-occupied Housing in Norway：Why the Rental Equivalence Approach is Preferred* [C]//Eight Meeting of International Working Group on Price Indices，Helsinki. 2004.

方,如北京、广州、温州等地已经开始实施,但主要针对低收入群体,如北京以月收入在 1200 元及以下、租住 70 平方米以下房屋家庭为重点补贴对象。① 因此,目前政府补贴租金实施的范围较为有限。由此可知,从目前中国现状来看,政府租金管制和政府补贴租金在整个房屋出租市场并未占主导地位,实际房屋租金的变化可以反映虚拟租金的变化。

(2)对于中国目前自有住房服务的价格参照范围问题。根据 2014 年 6 月 10 日,西南财经大学中国家庭金融调查与研究中心于北京召开的《中国城镇住房空置率及住房市场发展趋势报告发布会》,中国自有住房率如表 5.14 所示。

表 5.14　截至 2013 年 6 月底中国自有住房拥有率

中国城镇和农村				国外城镇		
国家或地区	全国	城镇	农村	美 国	英 国	德 国
自有住房拥有率	90.8	87.0	95.8	65.2	66.7	53.3

数据来源:中国家庭金融调查房地产发布会实录,ttp://bj. house. sina. com. cn/scan/2014-06-11/16402772106. shtml.

可见,我国自有住房拥有率相对较高,其水平处于世界前列。但事实上,近些年许多进城务工的人员,工作在城市,可仍然面临异地无房可住的事实。有房子却不在"身边",城市住房拥有率低于农村是目前中国城市地区居民住房较为普遍的现象。且根据 2014 年 4 月 1 日,中国家庭金融调查与研究中心对上述数据解释称,北京、上海等大城市自有住房拥有率远低于平均数,不同年龄段、不同地区家庭自有住房率差异较大。具体地,北京、上海、深圳自有住房率低于全国其他城市;其户主年龄在 35 岁以下家庭中,自有住房拥有率仅为 59.88%,在 35～45 岁和 45 岁以上家庭中,自有住房拥有率分别为 81.45%、82.3%。在其他城市地区相应年龄段家庭中,自有住房拥有率分别为 76.98%、87.73%、89.92%。②

由此可见,由于年轻人的自住房拥有率较低,以及有房却不在身边等原因,在城镇地区,真正长期居住在属于自己住房里面的人数比例显然要比自有住房率低得多。我们可由此推断,中国城镇地区,尤其是发达地区租房的

---

① 北京居民租房住,政府补租金[N],北京日报,2013.04.19,http://house. focus. cn/news/2013-04-19/3162424. html.

② 农村和城市的自有住房不能混为一谈,环球华网,2014.04.02,http://509. cc/n/jiaoyu/zcjd/2014/0402/21290. html.

现象还是较为普遍的。相应地,我国发达地区目前可以采用租金等价法来核算自有住房的服务价格。

但需要说明的是,在城镇化水平较低以及产业发展较为落后的中西部地区,人口流动性相对较差。相应地,这些地区房屋租赁现象可能并不普遍;另外,在落后的中国农村地区,房屋租赁现象可能也极为少见。因此,其租金等价法可能并不是很适用。在这样的情况下,有必要选择使用者成本法来加以替代,并参照国际经验的同时结合中国的现实情况,进一步完善现有使用者成本法在实践中的应用。

(3)对于实际房租与自有住房在地理、物理等特性上的差异对租金等价法应用条件的影响,实践中可以使用商品质量调整法进行处理。商品质量调整的方法较多,一般可分为间接(亦称隐性)调整法和直接(亦称显性)调整法,前者主要适用于缺乏替代项目,或难以对商品质量特征进行量化的情况下使用,而当两类条件都具备时,往往选择直接法进行商品质量调整。由于各种显性方法中,Hedonic 的应用最为常见和广泛。因此,下文着重对该方法的应用作进一步的分析。

对于 Hedonic 方法的应用,早在 20 世纪 80 年代,美国就将该方法引入到自有住房的虚拟租金估算中。目前德国也在虚拟租金的估算中应用 Hedonic 质量调整方法。实践中,对于 Hedonic 质量调整法在租金等价法中的应用,需要考虑到以下关键性问题。

首先,应该引入哪些变量进入模型。关于这一问题,学术界的研究得出了一些结论。例如,约翰内森(Johannessen,2004)认为,某种程度上来讲,租金是房屋特征和地理区位的函数,当然其他因素,如房屋租赁市场的供需关系,房东的行为、潜在租户的行为、租赁合同和行为等也都将影响房屋租赁价格;布朗、拉夫雷斯(Brown and Lafrance,2006)则认为,房间数量、浴室数量、房屋类型、地理位置是房租价格的重要影响变量;另外还有一些学者建议将房屋结构、邻居效应和环境因素等引入 Hedonic 模型中。当然,Hedonic 模型中变量的引入,还需要结合中国的现实经济情况一并加以分析和论证;其次,关于模型的形式,一般使用对数形式的 Hedonic 回归模型(包括半对数和双对数形式)。例如,布朗、豪、拉夫雷斯(Brown,Hou,and Lafrance,2010)就倾向于使用半对数模型,也即:

$$\ln(rent)_{it} = \alpha + \beta rooms_{it} + \delta bathrooms_{it} + \gamma type_{it} + p_{it} + \varepsilon_{it}$$

其中,$rooms$ 表示房间数量;$bathrooms$ 表示浴室数量;$type$ 表示房屋类型;p 表示地理位置所体现的价格信息等。

其他一些学者,例如普拉格、米利咖、卡普罗(Prague,Melichar and Kaprová,2013)也同样使用了半对数形式模型进行相关研究。这主要是因为实证结果显示,该半对数形式的模型拟合效果更好,能够更好地反映经济现实情况。

其次,Hedonic 的应用要对模型系数进行定期更新。由于商品特征和价格的变化,从而导致特征与价格间的关系呈现出动态化特征。相应地,也就需要定期更新 Hedonic 模型的回归系数,以更为真实地反映经济现实情况。

第六章　CPI 编制方法的相关比较及其进一步改革措施

早在 1925 年第二届国际劳工统计学家会议上，人们就制定了首套编制"生活费用指数"的国际标准。后来，国际劳工组织统计学家会议分别于 1947 年、1962 年和 1987 年三次通过有关决议，并修改了该标准，同时于 1987 年组织编写了 *Consumer Price Indices：An ILO Manual* 一书。后来，随着人们对 CPI 编制理论和实践问题认识的不断深化，国际劳工组织（ILO）曾多次组织专家对其进行了修改和补充完善，并于 2004 年再版了国际《CPI 手册》，该手册汇集了世界众多国家和地区实务部门的经验，为世界各国 CPI 的编制制定了一套国际经济统计标准，从而有效地促进了 CPI 的国际可比性。

对于中国而言，国家统计局从 2000 年开始正式启用了一套新的、旨在更好地与国际接轨的 CPI 编制程序。这标志着中国 CPI 的编制工作由此迈出了重要的一步，并更好地满足了国民核算和社会大众的需要。但作为发展中国家，中国 CPI 的编制工作仍处于向国际规范《CPI 手册》转变的过渡期，其与该规范难免存在某些差异。从实践来看，这些差距也从某种程度上反映了中国 CPI 编制工作的不足，在通货膨胀较为严重的时期，这些不足甚至可能引发居民对 CPI 数据的误解和质疑。因此，有必要对其差异进行系统、深入的对比、分析。

目前国内已有部分学者进行了相关方面的研究，例如，李平（2007）、宋宋晨（2009）、许涤龙、谢敏（2008）等基于 CPI 统计方法的研究；刘文华（2008）、高艳云（2008、2009）、石刚（2012）等基于 CPI 编制、公布及数据质量的相关研究。但综合来看，这些研究显得较为分散，其针对性也还有待于进一步加强。因此，本章试图系统地从一般层面分析中国 CPI 编制程序与《CPI 手册》存在的差异，并进一步从 CPI 编制的实践层面上，将中国 CPI 的相关情况与编制技术较为成熟、编制程序较为规范的美国及其他国家进行详细比较和深入分析，以为中国 CPI 的进一步优化提供参考和建议。

第一节　中国 CPI 编制方法与《CPI 手册》及美国之比较

一、CPI 的编制理论、用途的规范与比较

（一）CPI 基本理论的规范与比较

CPI 衡量的是住户消费品价格的综合变化情况。早在 1962 年的第十届国际劳工统计学家会议《决议》中就指出，CPI 同时涵盖"生活费用指数"和"固定篮子指数"两种理论。因此，《CPI 手册》也就同时涵盖了两种理论方法。由此可知，中国 CPI 以"固定篮子指数"理论为基础是符合《CPI 手册》规范的；另外，美国劳工统计局多年前就将"生活费用指数"作为 CPI 的理论基础，其目前公布的 CPI-U（城市居民消费价格指数）、CPI-W（城市工人消费价格指数）、C-CPI-U（城市居民链式消费价格指数）①等也都是基于该理论的。显然，中美两国选择了两种不同的 CPI 编制理论。两种理论，孰优孰劣？实践中应该做何选择？对此，有必要做进一步的深入分析。

上述两种理论的基本含义分别是，在不同时期及其相应商品价格情况下，代表性消费者为了维持同一效用水平，其所购买两期最优商品篮子组合平均支出费用的相对变化；在不同时期及其相应商品价格情况下，代表性消费者购买代表性固定篮子平均支出费用的相对变化。由此可见，两者的本质区别在于，代表性消费者购买的商品篮子是否可变。实践中，由于商品间价格水平的相对变化会产生所谓的"替代效应"，因而可变篮子无疑更具代表性，而固定篮子的代表性则逐期下降，并导致其指数出现替代偏误。

但从实践操作来看，要编制真正意义上的"生活费用指数"也绝非易事。该指数关于消费者行为完全理性，居民偏好固定不变，效用水平以某种确定形式的函数进行测算等一系列严格假设与客观现实不甚匹配，甚至相差甚

---

① CPI-W 覆盖了大约总人口数的 28%，而 CPI-U 和 C-CPI-U 则同时覆盖了大约总人口数的 88%。

远,从而导致其出现了编制上的困难(正因如此,目前美国也只编制了近似意义上的"生活费用指数")。显然,用"生活费用指数"理论代替传统指数理论并非医治替代偏误的良方。况且现实中,还存在着其他诸多解决替代偏误的方法,例如,定基指数基期的定期更新、对称加权指数的运用、链式指数的编制等,其中每一种方法的选择都可在相当程度上减轻替代偏误,其中链式指数更是如此(后面将对其做深入分析)。显然,这些方法的适当运用对降低"固定篮子指数"的替代偏误具有重要作用。

正是考虑到上述诸多现实情况,对于选择何种理论编制 CPI,一直是指数理论界较具争议的问题。而且,目前也只有美国、荷兰、瑞典等极少数国家以"生活费用指数"为其 CPI 的理论基础。其实,由于实践中一系列棘手问题的存在,目前并非编制"生活费用指数"的有利时机。对于中国而言,选择上述三类及其他类似方法,在"固定篮子指数"理论框架内进一步完善其不足,或许更为可取。

(二)CPI 用途的规范与比较

《CPI 手册》将 CPI 的作用归纳为:衡量广义通货膨胀,指数化,实际消费与收入的测算、核算等。从中美两国统计官方网站公开的资料来看,双方都将衡量广义通货膨胀作为其编制 CPI 的主要目的,同时另外两种目的也被包含其中。因此,中美两国与《CPI 手册》概述的编制目是一致的。这也从一定程度上说明了,两种理论基础下的 CPI,具有近乎相同的功能。毕竟,不管编制基于何种理论的指数,其最佳做法其实可能很相似(《CPI 手册》,2004)。但从中国的实践来看,近些年居民对 CPI 数据的一些态度,还是从一定程度上反映了中国 CPI 功能上的缺陷。

从 2010 年下半年开始,中国 CPI 出现了新一轮快速上涨。与此同时,大多数居民对物价上涨的真实感受与 CPI 统计数据也开始出现背离,也即所谓的"主观感受"和 CPI 真实数据的不一致。于是人们纷纷开始对 CPI 数据的真实性提出质疑,国家统计局也从多方面对其进行了详细的解释。其实,"背离现象"的出现并非偶然,而且还有明显的收入阶层性,各阶层间的差异还较为明显。显然,CPI 作为一个总指数,难以反映不同阶层的"主观感受"。但人们之所以根据"背离现象"一味地指责 CPI 数据的真实性,其主要原因在于,一方面,消费者误将 CPI 作为本阶层的分类指数(特殊群体 CPI)加以理解。这无疑从侧面反映了 CPI 指数体系的不完善,特别是关于中低收入阶层特殊群体 CPI 的缺失;另一方面,部分中低收入阶层难以承受较高通货膨胀对其消费支出的影响,而政府又缺乏相关的福利政策。但相对而言,美国的通货膨胀一般较为温和,同时美国政府还制定了有关针对中低收入阶层的系列福利政策,以用于补偿通货膨胀对该阶层居民消费支出的不利影响。

因此,在经济形势复杂多变的中国,现有 CPI 体系应该给予中低收入阶层适当的关注,以反映通货膨胀对该阶层消费支出的影响。当然,同时制定一系列旨在减缓通货膨胀影响的福利政策也是必要的。

总之,复杂多变的社会经济现象也对 CPI 的功能提出了更高的要求。因此,编制满足各经济主体需求的特殊群体 CPI,进一步完善 CPI 功能体系,无疑具有较强的现实意义。

二、CPI 抽样设计的规范与比较

抽样设计是 CPI 数据采集的基础性环节,其抽样设计的科学性与否直接影响到调查数据的质量。抽样设计是一个较为复杂的过程,限于篇幅,本书只针对其中商户和商品项目的抽样所涉及到的抽样方法及其相关技术进行考察。

(一)抽样方法的选择与比较

实践中对于商户或商品项目的抽样主要基于两类方法,即概率抽样和非概率抽样。其中,每类方法又可细分为若干种不同的小类,表 6.1 列出了《CPI 手册》中的相关方法。

表 6.1　《CPI 手册》中关于 CPI 数据采集的抽样方法及其分类

两大类方法	细分小类方法	说明	适用情况
概率抽样法	简单随机抽样	通过随机抽样选择样本单位	各单位具有相对同质性
	系统化抽样	对抽样框进行等距抽样	
	系统化的概率与规模成比例抽样	详细介绍见《CPI 手册》	样本大小是随机确定的
	有顺序的概率与规模成比例抽样		
	Pareto 概率与规模成比例抽样		

续表

两大类方法	细分小类方法	说明	适用情况
非概率抽样法	排除抽样	选择 n 个最大的单位,并排除其余单位	样本通常只包含极少数单位
	定额抽样	根据已知特征,选定与全域相同的样本比例,并对整个抽样过程进行统一管理	对抽样对象的基本特征较为了解
	代表性项目法	选择有代表性的项目作为样本	同质性的商品种类较多

资料来源:《CPI 手册》及作者的整理。

　　由 6.1 表可知,每种抽样方法都有一定的适用条件,使用者可灵活选择。不过,当缺乏抽样框、基期的概率样本不是本期恰当概率样本等情况下,非概率抽样法也是不错的选择,但该方法却不利于抽样的方差估算;而对于概率抽样,其优点是能够获得有效的小样本,并易于样本的更新、项目替换与质量调整和方差估计等。但在抽样前,必须先建立相应的抽样框,从而复杂了抽样过程。尽管如此,《CPI 手册》依然指出,现代统计抽样理论侧重于概率抽样,该方法作为所有统计调查的标准方法得以大力推荐。然而,现实中迫于条件的限制,大多数国家还主要依赖于非概率抽样。

　　为了进一步将中国同《CPI 手册》和美国进行比较分析,下面将中美的抽样方法列于表 6.2。

表 6.2　中美两国统计官方 CPI 抽样方法

对象	美国	中国
地理区域	人口超过 150 万的大都市作为样本单位,其他都市和非都市区采用概率比例抽样法	省会城市和重点市、县被选为样本。其他城市采取等距抽样法。县抽选方法与市抽选(区)相同
商户	根据商户成交额所占相应抽样框总体成交额的比例分配被选中的概率,也即概率比例抽样法	对被选中县市的各类型的商场(店)、农贸市场、服务网点采用等距抽样
商品	系统的概率比例抽样法	选择消费量大、代表性强的合格品,即代表性项目法

资料来源:美国劳工统计局网站、《CPI 手册》以及作者的整理。

从表 6.2 来看,中国地理区域和商户的抽样主要使用(等距离)概率抽样,同样美国也使用了概率抽样,两者的差异并不显著。而对于商品项目的抽样,中国则主要使用了代表性项目法(该方法也是抽选商品的常用方法),而美国则依然使用概率抽样。由此可见,中美两国关于商品项目的抽样方法是存在差异的。另外,结合表 6.1 和 6.2 来看,中国 CPI 的抽样方法是符合《CPI 手册》规范的。

(二)抽样方差的估计与比较

抽样调查的主要目的是对总体目标量进行估计,而估计量的方差则是衡量抽样调查的精度,特别是有关抽样误差的一个重要标准。因此,对估计量的方差进行控制与估计是抽样设计与分析中的一个十分重要的技术问题[1],实践中进行有效的抽样设计,运用估计方差进行评估也是必要的。[2]

因此,《CPI 手册》明确指出,应基于抽样方差的基本分析,以对抽样设计进行合理优化。表 6.3 列出了有关主体 CPI 方差估计的相关信息,以便进一步的比较。

表 6.3　不同主体关于 CPI 方差的估计情况

主 体	方差估计的要求	方法	估计的对象	具体操作
《CPI 手册》	要求	无明确规定	商户或项目	无具体说明
美国	要求	VPLX 软件的分层随机组法	城市区域,东北部、中西部、南部、西部等地区项目和商户	在每个地理区域抽取两个或多个独立的样本,先为其计算价格指数的方差,然后将其汇总成整个地区及项目组的方差
中国	没有要求	无	无	无

资料来源:作者整理。

由表 6.3 可知,中国统计官方并没有对 CPI 的估计值进行方差估计,这可能是因为其使用了代表性项目抽样法而难于方差估计的原因,这也是其与《CPI 手册》的明显差异。由上述分析可知,这一差异实质上体现

---

① 冯士雍,邹国华译. 方差估计引论[J]. 数理统计与管理,2000(3):50.
② 金勇进等. 抽样技术[M]. 北京:中国人民大学出版社,2002.

了前者与后者的差距。而从 1987 年开始,美国就使用了方差估计,并形成了一套完整的方案,这从一定程度上反映了美国抽样调查的设计是优于中国的。

总之,从理论和实践两方面来看,中国都有必要进行 CPI 的方差估计。但对于具体的估计方法,有赖于进一步的深入研究。

三、CPI 误差控制的规范与比较

CPI 作为极其重要和极具应用价值的一类宏观经济指标,其数据质量事关重大,其误差控制也就显得十分必要。相对而言,由于非抽样误差影响因素的多样性和复杂性,其测定和控制难度也相对较大。因此,本书主要从以下几个方面针对该类误差的控制问题加以比较分析。

(一)样本轮换的规范与比较

产品推陈出新、市场瞬息万变等现象都会导致居民消费品出现快速的变更交替,从而致使原样本的代表性不断降低,CPI 开始出现非抽样误差。因此,实践中需要不断地对样本进行轮流的、周期性的更新,此即为样本轮换。样本轮换在提高样本代表性的同时,也减少了日后被迫性的替代。另外,《CPI 手册》也指出,统计机构有必要进行样本轮换,但样本轮换的频率则取决于相关领域产品的更新速度。下面进一步列出中美两国样本轮换的实际情况,以便进行相关比较(表 6.4)。

表 6.4 中美两国样本轮换周期和规模

国家	地区轮换	商户轮换	项目轮换
美国	以五年为一周期,进行地区的轮换	以四年为一周期,每年 25% 的轮换率	与样本地区同时轮换,其中对于少数代表品每两年轮换一次,例如,处方药等
中国	每五年轮换一次	每年有微调	原则上一年之内无轮换,但对于失去代表性的消费品每年要进行一次被动的调整和补充

资料来源:美国劳工统计局网站及作者的整理。

由表 6.4 可知,中国 CPI 的地区和商户样本都有一定程度的轮换,这与《CPI 手册》的规定和美国模式都无显著差异;但从项目轮换频率和规模来看,中国与《CPI 手册》存在一定程度的差异,而与美国的差异则更大。

其实,作为向市场经济转型的发展中国家,中国居民消费品的推陈出新速度应该是非常快的,若一年之内不对商品项目进行主动轮换,将会错失很多纳入新产品的机会,并导致 CPI 出现一定程度的非抽样误差。

(二)权重基期更新的规范与比较

实践中,当商品价格发生相对变化时,消费者趋向于购买价格相对便宜的商品,此即为替代效应。因此,不同时期,同一类商品的(支出份额)权重会存在一定的差异。例如,在 2001—2008 年间,美国电视机的价格一直保持着稳定的下降趋势,相应地,其权重也出现了较大的波动(表 6.5)。

表 6.5　美国 2001—2008 年间电视机消费支出份额变动情况

年份	CPI 中的支出权重(%)
2001—2002	0.21
2003—2004	0.16
2005—2006	0.28
2008	0.17

资料来源:Greenlees,John. S. and Elliot Williams. *Reconsideration of Weighting and Updating Procedures in the US CPI*,2009,Bureau of Labor Statistics Working Paper 431.

从表 6.5 来看,8 年时间里,电视机的支出份额发生了显著的变化,其极差为 0.12%。显然,固定权重不利于反映这种动态变化特征。因而,随着时间的逐期推移,其样本的代表性将越来越差,其产生的误差也会不断增加。统计机构一般都倾向于定期更新权重基期,以更加真实地反映居民消费模式和结构特征。基于此,《CPI 手册》指出,应定期更新权重基期,比如每五年一次。其中特别强调,对正经历重大经济变革的国家,居民消费模式调整会相对较快,其权重基期的更新也应更频繁。

从 2000 年开始,中国对 CPI 的权重数据每 5 年一大调,同时每年进行适当微调。显然,作为正处经济转轨期和居民消费结构模式快速更新的中国,这样的频率与《CPI 手册》的要求还是存在一定差异的。例如,同处经济转型期的东欧国家,如波兰、斯洛伐克、匈牙利、斯洛文尼亚等国,其 CPI 权重基期更新周期均为一年。比较而言,中国权重基期更新周期相对较长,这势必会导致 CPI 出现权重偏误性的非抽样误差。而从 1999 年 12 月开始,美国劳工统计局将权重基期的更新周期确定为 2 年,其频率显然要高于《CPI 手册》的基本要求,更要高于中国。不过,此前,美国的权重基期是每 10 年更新一次。

总之,中国权重基期的更新频率有待于进一步提高。尽管这一举措将会增加统计成本,但其所带来的好处也是多方面的。例如,减小了商品间的替代偏误、为编制链式指数提供了有利条件。

(三)商品质量调整差异与比较

无论是采用何种理论编制 CPI,都要求其篮子中所包含的商品是同质(也即相同的质量)可比的,其目的是单纯反映商品价格水平的相对变化。而实践中,新旧商品替换和样本轮换等现象,往往使得该条件难以成立,从而导致 CPI 出现某种程度的质量变化偏误。1996 年,Boskin 委员会的《博斯金委员会报告》将产品质量变化视为美国 CPI 偏差的最大因素。由此可见,在 CPI 的数据处理过程中,质量调整的重要作用。《CPI 手册》也就指出,不管难度有多大,统计部门都必须对其予以重视,并尽可能进行显性质量调整,否则,CPI 将会出现较大程度的高估。

但中国却迟迟没有使用质量调整法,这也是其与《CPI 手册》间的明显差异,这无疑会给中国 CPI 数据质量带来一定程度的影响;另外,早在 20 世纪 80 年代,美国劳工统计局就着手开始对 CPI 项目中的汽车进行质量调整。随后,美国统计官方逐渐认识到 CPI 数据质量调整的重要性,并不断扩大其调整范围。到目前为止,美国劳工统计局已将质量调整法中的 Hedonic 法扩展到十多类产品和服务项目中,并致力于将新产品纳入 CPI 的评估体系中。而对于具体的质量调整法,美国主要选择了可比项目法、虚拟法、直接质量调整法等。而直接质量调整法则包括专家判断法、数量调整法、生产成本法、选项成本法和 Hedonic 法等。其中,受到的关注相对较高,应用性也相对较强的要数 Hedonic 方法,该方法正逐步发展成为统计实务部门的主流方法。

总之,从商品质量调整的重要意义和各国的调整实践来看,中国可尝试选择某类商品(例如,电视机等),开展局部范围内的基于 Hedonic 方法的质量调整工作。

(四)季节性产品处理方法差异与比较

在 CPI 的抽样过程中经常会碰到一类特殊商品,它们仅在一年的部分季节(月份)出现,此类商品即为强季节性商品。尽管目前人们并没有找到该问题的有效解决方案,但为了提高商品篮子的代表性和减少系统性偏误,有必要通过特别程序化的方式对季节性产品进行处理。

《CPI手册》列举了多种季节性产品处理方法(本书的讨论仅限于经济指数法),石刚(2012)也对其方法进行了归类。本书将从诸方法表现出来的差异和共性角度,将其归为下列三类(表6.6)。

表 6.6　基于经济指数法的季节性产品处理方法的比较

类别	方法	优点	缺点
商品篮子重叠法	最大重叠月环比价格指数法	取两期同时出现的商品,排除了部分强季节性商品的干扰,无需考虑缺失商品价格;计算更为简便、直接	价格对比基期越滞后,两期重叠商品种类越少,指数产生的偏差也越大;同时强季节性商品难以被纳入
缺失商品价格补充法	对不可得价格采用转结价格的年度篮子法	数据采集相对简单,处理缺失商品价格较为简便	使用该方法计算的指数仍然具有较大的季节性波动,不适合于直接预测经过季节调整的滚动年指数
	对不可得价格采用虚拟的年度篮子法		
长期趋势法	同比月度指数法	较易编制、能够较好地处理季节性产品问题,照其方法编制的同比月度指数较易推出同比年度指数	不利于编制月度和季度链式指数,难以反映短期内价格水平的相对变化
	同比年度指数法		
	滚动年份年度指数法		

资料来源:根据《CPI手册》整理。

由表6.6可知,各种季节性产品处理方法都存在某种程度的优缺点。例如,若对缺失类商品采用价格转结或虚拟法,尽管容易获得其数据,但该方法计算出的指数仍表现出明显的季节性波动特征。对此,我们还需用时间序列方法对其进行季节调整;而尽管长期趋势法属于处理季节性产品较为简单、有效的方法,但由此编制的指数只能测量价格水平的长期(至少为一年)变动趋势,而难以反映短期内商品价格的波动特征。不过,该方法得到了不少学者的推荐,例如,Diewert等(2009)认为,月度同比指数法对于强、弱季节性产品均适用、许多用户需要使用此类指数,而且该指数也是编制滚动年指数和同比年度指数的基础；Mudgett(1955)年和 Stone(1956)分别推荐该方法应用于 CPI 和 PPI 的编制。尽管如此，《CPI 手册》依然指出，到目前为止，对何为这一领域的最佳做法尚无共识。对一个"典型"国家来说，季节性支出经常占所有消费支出的五分之一到三分之一（《CPI 手册》，2004）。因此，季节性产品对商品权重结构的影响不容忽视。美国目前对季节性产品的处理包括，在低层汇总时主要采用对不可得价格进行虚拟的方法，在高层汇总时则使用了时间序列法。目前，中国统计官方已经开始对部分季节性产品进行处理，但处理的方法和手段仍需进一步完善。

四、CPI 汇总的规范与比较

众所周知，CPI 的汇总通常分两个阶段进行。首先是对商品进行基本项目分类，并估算其分类价格指数（即为基本价格指数），此即为 CPI 的低层汇总；其次是对基本价格指数进行加权平均以得出高层级价格指数，此即为 CPI 的高层级汇总。下面就两阶段中所涉及到的主要问题进行相应分析。

（一）商品基本分类、基本价格指数的构造规范与比较

1. 商品基本分类的构成与比较

商品基本分类是将居民消费类商品分为相对同质的产品。对于基本分类项目的选择，《CPI 手册》强调要注意以下几点。首先，入选项目的价格变动应具备较好的代表性；其次，项目数量的确定应确保估算出的指数在统计上具有可靠性；最后，对于同一项目，在确保其代表性的同时，应尽量延长其跟踪时间。从实践上来看，中国 CPI 商品项目的选择也主要遵循这几项原则。不过从实践中对商品项目的分类来看，中美两国还是存在一定差异的，因为后者包含了更多服务类商品，其分类也更加完整。

2. 基本价格指数的构造及比较

根据是否加权，可将价格指数分为加权价格指数和非加权价格指数。具体分类见表 6.7。

基本价格指数亦即基本分类的价格指数，实践中可以使用各种不同的指数公式对其进行计算。表 6.7 列出了《CPI 手册》所参考的、以及美国和中国实际使用的基本指数公式。

表 6.7　基本价格指数的系列指数构造方法

主体	基本价格指数的构造			说明	
《CPI 手册》	未加权（或隐性加权）初级价格指数	不能反映商品间的相互替代关系	Carli 价格指数： $$P_C(\boldsymbol{p}^0,\boldsymbol{p}^1)=\frac{1}{n}\sum_{i=1}^{n}\frac{p_i^1}{p_i^0}$$	$p^0\neq 0$；该指数存在明显的上偏（不满足循环性测试），目前各国统计官方很少使用	统计官方应用较为普遍
			Dutot 价格指数： $$P_D(\boldsymbol{p}^0,\boldsymbol{p}^1)=\frac{\dfrac{1}{n}\sum_{i=1}^{n}p_i^1}{\dfrac{1}{n}\sum_{i=1}^{n}p_i^0}$$	不满足同度量性检验，不能反映商品间的相互替代性	
		能反映项间的相互替代关系	Jevons 价格指数： $$P_J(\boldsymbol{p}^0,\boldsymbol{p}^1)=\prod_{i=1}^{n}\left(\frac{p_i^1}{p_i^0}\right)^{1/n}$$	$p^0\neq 0$；在使用规模成比例抽样情况下，能反映商品间的相互替代性（替代弹性为1）	
			调和平均价格指数： $$P_H=\left(\frac{1}{n}\sum_{i=1}^{n}\frac{p_i^0}{p_i^1}\right)^{-1}$$	$p^t\neq 0$；能反映商品间的相互替代性（替代弹性为-2，与现实情况不甚相符）	目前统计官方少用或不用
			Lloyd-Moulton 价格指数： $$P_{LM}^{t/0}(\boldsymbol{p}^0,\boldsymbol{p}^t)=\left\{\sum_{i=1}^{n}s_i^0\left(\frac{p_i^t}{p_i^0}\right)^{1-\sigma}\right\}^{\frac{1}{1-\sigma}},\sigma\neq 1$$	对替代弹性 $\sigma(\neq 1)$ 的估计需要大量的开发和维护工作	
	加权（或显性加权）初级价格指数		Laspeyres 价格指数： $$P_L(p^0,p^1;q^0)=\frac{\sum_{i=1}^{n}p_i^1q_i^0}{\sum_{i=1}^{n}p_i^0q_i^0}$$	$p^0\neq 0$，适用于有可利用的加权信息的情况，$Dutot$ 初级价格指数是其特殊形式	
			Laspeyres 几何价格指数： $$P_{LG}=\prod\left(\frac{p_i^t}{p_i^0}\right)^{\omega_i^0}$$		

续表

主体	基本价格指数的构造	说明	
美国	Laspeyres 几何价格指数： $$P_{LG} = \prod \left(\frac{p_i^t}{p_i^0} \right)^{\omega_i^0}$$	大多数项目采用 *Laspeyres* 指数进行初级汇总，少数项目采用 *Laspeyres* 几何指数进行低层汇总	商品项目权数为每 2 年更新一次，故只能使用时间上相对滞后的近似 *Laspeyres* 指数
	Laspeyres 价格指数： $$P_L(\boldsymbol{p}^0, \boldsymbol{p}^1; \boldsymbol{q}^0) = \frac{\sum_{i=1}^{n} p_i^1 q_i^0}{\sum_{i=1}^{n} p_i^0 q_i^0}$$		
中国	Jevons 价格指数： $$P_J(\boldsymbol{p}^0, \boldsymbol{p}^1) = \prod_{i=1}^{n} \left(\frac{p_i^1}{p_i^0} \right)^{1/n}$$	一个指数应用到所有不同类项目，可能会产生较大的低层替代偏差	

注：p_i^t 和 p_i^0 分别为基本分类项目基期和当期的价格，n 表示项目的总数。ω_i^t 为 t（$t=0$、1 时候，分别表示基期和当期）期的支出份额，下同。

资料来源：作者整理。

从理论上来讲，上述指数都可用于 CPI 的低层汇总。实践中，由于权数资料获得上的困难，人们往往倾向于采用未经加权的下列指数进行低层汇总，即：

$$\text{Carli 价格指数：} P_C(\boldsymbol{p}^0, \boldsymbol{p}^1) = \frac{1}{n} \sum_{i=1}^{n} \frac{p_i^1}{p_i^0} \tag{6.1}$$

$$\text{Dutot 价格指数：} P_D(\boldsymbol{p}^0, \boldsymbol{p}^1) = \frac{\sum_{i=1}^{n} p_i^1}{\sum_{i=1}^{n} p_i^0} = \frac{\frac{1}{n} \sum_{i=1}^{n} p_i^1}{\frac{1}{n} \sum_{i=1}^{n} p_i^0} \tag{6.2}$$

$$\text{Jevons 价格指数：} P_J(\boldsymbol{p}^0, \boldsymbol{p}^1) = \prod_{i=1}^{n} \left(\frac{p_i^1}{p_i^0} \right)^{1/n} \tag{6.3}$$

而官方统计机构对于基本指数的选择，还要进一步考虑到其指数检验的优良性和指数所反映的商品间相互替代性等问题。

对于第一类问题，《CPI 手册》提出了一系列针对基本指数的 9 条检验标准，由于 Carli 指数未能通过其时间逆检验，也即，$P_c(P^0, P^1) P_c(p^1, p^0) \geqslant 1$，Fisher（1922）据此首次确定该指数存在上偏，并建议人们放弃采用该指数；Dutot 指数仅未通过其中的公度性检验，而 Jevons 则通过了其全部检验；对于第二类问题,后两类价格指数所反映的替代弹性分别为 0、1。不过,Jevons 价格指数的交叉单位弹性是以对商品项目采用总支出份额概率成比例抽样为条件的,下面对其进行简单推导。

假设消费者偏好为柯布——道格拉斯型的[①],则其效用函数为:

$$f(\boldsymbol{q}_1,\cdots,\boldsymbol{q}_n)=\prod_{i=1}^{n}q_i^{\beta_i},\qquad(6.4)$$

其中

$$\beta_i=\frac{q_ip_i}{\sum_{i=1}^{n}q_ip_i}>0;i=1,\cdots,n;\sum_{i=1}^{n}\beta_i=1\qquad(6.5)$$

则根据 Konüs 真实的价格指数理论,上述函数对应的两期最小成本支出之比为:

$$\frac{c(\boldsymbol{p}^1)}{c(\boldsymbol{p}^0)}=\prod_{i=1}^{n}\left(\frac{p_i^1}{p_i^0}\right)^{\beta_i}$$

且各商品项目支出对应的比例关系为:$p_i^1q_i^1=\lambda p_i^0q_i^0$,其中,$\lambda>0;i=1,\cdots,n$。

进一步假设 $p_i^0q_i^0=y^0$,则上述分式可变为 $P=\frac{c(p^1)}{c(p^0)}=\prod\left(\frac{p_i^1}{p_i^0}\right)^{1/n}$,此即为 Jevons 价格指数。

该分析表明,如果采用总支出份额概率成比例抽样,则可从微观经济学的角度表明 Jevons 价格指数反映了商品间的交叉替代关系。

总之,相比较而言,Jevons 价格指数是较为理想的低层汇总指数,特别是该指数还具有隐性加权功能。在难以获得加权信息的情况下,该指数能够在一定程度上减轻替代偏误。

显然,当 CPI 中商品项目的抽样不满足总支出份额概率成比例抽样方案时,该指数难以反映上述替代关系,从而导致其产生较为严重的替代偏误。例如中国就是如此,其在商品项目的抽样上使用的是代表性项目法,而非总支出份额概率成比例抽样,Jevons 价格指数隐性加权的条件没有得到满足。因此,中国 CPI 的编制并没有真正考虑低层类商品间的相互替代关系,这也是中国 CPI 与《CPI 手册》的规范统计官方以不同形式反映商品项目间的相对重要性,即使没有显性加权,隐含加权也是可取之举——间的显著差异。

其实,即使实现了隐性加权,Jevons 价格指数也会产生较大的替代偏误。人们原先一直以为使用未加权指数造成的偏差并不太显著,但随着越

① 可验证该函数反映了商品间因价格相对变化而发生的替代效应,且其替代的交叉替代弹性为 1。

来越容易获得电子销售点的扫描数据,最近看法已有变化。最近的证据显示,与理想目标指数的结果相比,低层级集合可能会造成相当大的上偏(《CPI 手册》,2004)。可能正是基于这一现象的考虑,美国 CPI 的低层汇总采用了 Laspeyres 价格指数,这一方式显然已超出了《CPI 手册》的规范和中国的实践,其对降低 CPI 的低层替代偏误无疑具有重要作用。美国的这一做法,属于低层汇总较为理想的目标方式,这一做法值得我们学习和借鉴。

(二)较高层级价格指数的编制规范与比较

较高层级价格指数的编制主要涉及到两方面的问题。一是指数公式的选择,二是指数及其序列的选择问题,下面分别对其进行相应的比较分析。

1. 指数公式的选择规范与比较

我们可将较高层级的汇总指数分为非对称加权和对称加权两类,其构造如表 6.8 所示。

表 6.8　《CPI 手册》关于较高层级汇总指数的构造

主体	较高层级汇总价格指数的构造		应用性说明	与"生活费用指数"(TCOLI)的近似情况
《CPI 手册》	非对称加权价格指数	Lowe 价格指数: $$P_{\text{Lowe}}(\boldsymbol{p}^0,\boldsymbol{p}^1,\boldsymbol{q})=\frac{\sum\limits_{i=1}^{n}p_i^1 q_i}{\sum\limits_{i=1}^{n}p_i^0 q_i}$$	操作上简单可行、易于解释。通常被统计官方用于向社会公众解释的指数	非常特殊情况下,该指数可以完全等同于"生活费用指数"
		Young 价格指数: $$P_Y(\boldsymbol{p}^0,\boldsymbol{p}^1,\boldsymbol{q})=\frac{\sum\limits_{i=1}^{n}\dfrac{p_i^1}{p_i^0}p_i q_i}{\sum\limits_{i=1}^{n}p_i q_i}$$	统计官方经常使用的低层级汇总指数,该指数使用了某一期的支出份额权数	难于比较
		Laspeyres 价格指数: $$P_L(\boldsymbol{p}^0,\boldsymbol{p}^1;\boldsymbol{q}^0)=\frac{\sum\limits_{i=1}^{n}p_i^1 q_i^0}{\sum\limits_{i=1}^{n}p_i^0 q_i^0}$$	由于权重参考期就是价格参考期,因此在权重更新较快的情况下更具适用性	为 Laspeyres-Konüs 价格指数的上界

续表

主体	较高层级汇总价格指数的构造		应用性说明	与"生活费用指数"(TCOLI)的近似情况
《CPI手册》	非对称加权价格指数	Paasche 价格指数: $$P_P(\boldsymbol{p}^0,\boldsymbol{p}^1;\boldsymbol{q}^1)=\dfrac{\sum\limits_{i=1}^{n}p_i^1q_i^1}{\sum\limits_{i=1}^{n}p_i^0q_i^1}$$	由于当期权重难以获得,导致其实用性受到较大限制	为 Paasche-Konüs 价格指数的下界
		Lloyd-Moulton: $$P_{LM}^{t/0}(\boldsymbol{p}^0,\boldsymbol{p}^t)=$$ $$\left\{\sum_{i=1}^{n}s_i^0\left(\dfrac{p_i^t}{p_i^0}\right)^{1-\sigma}\right\}^{\frac{1}{1-\sigma}},\sigma\neq1$$	估计替代弹性 σ ($\neq1$)需要大量的开发和维护工作	不变替代弹性偏好假定下的精确指数
	对称加权价格指数	Fisher 价格指数: $$P_F=\sqrt{P_LP_P}$$	由于涉及到当期的有关数据,因此往往难以编制对称加权的最优理想指数	在一定的成本函数形式及其相关假定下,这两类指数近似于 TCOLI
		Walsh 价格指数: $$P_w=\dfrac{\sum p_i^t\sqrt{q_i^tq_i^0}}{\sum p_i^0\sqrt{q_i^tq_i^0}}$$		
		Törnqvist 价格指数: $$P_{\text{Törnqvist}}=\prod\left(\dfrac{p_i^t}{p_i^0}\right)^{\frac{\omega_i^t+\omega_i^0}{2}}$$		超对数成本函数下,该指数即为 TCOLI
美国	Laspeyres 价格指数: $$P_L=\dfrac{\sum p_i^tq_i^0}{\sum p_i^0q_i^0}$$ Laspeyres 几何价格指数: $$P_{LW}=\prod\left(\dfrac{p_i^t}{p_i^0}\right)^{\omega_i^0}$$		首次发布的 CPI-U、CPI-W 和第二次发布的 C-CPI-U 均使用近似 Laspeyres 价格指数	如前
	Törnqvist 价格指数: $$P_{\text{Törnqvist}}=\prod\left(\dfrac{p_i^t}{p_i^0}\right)^{\frac{\omega_i^t+\omega_i^0}{2}}$$		最后修订的 C-CPI-U 使用该指数	如前
中国	事实上的 Young 价格指数		用 Laspeyres 价格指数向用户解释	如前

资料来源:作者整理。

根据表 6.8,从与"生活费用指数"的近似程度来看,对称加权指数公式有更突出的表现;另外,该类指数公式计算的 CPI 也相对稳定。因此,从理论上来看,对称加权指数是 CPI 高层级汇总的理想指数。但该类指数需要利用当期的权重数据,从而限制了其应用性。因此,统计官方往往退而求其次,选择非对称加权指数,例如拉氏(Laspeyres)、Lowe 价格指数和 Young 价格指数等。其中,由于后两类"拉氏型"价格指数不要求价格参考期和权重参考期的严格一致,往往更易获得统计官方的青睐。这一处理方式,既是大多数国家的选择模式,也是国际《CPI 手册》认可的一种标准。中国统计官方编制 CPI 时,其高层级汇总时实际使用的就是 Young 指数,这与《CPI 手册》并无差异。而美国则在 CPI-U、CPI-W 和前两次计算 C-CPI-U 时均使用近似的 Laspeyres 价格指数,而在最后一次计算的 C-CPI-U 中使用 Törnqvist 价格指数,这也是中美两国的区别。

2. CPI 指数及其序列编制的规范与比较

基于研究的简便性,此处主要分析两类指数及其序列:其一是将价格基期固定在某一时期,其他时期的价格均以此为比较对象的定基价格指数及其序列;其二是价格基期随报告期变化而逐期推移的环比指数链接成的链式指数及其序列。关于指数序列的选择问题,《CPI 手册》曾指出:Fisher、Törnqvist 和 Walsh 等三类对称加权指数都以足够高的近似度满足循环性检验,这样,我们是使用定基还是链式原则将无关紧要。因而《CPI 手册》倾向于认为,使用对称加权指数公式编制定基指数或使用非对称加权指数公式编制链式指数都将是可行的。不过,需要提醒的是,即使编制对称加权的定基指数,其权重基期也应该定期更新。

对中国而言,从我们所了解的情况来看,中国的 CPI 编制过程中高层汇总使用了链式拉氏公式,并编制了月环比、月同比以及定基价格指数等;而美国则编制了两类相对较为独立的指数序列,其中 CPI-U 主要以拉氏指数公式编制;而对于三类不同时期公布的链式指数而言,其与 CPI-U 编制的主要差异在于,仍以定基指数为基础的前提下选用了较新的权重数据,而且两者所使用的公式也不尽相同[①]。

由此看来,在 CPI 指数序列选择方法上,中国和《CPI 手册》并没有明显的差异,不过美国在计算链式 CPI 指数时,使用了与中国不同的公式和不同的权重基期更新频率,这显然是中美两国的又一主要差异。但需要说明

---

① 更为详细的信息也可以参考:美国劳工统计局网站 . An Introductory Look at the Chained Consumer Price Index[EB/OL],2012.

的是,由于某些原因,中美两国编制的可能并非真正意义上的链式指数。另外,在计算链式指数 C-CPI-U 时,美国对其进行了两次调整,最后一次计算的 C-CPI-U 使用了与前两次不同的 Törnqvist 指数。不过,这一数据的公布却推迟了近两年之久,而且三次公布的数据相差并不大。因此,美国链式指数编制方法对中国的参考意义值得我们学习和借鉴。

五、CPI 数据公布的规范与比较

由于 CPI 的广泛用途和深远影响,一方面要求我们编制出相对高质量的 CPI 数据,同时还要求我们搞好其公布和散发工作,充分利用 CPI 信息与用户进行必要的交流。下面分别就 CPI 公布和散发的国际规范进行概括,以便进行相关比较。

(一)CPI 公布和散发的国际规范

《CPI 手册》借用国际货币基金组织的数据公布和散发标准(SDDS),介绍了 CPI 公布的相关国际准则。这些准则包括数据质量、数据"真实性"以及公众对数据的可获得性等三方面的要求。

1. CPI 公布和散发的数据质量

这要求统计官方在公布和散发数据时,能够同时提供关于数据来源和方法、分项细节以及核对程度等方面的信息;同时还应随时对其指数或分类指数做出适当解释,以表明它们的用途与 CPI 本身的区别。其中,关于方法性的说明,一般应有相应的小册子系统介绍 CPI 的一系列相关内容,并对其进行适时更新。

2. CPI 公布和散发的"真实性"

这要求数据在保密性、公布前政府内部的可获得性、相关部委所作的评论、提供数据修订信息并提前通知统计方法的重大改变等方面有公开统一的标准。该要求既保证了各部门在数据发布上的统一性,又保证了统计官方在各项相关政策和制度上的公开和透明。

3. CPI 数据的可获得性

这要求事先宣布数据公布时间,并让所有用户同时得到尽可能多的信息。《CPI 手册》明确指出,详细数据对于一些用户的分析可能非常有用,而且数据的可获得性有助于促进居民对数据的信心。

（二）CPI 公布和散发的比较

为了进行相关对比，表 6.9 列出中美两国 CPI 公布和散发的相关信息，以便将中国与《CPI 手册》的规范和美国的实务进行相应对比。

表 6.9　中美两国统计官方公布的 CPI 相关信息

可能公布的 CPI 信息		国家		说明
信息类型	相关信息	美国	中国	
公布的数据质量	个人消费项目分类	公开公布	不公开	存在差异
	常见问题的解释	有	有	有差异
	CPI 的综合介绍手册	不断更新的 CPI 手册	有，但暂未公开	无显著差异
	CPI 编制过程的说明	关于部分商品 CPI 计算过程的举例	抽象的概括式说明	有差异
数据可获得性的公布	分类 CPI	城市 CPI、工人 CPI、地区 CPI、大类、中类、小类商品 CPI，各种分类 CPI、核心 CPI，季节性调整 CPI、链式 CPI 等	农村、城市 CPI，大类、中类 CPI，月环比和同比 CPI	中国公布的 CPI 种类甚少
	商品的权重	CPI 大、中、小类等各类商品权重	大、中类商品权重	有差异
	质量调整结果	服装、电器等十几类商品质量调整结果	无调整	同上
	方差分析结果	城市 CPI、工人 CPI、地区 CPI 等的方差分析结果	无分析	同上
	抽样调查的答复率	住户或商户调查的答复率	无公布	同上
	数据公布途径	网站、电话、劳工月报评论、电子邮件	统计局网站、统计年鉴等	无显著差异

续表

可能公布的 CPI 信息		国家		说明
信息类型	相关信息	美国	中国	
公布的真实性	不同部委数据发布的统一性	统一	统一	同上
	提前公布重要方法和技术变更	通过电子文件和互联网提前公布	通过互联网提前公布	同上

资料来源:作者整理。

　　由表 6.9 可知,尽管中国统计官方也做了不少关于 CPI 发布和散发的工作,但综合上述三方面来看,其发布和散发的工作还有待于进一步完善。例如,个人消费品项目分类的介绍、各种不同类型和层次 CPI 及其权重的公布、以及对 CPI 进行综合介绍等相关的资料,均缺乏一定的透明度和公开性,这也体现了其与《CPI 手册》一定程度上的差异。

　　另外,由上表可知,美国劳工统计局网站上公布的 CPI 信息可谓内容丰富,形式多样,适用性更强。这些信息包括,各种类型的 CPI 数据及其详细的分类权重、部分商品质量调整的结果、方差分析结果、抽样调查的答复率;CPI 手册、个人消费项目的分类和部分商品 CPI 计算过程等信息。显然,这些都从一定程度上体现了中国与美国在 CPI 公布和散发上的差距。

　　随着中国统计基础工作的不断发展与完善,其 CPI 的编制规范与国际《CPI 手册》和世界发达国家间的差异正在逐步减小。但 CPI 的编制又是一个庞大的系统工程,显然,这个工程的复杂行决定着它的"建设"不可能一蹴而就,而是一个逐步提高和完善的过程。因为,即使 CPI 编制技术已经相对完善的美国,其 CPI 的编制工作也经历了多次的全面修订和完善。而且目前,美国还存在新产品的纳入不及时、商品质量调整范围狭小、商品种类涵盖不全、链式指数数据反复调整等一系列没有解决的问题;另外,从世界范围内来看,发展中国家的 CPI 编制工作普遍要落后于发达国家,毕竟 CPI 的编制水平也是一国经济统计水平的具体体现。

第二节　G20 国家 CPI 编制方法的比较研究

2008 年全球金融危机爆发后,人们广泛地认识到不同国家间 CPI 相关数据可能存在的差距。据此,20 国集团财长和央行行长商定,并同意了人们提出解决数据差距及提高统计信息的多项建议,也即所谓的 G20 数据差距的"倡议"。该倡议的进展情况将在与国际经济和金融机构统计组织的合作及受其监管的情况下加以展开。这一组织的成员主要包括国际结算银行,欧洲央行,欧盟统计局,国际货币基金组织,经济合作与发展组织,联合国和世界银行。倡议的年度进展报告将由金融稳定委员会(FSB)秘书处和基金组织工作人员提供给 20 国集团财长和央行行长会议。G20 国家的经济统计数据将致力于在全球主要指标网站发布。

对中国而言,进一步从 CPI 编制的基本理论和方法上分析与 G20 其他国家所存在的差异,一方面可以更清楚地了解中国 CPI 编制的现实情况及国际水平,同时也为中国关于 CPI 的进一步改革提供一些借鉴,以及更好地履行 20 国之"倡议"。下面将就有关内容进行逐一的分析,但首先需要说的是,G20 国家具体包括阿根廷,澳大利亚,巴西,加拿大,中国,法国,德国,印度,印度尼西亚,意大利,日本,韩国,墨西哥,俄罗斯,沙特阿拉伯,南非,土耳其,英国,美国和欧盟等 20 个国家。

一、CPI 地理覆盖范围的有关比较

并不是 G20 所有的国家都针对整个国家的居民或地区编制了总体意义上的 CPI 指数,他们中也有一些国家主要针对部分地区编制 CPI。具体情况如表 6.10 所示。

表 6.10　CPI 地理覆盖范围之比较

阿根廷	城市地区:大布宜诺斯艾利斯自治市和大布宜诺斯艾利斯的 24 个直辖市
澳大利亚	城市地区:六个省会城市,加上达尔文(Darwin)和堪培拉(Canberra)
巴西	城市地区:9 个大城市,Goiana 直辖市和覆盖城市总人口的 40% 及整个国家总人口近 20% 的省会城市

续表

加拿大	城市和农村地区:所有的省份,白马和黄刀,城市地区的家庭和个人及农村私人住户
中国	城市和农村地区:全国 31 个省事自治区直辖市的 500 个城市和乡村
印度	城市地区:覆盖全国总人口约 30% 的印度工业中心
印度尼西亚	城市:66 个城市,33 个生活城市和其他的 33 个大城市
日本	整个国家
韩国	城市地区:38 个城市
墨西哥	城市地区:全国 7 个区域内被选中的 46 个具有代表性的小、中、大城市
俄罗斯	城市地区:涵盖俄罗斯所有行政区域的 266 个城市
沙特阿拉伯	城市地区:13 个区域性的省会城市和另外的 3 个大型城市
南非	整个国家:南非的 9 各省份
土耳其	整个国家
美国	城市地区
欧盟	欧盟的所有成员国
法国	整个国家:法国大陆的领土,包括海外省,但摩纳哥不包括其中
德国	整个国家:1991 年以来的统一体
意大利	整个国家:意大利经济区域
英国	整个国家

资料来源:作者整理。

由表 6.10 可知,并非每个国家的 CPI 都涵盖其全部地区,其中有 10 个国家只针对城市地区编制 CPI,8 个国家或地区编制了全国范围内的 CPI。

二、CPI 数据调查部门的有关比较

不同国家,编制 CPI 所使用的数据可能来源于不同的调查机构部门,下面详细列出每一国 CPI 数据的具体调查机构部门(表 6.11)。

表 6.11　**G20 国家 CPI 数据调查机构部门之比较**

国家或地区	价格指标	数据调查部门或单位
阿根廷	CPI	统计与普查研究所
澳大利亚	CPI	澳大利亚统计局
巴西	CPI	地理和统计研究所
加拿大	CPI	加拿大统计局
中国	CPI	中国国家统计局
印度	CPI	印度统计教育部
印度尼西亚	CPI	中央银行和印度尼西亚银行
日本	CPI	日本统计局
韩国	CPI	韩国统计局
墨西哥	CPI	墨西哥国家统计局
俄罗斯	CPI	俄罗斯联邦国家统计局
沙特阿拉伯	CPI	中央统计和信息部
南非	CPI	南非统计局
土耳其	HICP	欧盟、土耳其国家统计局
美国	CPI	美国劳工统计局
欧盟	HICP	欧盟
法国	HICP	欧盟、法国国家统计局
德国	HICP	欧盟、德国国家统计局
意大利	HICP	欧盟、意大利国家统计局
英国	HICP	欧盟、英国国家统计局

资料来源:作者整理。

由表 6.11 可知,除了欧盟及其成员国外,各国基本上都是通过国家统计局来调查编制 CPI 所需数据的。

三、CPI 商品分类项目的有关比较

根据商品的需求目的,国际《CPI 手册》制定了有关 CPI 商品分类的基本规范,并将居民消费的全部货物与服务共分为 12 个大类、47 个中类及若干个小类(也即基本分类)。目前已经有许多国家执行了这一标准,但仍有

不少国家依然以自己的分类标准为主。为此,下面列出 G20 国家的 CPI 商品分类情况(表 6.12)。

表 6.12　G20 国家 CPI 商品大类项目分类方式之比较

国家或地区	CPI 商品大类项目分类
阿根廷	食品和饮料、服装和鞋类、住房及服务、家庭设备及用品、医疗卫生支出、交通和通讯、娱乐文化及服务、教育、杂项商品及服务等 9 大类商品
澳大利亚	食品和非酒精饮料、烟酒、服装和鞋类、住房、家庭设备及用品、医疗、交通、通讯、娱乐和文化、教育、保险和金融服务等 9 大类商品
巴西	食品和饮料、服装和鞋类、住房、家居用品、交通、医疗及保健、杂项商品及服务、教育、通讯等 9 大类商品
加拿大	食品、酒精饮料和烟草制品、住房、家庭经营的家具和设备、服装和鞋类、运输、健康及个人护理、娱乐教育和阅读等 8 大类商品
中国	食品、烟酒及用品、衣着、家庭设备用品及维修服务、医疗保健和个人用品、交通和通讯、娱乐教育文化用品及服务、居住等 8 大类商品
印度	食品饮料和香烟、服装,住房、床上用品和鞋类、杂项商品等五类商品
印度尼西亚	—
日本	食品(及酒精饮料)、住房、燃料,照明及水费、服装和鞋类、医疗保健、交通和通讯、教育、文化用品及娱乐、杂项商品等 10 大类商品
韩国	COICOP
墨西哥	食品饮料及烟酒、服装,鞋类及配件、住房、家具,家电和家居饰品、健康及个人护理、交通运输、教育和娱乐、其他服务等 8 大类商品
俄罗斯	食品和软饮料、烟酒、服装和鞋类、住房服务、家具及用品、医疗保健、交通、教育、其他服务及用品等 9 大类商品
沙特阿拉伯	—
南非	COICOP
土耳其	COICOP/HICP
美国	食品和饮料、住房、服装、交通、医疗、娱乐、教育和通讯、其他商品和服务等 8 大类
欧盟	COICOP/HICP

续表

国家或地区	CPI 商品大类项目分类
法国	COICOP/HICP
德国	COICOP/HICP
意大利	COICOP/HICP
英国	COICOP/HICP

资料来源:作者整理。

由此可知,除了欧盟成员国主要以较为统一的 COICOP(Classification of Individual Consumption according to Purpose)及 HICP(Harmonized Indices of Consumer Prices)标准进行分类外,其他选用 COICOP 进行分类的国家并不多,例如美国就是按照自己的标准进行分类的。这同时也说明,目前《CPI 手册》以消费者消费为目的 COICOP 标准并没有得到广泛的重视。而随着居民消费品种类和项目的日趋多样化,进行更为详细的、更能体现差别的、统一的分类方式也将是一种必然趋势,同时也是实现国际对比的重要途径。

四、CPI 价格汇总的有关比较

各国在 CPI 汇总的过程中,所使用的公式、数据来源等均存在一定程度的差别,同时各国编制 CPI 的权重数据更新周期长短不一。我们将从上述几个方面对 G20 国家进行有关对比(表 6.13)。

表 6.13 G20 国家 CPI 价格汇总的有关比较

国家或地区	基本价格指数公式	更高层级价格指数公式	数据来源	权重更新的周期(年)
阿根廷	Jevons 价格指数	Lowe 价格指数	家庭住户调查	10
澳大利亚	主要是 Jevons 价格指数,但部分商品,例如教育类消费品,使用 Dutot 价格指数	Lowe 价格指数	家庭住户调查	6
巴西	具体的产品层面使用 Dutot 指数,而在相对综合性质的类型商品上使用 Jevons 价格指数	Lowe 价格指数	住户消费支出调查	没有确定更新周期,最近的一次更新期为:2002—2003

续表

国家或地区	基本价格指数公式	更高层级价格指数公式	数据来源	权重更新的周期（年）
加拿大	近似 Jevons 价格指数，极少数情况下使用单位价值指数	Lowe 价格指数	住户消费支出调查	2
中国	Jevons 价格指数	拉氏型的年度链式指数（权重每年进行局部调整）	城市和农村住户调查	5
印度	Carli 价格指数	拉氏型价格指数	消费支出调查（2004—2005）	7 年
印度尼西亚	主要使用 Carli 价格指数，而对于一些季节性商品则使用 Jevons 价格指数。	Lowe 价格指数	生活成本的调查	5—7
日本	Dutot 价格指数	拉氏价格指数	住户平均生活支出	5
韩国	Jevons 和 Dutot 价格指数	拉氏价格指数	住户收入与支出调查	5
墨西哥	Jevons 价格指数	Lowe 价格指数	国民住户收入和支出调查	最近更新与2008 年
俄罗斯	Jevons 价格指数	Lowe 价格指数	住户支出调查	1
沙特阿拉伯	Carli 价格指数	拉氏型价格指数	住户支出与收入调查	14
南非	Jevons 价格指数	Young 价格指数	住户收入与支出调查	5
土耳其	Jevons 价格指数	Young 价格指数	住户消费支出调查	1 年，但使用的是最近三年的平均值作为权数

国家或地区	基本价格指数公式	更高层级价格指数公式	数据来源	权重更新的周期(年)
美国	加权几何平均及拉氏型价格指数,但少数情况下也会结合抽样数据选择 Jevons 和 Dutot 价格指数	拉氏型价格指数	住户消费支出调查	2 年,但使用最近两年的平均值作为权数
欧盟	—	年度链式拉氏型价格指数	各国住户最终的货币消费支出调查	每年
法国	同质性商品使用 Jevons 价格指数,异质性商品使用 Dutot 价格指数	拉氏型价格指数	住户最终消费支出调查	每年
德国	Dutot 价格指数	拉氏型价格指数	国民账户的住户预算调查及税收统计	每年
意大利	Jevons 价格指数	拉氏型价格指数	住户最终消费支出调查	每年
英国	Jevons 价格指数	Lowe 价格指数	住户最终消费支出调查	每年

资料来源:作者整理。

根据表 6.13,我们可以得出以下几点结论。

(1)在基本分类指数的汇总阶段,绝大多数国家主要以使用未加权的 Jevons 价格指数为主。但美国作为 CPI 编制方法更为完善的国家,已经开始在基本分类指数中尝试使用加权的价格指数。在较为准确的数据源条件下,这一措施将会有助于提高 CPI 的基本分类价格指数的数据质量。

(2)在更高层级的汇总中,对于指数公式的选择,目前 G20 国家所有成员国主要以选择 Lowe 和拉氏价格指数为主。另外,对于 CPI 中权重更新频率的问题,加拿大、俄罗斯、土耳其、美国及法国、德国、意大利、英国等国家权重更新的频率相对较高,一般不会超过 2 年。显然,这将有利于降低

CPI的权偏误。不过,相对一些发达国家来讲,中国权重数据更新的频率相对较慢,但与日本、韩国等国的权重更新频率较为一致。因此,尽管相对于发展中国家,中国CPI权重数据更新的频率相对较快,但与部分发达国家相比则还存在一定的差距。

五、CPI中针对不同类型商品编制分类指数的有关比较

尽管CPI是一种极其重要的宏观经济指数,但作为一种综合性极高的价格指数,CPI在社会经济生活中功能的单一性日益明显。针对这一问题,各个国家普遍编制了各种层次的大类、中类及小类商品价格指数,但似乎依然难以满足相关方面的需要。为了进一步弥补这一缺陷和不足,许多国家同时针对特定的商品对象编制了更具针对性的价格指数,为了清楚地了解相关国家编制分类指数的具体情况,我们列示了部分G20国家的CPI分类指数,并进行了相关比较(表6.14)。

表6.14 G20国家CPI中不同目标对象分类指数的有关比较

国家或地区	针对不同商品的分类指数
阿根廷	—
澳大利亚	①货物价格指数;②服务价格指数;③加权中位数价格指数;④截尾均值价格指数;⑤排除CPI的9大类商品中每一种之外的价格指数等
巴西	—
加拿大	①货物及服务消费品价格指数;②除食品和能源消费品外的价格指数;③能源消费品价格指数;④剔除8大波动性最强(由加拿大银行确定)消费品外的价格指数等
中国	—
印度	—
印度尼西亚	—
日本	①新鲜食品价格指数;②新鲜鱼和海产品价格指数;③新鲜蔬菜价格指数;④除新鲜鱼之外的食品价格指数;⑤除新鲜食品之外的食品价格指数;⑥除虚拟租金之外的全部商品价格指数;⑦除虚拟租金之外的住房消费品价格指数;⑧除虚拟租金之外的房屋出租价格指数;⑨除虚拟租金和新鲜食品之外的所有商品价格指数;⑩能源消费品价格指数;⑪除食品(或酒精饮料)之外的所有消费品价格指数;⑫教育消费品价格指数;⑬文化用品和娱乐消费价格指数;⑭信息和通讯消费价格指数

续表

国家或地区	针对不同商品的分类指数
韩国	除农产品和燃油之外所有消费品的价格指数
墨西哥	—
俄罗斯	—
沙特阿拉伯	—
南非	①消费支出五分位数中每一分位数群体的消费价格指数;②所有货物消费品价格指数;③所有耐用消费品价格指数;④半耐用消费品价格指数;⑤非耐用消费品价格指数;⑥服务消费品价格指数;⑦养老金领取者消费价格指数;⑧政府管制商品价格指数;⑨食品和非酒精饮料价格指数;⑩除食品和非酒精饮料外所有消费品的价格指数;⑪除汽油消费品外的价格指数;⑫除食品及非酒精饮料和汽油外消费品的价格指数;⑬除食品及非酒精饮料和汽油及增值税,评估率和财务收费外消费品的价格指数;⑭除住房消费品外所有商品价格指数;⑮除能源和汽油外所有消费品价格指数;除能源消费品外的价格指数;⑯除食品,非酒精饮料汽油及能源消费品外的价格指数;⑰除等价租金外消费品价格指数;⑱除政府管制消费品外的价格指数;⑲除汽油和石蜡等政府管制消费品外的政府管制消费品价格指数;⑳截尾均值价格指数
土耳其	①排除季节性消费品的价格指数;②排除未加工食品的价格指数;③排除能源消费品的价格指数;④排除未加工食品和能源消费品的价格指数;⑤排除能源及烟酒消费品的价格指数;⑥排除能源及烟酒和政府管制价格消费品的价格指数;⑦排除能源及烟酒和政府管制价格及为价格食品消费品的价格指数;⑧排除未加工食品,能源及烟酒消费品的价格指数;⑨排除能源,食品烟酒及非酒精饮料消费品的价格指数
美国	①除食品及饮料消费品外的价格指数;②除食品及饮料之外的费耐用消费品价格指数;③除食品,饮料及服装消费品外的价格指数;④耐用消费品价格指数;⑤服务消费品价格指数;⑥住房租赁消费品价格指数;⑦交通服务消费品价格指数;⑧除食品消费品的价格指数;⑨除住房消费品外的价格指数
欧盟	—
法国	①除房租和香烟消费品外的价格指数;②除香烟消费品外的价格指数;③除新鲜产品,肉,奶和特殊消费品外的价格指数;④工业制品消费品价格指数;⑤实际房租及住房服务消费品价格指数

续表

国家或地区	针对不同商品的分类指数
德国	—
意大利	—
英国	—

资料来源:作者整理。

由表 6.14 可知,大多数 G20 国家都编制了基于 CPI 总指数之外的其他系列相关消费品价格指数,其中尤其是南非编制了 20 种针对特殊类型商品的价格指数,其次是日本,也编制了 14 种之多;另外,美国和土耳其都编制了 9 种相应的价格指数。这些特殊商品价格指数有效地弥补了标题 CPI 功能性的缺陷,同时也将有助于居民了解不同种类型消费品价格的相对变化水平。

六、G20 国家 CPI 商品质量显性调整的有关比较

为了进一步了解 G20 各国 CPI 中关于显性商品质量调整方法的使用情况,我们将其相关信息列于表 6.15。

表 6.15　G20 国家商品质量显性调整的方法及其调整商品支出的比重

国家或地区的中央银行	显性调整方法应用情况	显性调整项目支出占 CPI 总支出的比重
阿根廷	没有使用显性调整	0
澳大利亚	Hedonic 方法:音响设备、计算机设备 专家判断法:加工食品、服装、房租、家庭用品、机动车辆	30.9%
巴西	没有使用显性调整	0
加拿大	—	—
中国	没有使用显性调整	0
印度	—	—
印度尼西亚	—	—
日本	Hedonic 方法:个人电脑(PC)	—
韩国	—	—

国家或地区的中央银行	显性调整方法应用情况	显性调整项目支出占 CPI 总支出的比重
墨西哥	没有使用显性调整	0
俄罗斯	—	—
沙特阿拉伯	—	—
南非	没有使用显性调整	0
土耳其	—	—
美国	Hedonic 方法:服装、一些家用电器,计算机视频音响设备、大学教科书 生产成本差别法:新的而使用过的汽车	10.5%
欧盟	—	—
法国	Hedonic 方法:汽车和书本	—
德国	Hedonic 方法:汽车、电脑和一些家用电器和娱乐电子产品 专家判断法:其他项目	—
意大利	Hedonic 方法:汽车和电话设备	—
英国	—	—

资料来源:作者根据相关资料整理。

由表 6.15 可知,G20 国家中近 1/3 的国家都使用了显性(也即直接的)商品质量调整方法,而且这些国家中的大多数都使用了 Hedonic 商品质量调整方法。其中,澳大利亚调整的规模非常之大,CPI 总支出中近 1/3 的支出商品都进行了显性的商品质量调整。另外,我们可以确定的是,至少有 5 个国家没有使用显性的商品质量调整。

第三节　中国 CPI 编制方法面临的问题及改革的思考

CPI 作为政府宏观经济经济分析和决策、价格总水平监测和调控以及国民经济核算的重要指标。① 在社会经济实践活动中,居民消费价格指数也是使用最广泛、与现实关系最为密切的宏观经济指标。因而,在现有指数基本理论下,如何采用更为科学合理的数据收集和编制方法,获得较为真实、准确的 CPI 数据是各国统计官方所必须面对的重要课题。

关于 CPI 编制的理论与实践问题的国际权威指导手册——《CPI 手册》指出,标准的指数方法存在以下六个令人关注的主要问题,所有这些问题都很重要。具体包括:(1)由于使用的支出权数是参考年的支出权数,与真正的拉氏指数相比,这类指数可能有一些向上的偏差;(2)在最初集合阶段,使用了价格或价格比率的未加权平均值;(3)使用一组固定数量编制拉氏指数时对于商品质量变化和新产品方面的问题未能找到较为一致连贯的解决办法;(4)季节性产品的处理问题;(5)传统的消费者价格指数未对服务引起足够的重视;(6)未能考虑到可能需要为满足不同用户的需求而编制多个消费者价格指数。②

就中国而言,在既往指数编制传统和现有价格统计条件下,CPI 的实践编制问题往往以更为特殊的形式呈现出来,并常常引发社会公众的困惑、误解和研究者们的分歧、质疑。国家统计局曾多次对 CPI 编制的理论与实践问题进行改进和完善,并于 2000 年开始启用一套新的、旨在进一步与国际接轨的 CPI 编制方法。但目前 CPI 的编制工作仍处于向国际规范《CPI 手册》转变的过渡期,对于如何进一步完善既存的理论与实践问题,一直是国内学者们长期关注和研究的重要问题。例如,高艳云(2008)从价格调查、商品消费结构、商品质量调整和指数公式与数据来源等角度研究了 CPI 的改进问题;徐奇渊(2010)提出从分类指数、食品和居住类商品权重及数据公布等方面改进 CPI 的编制;李金华(2010)提出将住房价格纳入 CPI、分层编制CPI;韩胜娟(2011)则从 CPI 数据公布详细程度和透明度、抽样方法及编制方法等角度研究了 CPI 改进问题;徐强(2013)从改进中国 CPI 编制和数据发布角度进行了较具体的研究等等。这些成果为中国 CPI 编制方法的进一步优化提供了有益参考,但纵观其研究,也存在一些不足之处。首先,现有针对中国 CPI 编制存在的问题与改进措施的研究较为分散,进行系统性研究的文献较少;其次,《CPI 手册》作为国际上编制 CPI 的规范性指导文件,未能引起国内学者的足够重视。

基于此,本书将研究《CPI 手册》的国际新标准,吸收其研究成果,并密

---

① 徐国祥. 统计指数理论及应用[M]. 北京:中国统计出版社,2009:155.

② ILO,IMF,OECD,UNECE,Eurostat,and the World Bank. *Consumer Price Index Manual*: *Theory and Practice*[M]. Geneva:International Labour Office,2004.

切跟踪国际前沿,借鉴发达国家的先进经验,同时注重联系中国实际,系统地总结中国 CPI 编制方法中存在的主要理论与实践问题,进而探讨可能的改进方向与对策,以进一步促进我国 CPI 编制方法的优化及 CPI 数据质量的提高,增进重要经济数据的国际可比性。

一、中国 CPI 编制方法取得的显著成就

中国 CPI 编制的实践工作,最早可以追溯至 1926—1927 年,当时效仿西方开始在天津、上海、北京三个城市编制个人生活费用指数。此后,则是随着中国经济情况的不断变化,尤其是第三产业,特别是服务消费比重的不断上升,于 2000 年,价格指数的统计、公布和使用由以商品零售价格总指数为主改为居民消费价格指数为主。可以说,经过十多年的快速发展和不断进步,中国 CPI 编制方法和技术日趋完善,CPI 统计数据在为政府货币政策的制定、国民经济宏观经济管理和调控上发挥着极其重要的作用。

(一)形成了一套较为规范的 CPI 数据调查体系

对于调查人口范围和项目内容而言,根据 SNA 的国际分类标准,结合全国城乡近 13 万户居民家庭消费支出构成资料,将 CPI 的调查项目分为 8 大类,262 个基本分类,约 700 种商品和服务项目。另外,参加全国数据汇总的调查市县约 500 个,调查网点包括超市、菜市场、百货商场、医院、旅行社等,约 5 万个。

对于价格调查原则与方式而言,同一规格品的价格必须同质可比;调查采集实际成交价格;对于与居民生活密切相关、价格变动比较频繁的商品,至少每 5 天调查一次价格,从而保证了 CPI 能够及时、准确地反映市场价格的变动情况。另外,国家统计局直属的全国调查系统采取定人、定时、定点的直接调查方式,由近 3000 名专职物价调查员到不同类型、不同规模的农贸市场和商店现场采集价格资料。[①]

对于代表规格品及其数量的选择,也制定了相应的原则和规定;对于市县和商户的调查均采用了等距抽样法,而对于基本分类品的选择则采用代表性项目法等。

(二)获得了一套较为科学的 CPI 编制方法

(1)在 CPI 的地理覆盖范围方面,中国分别编制了针对农村和城镇地区的 CPI 指数。

---

① 国家统计局网站:http://www.stats.gov.cn/,走进 CPI。

（2）在 CPI 指数的汇总过程及公式的选取方面。中国 CPI 的汇总过程同其他国家一样,分为基本分类指数的汇总及更高层级的指数汇总,其中指数公式的选择分别应用了国际上通用的 Jevons 价格指数和拉氏型链式指数。

（3）在 CPI 数据权重和样本更新方面。中国 CPI 的权重数据每五年进行一次大调整,且每年都有局部微调,变动频率要高于大多数国家,尤其是发展中国家;另外,为了提高样本的代表性,国家统计局还进行了调查网点或住户的轮换工作。具体地,对于城市住户,一相样本调查每隔三年轮换一次,为二相样本提供抽样框。城市中被调查的经常性调查户要求每年轮换 1/3,三年之内所有调查住户被全部轮换,调查县的经常性调查户也要求在每三年一次的大样本调查年度的下一年,至少轮换 2/3,或者一次全部轮换。农村住户五年为一周期,每年轮换 20％的住户。①

（4）按照国际准则处理 CPI 中的自有住房。按照 SNA（2008）,自有住房属于投资品,而非消费品,而自有住房为居民自身提供的服务则属于消费品,应计入 CPI。② 然而世界上仍有不少国家在编制 CPI 时,忽略对这一消费品的统计,缺乏国际规范性。但中国在 CPI 编制过程中,遵循了国际规范,并应用使用者成本法估算 CPI 中自有住房服务。

（三）规范了 CPI 的数据公布系统

2002 年 4 月 15 日,中国正式加入国际货币基金组织（IMF）数据公布通用系统（GDDS）,这标志着中国统计系统的发展迈出了重要的一步。③ 对于 CPI 的编制方法,国家统计局也与 IMF 等国际组织和一些国家的同行专家进行过广泛的讨论与深入交流,并按照 IMF 数据公布通用系统（GDDS）的要求将编制的 CPI 数据信息挂在国际货币基金组织网站上。另外,国家统计局也按照 GDDS 的标准,从 CPI 公布的数据质量、CPI 公布的真实性及数据的可获得性等方面做了大量的改进工作,并取得了丰富的成就。

（1）关于 CPI 公布的数据质量方面的成就。国家统计局通过互联网公布了个人消费项目的分类目录,通过国家统计局网站详细解释了 CPI 编制过程中的常见问题,概括说明了 CPI 的编制过程等。

---

① 城市住户调查方案[EB/OL],http://www.jssb.gov.cn/jstj/djzd/gjtjzd/200703P020070313011447722578.doc;农村住户调查方案[EB/OL],http://www.doc88.com/p-906234628504.html.

② United Nations,IMF,OECD,Eurostat,World Bank. *System of National Accounts 2008* [M].United Nations,New York,2009.

③ 国家统计局网站:http://www.stats.gov.cn/,中国正式加入国际货币基金组织数据公布通用系统。

（2）关于 CPI 公布的真实性方面的成就。统计官方实行了不同部委间发布数据的统一性,通过互联网提前公布 CPI 重要方法和技术的变更等。

（3）关于数据的可获得性方面的成就。国家统计局在其网站上公布了诸多分类 CPI 指数,例如农村和城镇地区、各省市县及自治区等分地区指数;以及大中和小类及部分食品类商品的分类价格指数;公布了 CPI 大类及部分中类商品的权重信息;多种途径和渠道公布按月(季、年)编制的 CPI 环比和同比数据等。

二、中国 CPI 编制方法面临的主要问题

(一)CPI 低层汇总公式应用上的偏误问题

《CPI 手册》指出,在 CPI 汇总的最初阶段,人们原先一直以为使用未加权指数造成的偏差并不太显著,但最近的证据显示,与各个理想目标指数的结果相比,低层级集合可能会造成相当大的上偏。这其实也说明了简单未加权指数难以真实地反映商品间广泛存在的相互替代效应,从而导致 CPI 指数出现偏误现象。表 6.16 列出了相关方面的研究。

表 6.16　美国 CPI 中低层替代偏误实证研究结论及相关比较

研究者	研究时间	偏误 (年均百分点)	统计官方所用的主要 基本指数公式
Lebow,Roberts and Stockton	1994	0.3—0.4	Jevons、Carli (未加权指数)
Boskin(U. S)	1996	0.25	同上
BLS	1997,1998	0.2—0.24	同上
Gordon	1999	0.05	几何加权价格指数
Lebow and Rudd	2003	0.05	同上
Boskin	2005	很小	同上

资料来源:Nahm,D. (2006,pp. 5)及作者根据相关资料整理。

由表 6.16 可知,在使用加权的基本价格指数之前,美国 CPI 中低层替代偏误相对较高;而在 1999 年劳工统计局开始使用加权几何平均指数后,低层替代偏误出现了明显的下降。事实上,无论基于扫描数据还是学术界其他方面的研究都表明,使用未加权价格指数的确会出现较为明显的低层

替代偏误,上述研究结论进一步说明使用加权价格指数将会明显地改善这一偏误。

中国作为中等收入水平国家,基尼系数长期居高不下;同时近些年频繁发生的结构性通胀,使得中低等收入水平居民生活成本面临着较为严重的上升压力,居民更倾向于同质性商品间的相互替代以降低生活成本。中国目前使用未加权的 Jevons 价格指数,则在一定程度上忽略了这种替代现象,从而对 CPI 基本分类价格指数质量造成了一定程度的影响。

(二)CPI 权重更新频率问题

各国统计官方公布的标题 CPI 是由多种不同类型商品价格指数加权而成的,其中权重信息一方面反映了居民消费结构和模式,同时对于 CPI 的准确估计也起着至关重要的作用。而随着收入水平和经济景气程度等诸多因素的影响,居民消费结构和模式可能会发生较为明显的动态变化。有关具体情况见表 6.5。

由表 6.5 可知,8 年内美国电视机的支出权重的确出现了大幅波动,而相对固定的权重结构显然不利于反映该现实情况,相应商品篮子的代表性也会逐期下降。正是考虑到权重数据的动态变化特征,从 1999 年 12 月开始,美国劳工统计局将权重基期的更新周期定为 2 年。

如前所述,对正经历重大经济变革的国家,其居民消费结构和模式也会发生较快的变化,应该更加频繁地更新其权数,比如说每年进行一次。目前,中国正处于经济转型升级、产业结构调整的关键时期,居民消费结构和支出模式也会随之适当调整。尽管 CPI 权重数据每五年一大调,且年年都有适当微调,但这样的微调其实是不够的。因为微调并非针对代表性项目展开,而且考虑到权重调整后面临数据衔接性难题,其微调的幅度往往不会太大[1],甚至被加以控制。

(三)商品质量变化及新产品的偏误问题

CPI 主要反映了不同时期商品纯价格(质量因素除外)的相对变化情况,但其基本前提则是商品具备同质可比性。而要满足该条件,在 CPI 数据的处理过程中,需要对商品质量进行相应调整。这一工作主要体现在两方面。第一,在正常的数据采集过程中做好商品质量调整工作。随着中国经济发展水平不断提高和科技水平日益发达,商品质量变化的步伐也在逐渐加快,新产品层出不穷,商品质量调整的重要性也日趋凸显。第二,样本

---

[1] 《国家统计局:已对 CPI 统计权重进行调整,食品权重下调》,汇通网,2011 年 2 月 15 日。

轮换的顺利实施也需要进行商品质量调整。随着时间的推移,相对固定的商品篮子容易老化,样本的代表性也会逐渐下降,从而导致 CPI 难以真实地反映商品纯价格的变化。对此,实践中往往需要通过样本轮换对其加以解决。轮换的基本条件是,新轮换进来的样本单位需要与原来的商品具有较强的同质可比性。于是,当轮换对象的质量发生改变时,也就需要对其进行相应的质量调整,以实现样本的顺利轮换。

因此,商品质量调整在 CPI 编制过程中具有较强的实践意义,也是 CPI 编制过程中需要解决好的一项重要工作,实践中忽略对商品质量调整会造成一定程度的偏误。Shiratsuka(1999)的研究就曾指出,质量变化或新产品的偏差被认为是工业化国家 CPI 上偏的最主要来源。美国 Boskin 委员会在对美国 CPI 数据进行质量评估时,也将商品质量变化和新产品偏差视为造成 CPI 上偏的重要因素之一(Good 等,2008)。正是认识到商品质量变化对 CPI 可能造成的严重影响及其调整工作的重要性,《CPI 手册》要求各国统计部门克服困难,尽可能地展开质量调整工作。目前中国已开始尝试就少数商品进行质量调整,但这一工作尚处起步阶段,与国际规范及先进国家的工作相比还存在较大差距,相关工作仍需进一步加强和完善。

(四)季节性产品处理问题

对一个国家来说,季节性支出经常占所有消费支出的五分之一到三分之一(ILO 等,2004))。因此,季节性产品对商品权重结构的影响不容忽视。但季节性产品的处理却面临着方法选择和各种指数序列(包括同比、环比和定基等指数序列)协调编制上的困难,这对 CPI 的编制工作及中央银行在价格稳定方面的评估提出了较大挑战。

目前,中国统计官方已经开始在 CPI 中着手处理季节性产品,但依然存在着一些问题。其一,由于中国季节性产品处理工作起步较晚,与上述五分之一到三分之一季节性产品比例相比,处理范围依然比较有限;其二,中国目前在代表性规格品采集和分类阶段未能对季节性与非季节性产品进行有效的区分和处理,在更高层级的汇总阶段,季节性调整方法尚未有效推进;其三,尽管统计官方出于各种目的,同时编制了 CPI 月同比指数和月环比指数,但还没有对外公布经过季节性调整的 CPI 指数,而且 CPI 月同比指数和月环比指数序列还存在一定的不协调性。笔者利用 2009 年 7 月到 2014 年 5 月间统计局公布的月环比指数数据,先通过连乘计算出标题 CPI 和八大类商品的链式价格指数序列,并通过同比的方式分别计算出了 2010 年 7 月到 2014 年 5 月的同比指数序列,再将其分别与国家统计局公布的同比指数序列进行比较,并计算其差值,具体计算结果如图 6.1 所示。根据

图 6.1 可知①,两种同比指数序列相应差值中,医疗保健和个人用品类商品 (系列 5)及居住类商品(系列 8)的最大差值分别为－0.87 和 0.86;其次是 食品类(系列 1)和衣着类商品(系列 3),这两类指数序列相应最大差值分 别为－0.57 和－0.59。由此可知,统计局公布的月同比指数与月环比指 数序列间缺乏应有的协调性。实践中,针对包含季节性产品的消费品编 制同比指数能够以相对简便的统计工作获得相对较高的数据质量,但该 指数却难以实现向环比指数的直接转化;而环比指数则可直接向同比指 数转化,但环比指数的编制需要借助更为复杂的季节性产品处理技术,所 获得的数据质量也会相对较低。因此,在存在大量季节性产品的情况下, 确保指数数据质量的同时也需要进一步采取有关措施协调好各类指数间 的数量关系。

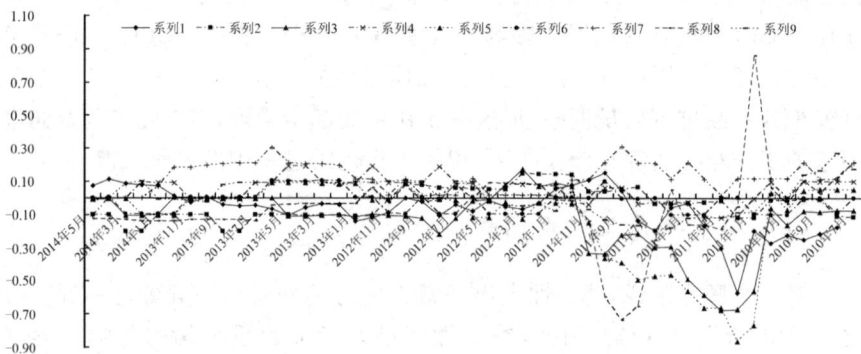

图 6.1　八大类商品及标题 CPI 相关同比指数序列与
统计局公布的同比指数序列差值序列趋势

注:系列 1—9 分别为食品类、烟酒、衣着、家庭设备、医疗保健、交通通讯、娱乐教 育、居住类相关序列及标题 CPI 相关序列。

(五)自有住房服务统计方法问题

《CPI 手册》指出,有足够证据表明,在编制消费者价格指数(CPI)时,房 主自住房的处理是编制人员所面临的最大问题。对中国而言,这一困境同 样存在。中国现在所使用的自有住房,也即住户自己拥有、自己居住的住房 (许宪春,2013)的服务核算方案,主要是基于 SNA(1993)制定的。而随着 中国经济的快速发展和房地产市场的日趋成熟与完善,这一核算方案的应

----

① 具体的数据,限于篇幅,本书未列出,如有需要可随时提供;另外,对于所有新的同比指数 的计算结果,笔者均进行了反复检查和校正。

用价值已日趋下降,中国 CPI 中自有住房处理也饱受病诟。中国自有住房率已超过了 80%[①],这一水平高于包括美国和德国在内的绝大多数 OECD 国家,但其 CPI 的自有住房服务权重(不高于 3.2%[②])却低于将自有住房服务计入 CPI 的绝大多数 OECD 国家,具体情况如表5.10。权重最低的国家为新西兰(4.11%),其次为爱尔兰(5.67%),但他们的权重也都高于中国。由此可知,中国自有住房服务权重明显低于大多数 OECD 国家。

在自有住房率较高而其服务消费权重较低的情况下,房地产价格通过自有住房传导到 CPI 的渠道并不畅通,CPI 衡量通胀的功能也因此受限。随着中国国民核算体系开始与 SNA(2008)接轨,在城镇居民自有住房服务核算方法将进一步优化的趋势下,CPI 中自有住房处理方法也将面临新的改进和优化。

(六)特型 CPI 指数的系统性编制问题

随着社会经济现象的日趋复杂以及人们对 CPI 数据应用的广泛性和需求的多层次性,实践中以标题 CPI 为主体的,单一化指数编制体系的矛盾日益突出,也不利于社会各界人士的解读和应用,在一定程度上影响了 CPI 的适用性和权威性。为解决 CPI 实践应用中的突出矛盾,许多国家从不同角度,针对某些类较为特殊的商品和居民编制了更为完整的特型价格指数体系,具体情况见第三、四章节有关内容。

尽管中国也针对相关群体(如农村和城市居民)和分类商品编制了较为简化的 CPI 指数体系,但这些指数的编制主要还是在 CPI 基本分类目录中按大、中、小类商品来展开的。与上述国家相比,中国在 CPI 特型指数的系统性编制工作上显得较为滞后。尤其是近些年通胀呈现典型的结构性特征,通胀压力不断增加;居民收入差距居高不下,贫富差距较为悬殊及不同收入阶层居民通胀差异出现明显分化的情况下,以标题 CPI 为基础,分别以不同类型的典型商品和居民编制更为典型、系统的 CPI 指数,将有助于进一步完善其价格水平监测和生活成本度量等功能,以提高其社会服务的整体性功能和权威性。

---

① 根据国家统计局住户办主任王萍萍(2011),截至 2011 年 9 月,中国自有住房比例超过80%。

② 根据徐奇渊(2010),在中国国家统计局公布的 CPI 指数中,自有住房所占权重不高于3.20%。

三、进一步改革中国 CPI 编制方法的若干设想

中国 CPI 编制方法的改革方向,就是要针对现实中存在的主要问题,参照 SNA(2008)和《CPI 手册》(2004)等 CPI 编制的国际新标准,并在深入学习和借鉴国际先进经验与方法的同时进一步加以完善和优化,以提高 CPI 的社会服务功能及与国际接轨的程度。

(一)尝试使用加权指数公式编制初级价格指数

尽管中国在基本分类价格指数汇总过程中使用 Jevons 价格指数的做法是符合国际惯例的,但代表性规格品间普遍存在的替代现象,使得该指数公式的应用受到了较大程度的限制。因此,实践中改用加权指数公式编制基本分类品价格指数也就具有较强的现实意义。

而要开始这方面的工作,有必要进行相应 CPI 代表性规格品权重数据的采集工作。从目前的现实情况来看,中国尝试采集代表性规格品权重数据的工作是具备一些基本条件的。首先,从 1999 年美国就开始了这方面的工作。目前其基本分类价格指数的权重数据,主要来自于城镇地区的分类抽样框。相应地,我们可以借鉴和参考其先进经验;其次,大数据时代的到来也为这一工作的开展提供了历史性机遇。例如,目前国内使用扫描数据进行交易的网点和市场分布极为普遍和广泛,互联网扫描数据记录了消费者较为详细的商品交易数量和价格信息,可以为初级价格指数的编制提供权重信息;最后,对于一些没有使用扫描数据的农贸市场及其他相对固定的调查网点,可以开发具有打印功能的电子交易称来帮助记录和收集商品交易的详细信息等等。[1]

不过需要说明的是,由于有些商品项目层内的交叉替代弹性较小,未加权初级指数公式的应用造成的替代偏误可能相对较小,选用加权指数公式编制其初级价格指数的意义并不大。因此,基于统计成本和统计工作便利性等因素的考虑,实践中并非所有消费品初级价格指数的编制都需要转向加权指数公式。例如,美国对于部分住房服务和公共事业及医疗服务等商品就依然使用简单平均指数公式。

---

[1] 代表性规格品权重信息的采集,是一个较为复杂的问题,限于篇幅,该问题将在后续研究中加以完善。

（二）进一步提高 CPI 权重数据的更新频率

对于 CPI 权重数据，包括大、中、小类等商品权重的更新频率，我们可以进行适当提高，例如可分阶段性地将现有的 5 年调整周期缩短为 3 年或 2 年，甚至达到《CPI 手册》的要求，权重更新周期定为 1 年。而且实践中可以结合商品的特性及其权重变化规律的历史经验，有针对性和差异性地提高不同类型商品的权重更新频率。

但在缩短权重更新周期的同时，商品权重可能更容易遭受特殊经济情况或气候环境因素等的影响，从而出现较大的波动性，并导致指数发生偏误。针对这一现象，《CPI 手册》指出，如果可能的话，最好使用一个"正常"消费期作为权重数据的基础，并避开暂时性特殊因素起作用的时期。当然，我们也可以使用 2—3 年的年平均权重作为权重数据基期对其加以解决。如果在获得不同层次和类别商品权重信息的同时，统计官方能将相关 CPI 数据一并对外公布，将可以进一步增强中国 CPI 统计数据的透明度和权威性。此外，由于权重更新前后各指数序列间存在衔接上的困难，实践中也需要处理好这一问题。

（三）进一步优化 CPI 的商品质量调整工作

实践中，商品质量调整涉及到方方面面的工作。限于篇幅，下文主要就其中较为关键的两大问题，即商品调整对象的选择、调整方法的选择及应用进行分析。但需要说明的是，这两大问题并不是独立的，而是相互联系的。

1. 质量调整商品对象的选择

从经济现实情况来看，几乎所有商品质量都是动态的。但不同商品，质量变化的幅度及其对价格变化的影响是存在差异的。基于调整工作的复杂性，我们可选择商品质量变化对其价格影响更为突出、且调整工作可操作性强的商品。关于这一点，对于隐性和显性调整方法来说都是适用的。基于后者的复杂性，下表仅从这一角度列出了相关国家的商品选择对象。由表 6.17 可知，美国、澳大利亚、日本、法国、德国、意大利等国所选择的质量显性调整商品对象是存在一定差别的。因此，有关显性调整法商品对象的选择，在借鉴国际经验的同时，还需结合中国国情加以论证和分析，当然隐性调整法商品对象的选择也理应如此。

表 6.17　部分国家 CPI 中商品质量显性调整法的选择及应用情况

国家	显性调整方法选择的情况	显性调整项目支出占 CPI 总支出的比重
澳大利亚	Hedonic 方法:音响设备、计算机设备; 专家判断法:加工食品、服装、房租、家庭用品、机动车辆	30.9% (2012 年数据)
日本	Hedonic 方法:个人电脑(PC)、笔记本电脑、数码相机等	—
美国	Hedonic 方法:房租、自有住房服务、服装、鞋子、电脑、电视机、音频设备、录像机、DVD、微波炉、洗衣机、冰箱、冷藏机、大学教科书等等; 生产成本差别法:新汽车	10.5% (2012 年数据)
法国	Hedonic 方法:汽车和书本	—
德国	Hedonic 方法:个人电脑、电视机、洗衣机、自有住房、二手车等; 专家判断法:其他项目	—
意大利	Hedonic 方法:汽车和电话设备	—

资料来源:各国统计局网站及作者根据相关资料整理。

2. 商品质量调整方法的选择

　　质量调整方法,主要包括两大类,间接(亦称隐性)调整法和直接(亦称显性)调整法[①],前者主要适用于缺乏替代项目,或难以对商品质量特征进行量化的情况下使用。实践中,间接法一般需要对价格走势做出假定,但为了其应用上的可靠性,各国统计部门可以借助更为直接的市场经验来加以判断。而当前述两大条件都具备时,往往选择直接法进行商品质量调整。尽管该方法需要具备更多资源,但却可获得相对可靠的结果。因此,统计部门必须特别重视处理质量变化问题,并应尽可能进行显性质量调整(ILO等,2004)。表 6.17 列出了部分国家 CPI 中显性商品质量调整法的选择情况,其中以 Hedonic 的应用最为广泛。

_____

　　① 石刚(2012)就两大类方法中的各小类方法进行了较为详细的说明和比较,此处不再赘述。

　　由于从质量调整方法的选择到具体的实践操作等都是一个极为复杂的过程,目前也缺乏较为统一的国际标准。同时,方法选择与实践操作上的差异都可能会对调整结果产生较大影响。为了借鉴先进国家的经验,下面以美国为例,从方法选择与应用上对其相关经验加以简单介绍。

　　实践中,美国的质量调整法主要包括:(1)重叠价格方法。在重叠期,新规格品与旧规格品被同时记录,两者的价格差异完全被视为商品质量的变化所致。(2)无价格变化链接法。也即旧规格品使用到第 t 期,新规格品从第 t 期开始使用,而从第 $t-1$ 到第 t 期则使用规格品价格变化平均值,以实现新旧规格品价格的链接。(3)组均值虚拟法。该方法类似于链接法,只是从第 $t-1$ 到第 t 期使用其他更具可比性的规格品价格,以实现新旧规格品价格的链接。(4)生产成本差别法。也即基于生产成本的变化进行商品质量调整。(5)Hedonic 调整法。早在 1990 年,美国劳工统计局就开始在 CPI 中逐渐引入 Hedonic 技术,并于 1991 年率先将该方法应用于服装消费品价格的调整。对于该方法,美国劳工统计局目前主要使用 Hedonic 函数法,而非含哑变量的 Hedonic 回归方法。另外,在 Hedonic 方法的应用上,劳工统计局还应用了下列技术①:

　　第一,随着科技水平的不断进步和企业研发水平的快速提高,被估计消费品的质量特征呈现明显的持续性变化,因此,Hedonic 函数经常需要被重新估计。

　　第二,劳工统计局用于 Hedonic 商品质量调整的数据来自于其他非 CPI 调查数据。

　　第三,按照一定的基准,定期地对 Hedonic 模型系数的合理性进行评估。尽管理论上这一工作具有较大难度,但在数据相对较为充足的情况下依然具有一定的可操作性。

　　总之,结合《CPI 手册》及相关国家的经验,中国进行商品质量调整时需要注意以下问题。

　　(1)商品质量调整工作是一个循序渐进的过程,切不可操之过急。

　　(2)商品质量调整对象的选择,应该在可实施的条件下,考察质量变化对其价格影响更为突出的重点和典型商品,切不可眉毛胡子一把抓。

　　(3)商品质量显性调整中,应该以选择 Hedonic 调整法为主,同时对于其他调整方法的选择与应用,也有必要在充分论证的基础上适当借鉴国际经验。

──────────

　　① 由于 Hedonic 属于直接质量调整法中关注度更高、应用性更强的一种方法,而且正逐步发展成为统计实务部门的主流方法。限于篇幅,此处主要就该方法的应用与经验做进一步的介绍。

（4）对于 Hedonic 方法的应用，《CPI 手册》指出，要求审查估算方程的系数，以确定是否具有现实意义。这样做的原因主要有：首先，长期内相关变量的参数估计值显示了较为明显的下降趋势；其次，人们往往更加信任变量参数具有现实意义且预测效果良好的估算函数；最后，如果某项重要系数没有意义，可能是因为出现了多重共线性问题。

（四）进一步推进 CPI 中季节性产品处理工作

季节性产品处理的方法较多，石刚（2012）等分别从不同角度对其进行了归纳，此处不再赘述。不同方法的用途和处理方式均有一定差别，因而也存在不同的优缺点。且至今为止，学术界对于何为处理季节性产品的最佳方法并没有达成共识，这也给中国目前季节性产品的处理带来了一定的困难。即便如此，对中国而言，还是存在一些更为合理的改进方式的。

（1）在代表性规格品采集和分类阶段，进一步做好对季节性与非季节性产品的分类和处理工作。

（2）即使存在季节性很强的商品，实践中也总能构建准确性相对较高的月度同比指数。

（3）将连续 12 个月价格和数量与基期年份 12 个月进行比较的滚动年份指数序列可被看作是经过季节性调整的指数，并可作为中央银行通胀目标的相对理想指标，不过该指数不应作为环比通胀的短期指标（ILO 等，2004）。

（4）在结合现实情况的基础上，可适当借鉴 OECD 国家经验[①]，灵活选择科学、合理的季节性产品处理方法来编制月度环比指数，同时通过月度同比指数法或滚动年份指数法对其可能造成的偏误加以估计，并据此进行相应的调整。其具体的调整方法，可适当借用基准化方法，尤其是 Denton 比例法对月环比指数（或链式指数）进行必要的调整以使其与同比指数（或滚动年份指数）进行衔接和尽可能保持一致。

（5）适当参考发达国家经验，在高层汇总时使用时间序列法或复杂模型法进行季节性调整，并同时编制和公布两种，也即未经过和经过季节性调整的两类 CPI 指数。

（五）进一步优化 CPI 中自有住房处理方法

对于 CPI 中自有住房处理方法，并没有通行的国际标准可供参考，各国所使用的方法不尽相同，而且即使应用同一方法，所得出的权重也不尽一

[①] 徐强（2013）已经对 OECD 国家相关经验进行了较为详细的介绍。

致(具体情况见表 5.3)。基于第六章的详细分析,下文主要阐述租金等价法和使用者成本法在中国的应用及其实践中需要注意的有关问题。

租金等价法在城镇地区的推行需要一定的前提条件:

(1)若政府对房屋租赁进行控制,或政府补贴性租房占主导地位,则市场房屋租金的变化难以反映自有住房虚拟租金的实际变化。

(2)当自有住房比例过大时,房屋租赁市场会相对减小,虚拟租金格参照范围将相对有限。

针对条件(1),我国目前并没有展开大范围的租赁控制和政府补贴性租房,因此城镇地区是具备这一基本条件的;对于条件(2),由于我国地区经济发展不平衡,各地区流动人口规模差异较大,尤其是落后的中西部地区流动人口相对较少,房屋租赁市场规模也就相对较小,租金等价法的应用可能会受到很大限制。因此,房屋租赁市场规模较小的地区(包括农村地区),可在《CPI 手册》指导下,进一步完善使用者成本法的应用。

实践中租金等价法的应用还需注意以下问题:

(1)由于房屋地理位置、面积、结构、临近环境等诸多特征都可能显著地影响房屋租赁价格,因而不同特征的商品房,其出租价格的可比性会受到一定程度影响。针对该问题,实践中需要采取适当的措施,例如商品质量调整法或重复租赁法等有关技术手段加以适当解决。

(2)由于市场上的实际租金通常是租户与房东在之前的某一时间点约定的,并具有明显的黏性,学术界称其为黏性租金(Sticky Rents)。该租金在反映当期自有住房使用成本上存在一定的滞后性,而且相应的合约租期越长,其滞后性往往也越严重(Ozimek,A2013)。因此,对于租期较长,甚至超过一年的出租房,其粘性租金不应作为虚拟租金的参考对象,此时可结合重复租赁法(Repeat-rent)等方法加以处理。

(3)用租金等价法或使用者成本法下的 CPI,仍难以真实地反映社会整体性通胀水平,对于这一问题的解决,学术界仍处探索之中,目前统计官方不必过度关注。其实,2007 年,美国 CPI 中自有住房虚拟租金权重即使达到了 23.80%(目前为 23.90%)之高,但 CPI 仍未能准确地预测当年的次贷危机。

目前,尽管这一问题已经引起了学术界的极大关注,如 Diewert 和 Nakamura(2009)据此提出了机会成本法,Baldwin(2011)则认为采用净获得法处理自有住房编制的 CPI,更有利于反映住房市场泡沫,并以 2005 年加拿大的 CPI 商品篮子,利用净获得法计算了"反映"住房市场通胀水平的 CPI 指数;Bergevinm(2012)利用净获得法做了类似分析。但需要说明的是,随着近些年世界各国频繁遭受金融危机冲击,CPI 反映社会整体性通胀水平的功能开始有所减弱,宏观审慎监管也因此开始成为人们关注的焦点。但 CPI 并非万能的,如何在 CPI 基本理论和框架结构内进一步完善现有编制方法和手段,加强 CPI 中自有住房的科学化处理才是最为重要的。过分强调 CPI 的社会整体性通胀水平之监测功能,而舍弃编制的基本理论和原理,是不甚合理的。

(六)多层次、多角度地编制系统性的特型 CPI 指数

综合国际经验及中国国情,统计局至少可进一步从两个角度编制更为系统的特型 CPI 指数。

1. 针对特殊类型商品编制特型 CPI 指数

这一类特型指数的编制对象,可在借鉴国际先进经验的同时,结合中国居民消费偏好、商品价格波动特征、宏观经济调控和管理之需要,选择适当的特殊商品种类,如:猪肉、耐用消费品、货物及服务类商品、非季节性商品、自有住房服务、住房租赁及价格波动相对较小的消费品等编制更具实用性和经济现实意义的特型 CPI 指数。

2. 针对特殊群体居民编制特型 CPI 分层指数

中国居民收入差距居高不下,通胀较为严重的时期,不同收入群体感受到的通胀压力相差悬殊,尤其是其中一些特殊消费群体,如农民工、失业群体、受教育程度相对低下的群体等更是感受到了生活成本的显著上升。针对这些特殊群体编制更具针对性的特型 CPI 指数,以真实地反映他们生活成本水平的变化,并进行适当的福利补助,以帮助他们减小通货膨胀产生的不利影响。

但需要说明的是,现实中,不同消费群体所购买的商品篮子不尽相同,甚至存在显著差异。这一差异主要体现在三个方面。第一,即使购买的同一消费品,其价格也可能存在较大差异。这主要是由于不同消费群体购买商品的时间差异及购买网点不同所致。第二,不同消费者所购买商品种类上的差异。如低收入者一般很少甚至不购买高档奢侈品,而高收入者则倾向于消费奢侈品。第三,在不同消费者商品篮子中,同一商品的支出份额可能存在较大差异。但要从上述三方面准确地区分不同消费群体商品篮子间的差异,实践中也很难操作。在我国现有经济统计水平下,一种更为可取的方式是忽略前两类差异,主要通过第三类差异来体现不同消费群体 CPI 指数上的差异。而当经济统计水平提高到一定程度后,再进一步区分不同消费群体消费模式的细微差异,以编制更为准确的特殊群体 CPI 指数。

　　本书通过对国际劳工组织等编写的 *Consumer Price Index Manual*：*Theory and Practice* 的解读和学习，并适当参考国际先进经验的同时，结合中国目前 CPI 编制的现实情况，比较系统地分析了 CPI 编制方法中存在的一些主要问题，也即 CPI 的低层汇总公式偏误、权重更新频率、商品质量变化、季节性产品处理、自有住房服务统计及特型价格指数的系统性编制等问题，并在此基础上对其改革措施进行了较具实际意义的设想。最后需要指出的是，CPI 的编制是一个极其复杂、系统性的庞大"工程"，是一个鸿篇巨制。包括中国在内的任何一个国家，其 CPI 编制方法所面临的问题远不是一篇论文所能厘清的，更多更细的问题还有待于今后进一步的研究。

第七章　国民核算中链式指数
序列编制问题研究

20 世纪 80 年代中期以后,中国逐步引进西方市场经济国家广泛采用的国民账户体系(SNA)。并从 1993 年开始,中国由 MPS 体系下的国民收入核算过渡到以国内生产总值(Gross Domestic Products)为核心的新的国民经济核算体系(SNA)。1995 年后,国家统计局开始编制 SNA 体系下的资产负债表和国民经济账户。此后,以 1993 年 SNA 为基础,制定了《中国国民经济核算体系(2002)》。时至今日,中国国民经济核算的基本理论和实践工作不断完善和发展,并取得了丰硕的成果;同时国内生产总值(Gross Domestic Products)作为反映国民经济发展的最重要指标,被广泛地应用于宏观经济管理和分析,为中国的经济发展做出了极其重要的贡献。但与先进国家相比,中国国内生产总值的核算还显得不够完善和成熟。其中,在不变价 GDP 的核算中,价格指数及其序列的编制还沿用较为传统的定基指数法,对不变价 GDP 的数据质量及国际可比性造成了一定程度的影响;另外,不变价 GDP 数据采用分段编制和公布也为人们理解和应用 GDP 数据带来了极大的不便。

尽管国际上不少国家仍然以编制更为简便的固定基期指数来核算不变价 GDP,但在经济结构变化明显的情况下,这一方法往往难以准确反映经济增长的实际水平,并且因基年不宜经常调整,调整后又难以消除误差。正是基于以上考虑,1993 年的国民经济核算体系(SNA)主张采用新方法逐步替代这一传统方法。因此,我们应在恰当的时机采用新的统计核算方法。[1]

事实上,自从 1993 年开始,美国、澳大利亚、加拿大、英国及日本等国相继在国民核算中转向链式指数的编制,这一转变不仅有助于降低替代偏误,获得更高质量的不变价 GDP 数据;同时更好地促进了国际可比性。而随着经济统计水平的不断提高及国内生产总值核算与国际接轨的需要,中国在国民核算中转向链式指数的编制也势在必行。

基于此,自从 20 世纪 90 年代末期就不断有学者开始了相关问题的研

---

① 吴丕斌. 对我国经济增长率计算方法的看法[J],经济研究,1999(4):72-76.

· 230 ·

究,例如,吴丕斌(1999)对我国经济增长率计算方法的看法研究;赵红(2005)关于 GDP 核算中的价格指数及存在问题的研究;杨灿(2006)关于国民核算中的指数序列问题的研究等。这些研究为中国将转向关于链式指数的编制提供了重要的理论基础和实践指导,但对于具体编制方法及实践中面临的刺手难题,例如链式指数的构造、漂移性问题、不同频率指数间的衔接及其可加性等问题均未能作进一步的深入研究。基于此,本章将从理论到实践上就链式指数的编制方法及存在的问题展开扩展性研究,并同时介绍发达国家关于上述问题的处理方法及其经验,以期为我国在 GDP 中适时转向链式指数的编制提供一些参考。

第一节　GDP 中常用指数及其链式指数的重要作用

一、GDP 中几种基本价格指数及其概念

国内生产总值是指由一国或地区全体常住单位所创造的社会最终产品的市场价值总量。依据国民经济核算平衡原则,GDP 有三种核算方式,亦即生产法、分配法和使用法(亦称支出法)。不过,由于各种分配流量(如资本消耗、劳动者报酬、生产净税额和营业盈余等)很难直接分解为物量因素和价格因素,因此,有关 GDP 的指数编制通常只涉及生产和使用两个环节。[①] 其中,按照不同要求和内容,我们可以采取不同的价格形式来估算GDP 和不变价 GDP。据此,我们可以将其中涉及到的价格指数分为以下几类。

(一)基本价格、要素价格及成本价格

从生产要素参与生产过程的角度来看,我们可以根据经济分析的需要及参与生产过程的生产要素的特征将其价格分为基本价格、要素价格及成本价格。

1. 基本价格

SNA(2008)指出,基本价格是生产者就其生产的每单位货物或服务产

---

① 杨灿,周国富. 国民经济核算教程(国民经济统计学)[M]. 北京:中国统计出版社,2008.

出从购买者那里所获得的、扣除了生产或销售时应付的所有税、再加上所获得的所有补贴后的金额。它不包括生产者在发票上单列的任何运输费用。[1] 其计算公式为：

$$\genfrac{}{}{0pt}{}{基本}{价格} = \begin{bmatrix} 直接支付的固定资本消耗、\\ 劳动者报酬、营业盈余和\\ 其它生产净税额 \end{bmatrix} + \sum \begin{bmatrix} 各次间接支付的固定资本消耗、\\ 劳动者报酬、营业盈余和\\ 其它生产净税额 \end{bmatrix}$$

(7.1)

2. 要素价格

从基本价格中扣除直接和间接支付的其他生产净税额，即得到不含任何生产税因素的"要素价格"。其计算公式为：

要素价格＝基本价格－直接和间接支付的其它生产净税额 (7.2)

由此可见，上述两者的主要区别在于是否包含生产净税额。

3. 成本价格

该价格是生产单位产品所直接支付的中间消耗、固定资本消耗和劳动者报酬等三者之和，但不包括任何形式的生产税和营业盈余，这也是其与基本价格及要素价格的主要区别。在国民经济核算中，对于特殊部门或领域的产出可以采用成本价格进行计价。例如，政府服务或居民自有住房服务等。成本价格的具体计算方法为：

成本价格＝基本价格＋直接支付的中间消耗－

营业盈余和其它生产净税额－各种间接支付 (7.3)

（二）生产者价格和购买者价格

根据市场供需关系及其供需主体的不同来看，价格指数可分为生产者价格和购买者价格。

1. 生产者价格

生产者价格，是指生产者就其生产的每单位货物或服务产出从购买者那里所获得的、扣除了向购买者开列的所有增值税或类似可抵扣税后的金额。也即：指生产环节包含在单位产出中直接和间接累计支付的雇员报酬、固定资本消耗、营业盈余和生产税净额的总和，它同样不包括生产者在发票上单列的任何运输费用。相应地，近似的基本价格和要素价

---

[1]　EC, IMF, OECD, UN, World Bank. *System of National Accounts* [M], 2008, United Nations.

格之间的关系为：

$$生产者价格＝单位产品增加值＋中间消耗$$
$$＝近似的基本价格＋产品税净额 \qquad (7.4)$$

2. 购买者价格

购买者价格是购买者在指定时间地点获得每单位货物或服务所支付的金额,它不包括任何增值税或类似的可抵扣税。货物的购买者价格包括按购买者要求在指定时间运送货物到指定地点而另行支付的运输费用。[①]　其本质是:流通环节包含在单位产出中直接和间接累计支付的雇员报酬、固定资本消耗、营业盈余、商品税净额、商业费用和运输费用的总和,其具体的计算方法为:

$$购买者价格＝生产者价格＋商业费用＋运输流通费用等 \qquad (7.5)$$

生产者价格和购买者价格分别是从生产者和购买者角度进行估价的。其中,前者是商品进入市场的价格。如中国工业品出厂价格、农业产品收购价格、建筑业产品结算价格等均为生产者价格;而后者则是购买者获得商品所支付的价格。例如,中国工农业生产中原材料等商品的购进价格、商品的零售价格等都属于购买者价格。

二、不变价 GDP 核算方法及链式指数序列的重要作用

GDP 分为名义和不变价两种,但真正能够反映一国或地区经济增长现实情况以及居民福利水平的还是后者,经济增长率的计算使用实际 GDP 就是最好的例证。由于不变价 GDP 的核算需要广泛地应用各种价格指数及其序列,有必要对其相关内容进行简单介绍。

(一)不变价 GDP 的核算方法

实践中,不变价 GDP 的核算主要使用了两个方法,也即生产法和使用法。各国结合核算方法和不同行业的特征采用了不同的不变价 GDP 核算方法。具体而言,主要有缩减法和外推法两种。

1. 缩减法

缩减法亦称价格指数缩减法,以名义价值量可分解为物量与价格指数的关系为基础,用价格指数缩减名义价值量的一种方法。按照缩减的方式

---

① 　EC,IMF,OECD,UN,World Bank. *System of National Accounts*[M],2008,United Nations.

不同,具体又可分细为单缩法和双缩法,下面以帕氏价格指数为例分别对其进行说明。

(1)单缩法。具体而言,单缩法又可再分为两种情况。

用总产出价格指数代替增加值价格指数以缩减报告期现价增加值,求得不变价增加值。用公式可表示为:

$$\text{不变价 GDP} = \frac{\text{现价 GDP}}{\text{总产出价格指数}} \tag{7.6}$$

也即:

$$\sum r_0 q_t = \frac{\sum r_t q_t}{\sum p_t q_t / \sum p_0 q_t} \tag{7.7}$$

用中间投入价格指数代替增加值价格指数以缩减报告期现价增加值,求得不变价增加值。

$$\text{不变价 GDP} = \frac{\text{现价 GDP}}{\text{中间投入价格指数}} \tag{7.8}$$

也即:

$$\sum r_0 q_t = \frac{\sum r_t q_t}{\sum k_t s_t / \sum k_0 s_t} \tag{7.9}$$

(2)双缩法。该方法即是利用总产出价格指数和中间投入价格指数分别缩减总产出和中间投入。相应的计算方法为:

$$\text{不变价 GDP} = \frac{\text{现价总产出}}{\text{总产出价格指数}} - \frac{\text{现价中间投入}}{\text{中间投入价格指数}} \tag{7.10}$$

也即:

$$\sum r_0 q_t = \frac{\sum p_t q_t}{\sum p_t q_t / \sum p_0 q_t} - \frac{\sum k_t s_t}{\sum k_t s_t / \sum k_0 s_t} \tag{7.11}$$

2. 外推法

外推法亦称物量外推法,就是在基期年份 GDP 的基础上,通过物量的变化率来外推出当期年份的不变价 GDP。与缩减法类似,外推法也可分为单外推法和双外推法。下面以拉氏物量指数为例进行简单介绍。

(1)单外推法。相应地,单外推法也可使用总产出物量指数和中间投入物量指数外推两种。

总产出物量指数外推法。该方法使用总产出物量指数来外推当期的不变价 GDP。具体计算方法为:

不变价 GDP＝基期的 GDP×当期的总产出物量指数 （7.12）

也即：

$$\sum r_0 q_t = \sum r_0 q_0 \cdot \frac{\sum p_0 q_t}{\sum p_0 q_0} \qquad (7.13)$$

中间投入物量指数外推法。该方法使用中间投入物量指数来外推当期的不变价 GDP。具体计算方法为：

不变价 GDP＝基期 GDP×当期的中间投入物量指数 （7.14）

也即：

$$\sum r_0 q_t = \sum r_0 q_0 \cdot \frac{\sum k_0 s_t}{\sum k_0 s_0} \qquad (7.15)$$

(2)双外推法。该方法即是在基期不变价总产出和中间投入的基础上，分别用总产出物量指数和中间投入物量指数外推出当期不变价总产出和中间投入，并据此计算出不变价增加值。具体计算方法为：

不变价 GDP ＝不变价总产出－不变价中间投入

＝基期总产出·当期总产出物量指数－

基期中间投入·当期中间投入物量指数 （7.16）

也即：

$$\sum r_0 q_t = \sum p_0 q_0 \cdot \frac{\sum p_0 q_t}{\sum p_0 q_0} - \sum k_0 s_0 \cdot \frac{\sum k_0 s_t}{\sum k_0 s_0} \qquad (7.17)$$

（二）链式指数在不变价 GDP 核算中的重要作用

从上述介绍来看，不管使用哪一种方法核算不变价 GDP，总是避免不了使用一系列的指数序列，包括定基指数序列及链式指数序列。由于这些指数序列都是直接作为缩减指数或外推指数来使用的，因而其准确性无疑会对不变价 GDP 的数据质量产生极为重要的影响。一种存在明显偏差的缩减指数或外推指数，将会显著地降低不变价 GDP 的数据质量，而更为准确的指数则有助于进一步提高不变价 GDP 的数据质量，从而更好地为国民经济宏观经济管理提供可靠的决策信息。

而随着对指数及其序列研究的不断深入，人们越来越认识到定基指数在实现上述目的上的不量力和存在的明显缺陷，链式指数逐渐开始替代定基指数以帮助人们实现准确核算 GDP 增长率之目的。然而，该指数的编制依然存在诸多悬而未决的难题，下面将针对其有关问题展开进一步的研究。

第二节　国民经济核算中链式指数序列方法与问题

一、链式指数及其序列的基本编制方法

SNA(2008)指出,权重更新越频繁,所得到的价格或物量序列就越具代表性,每年均采用更新的权重连续编制两年年度指数,就可以得到年度环比指数,将按此编制的环比指数进行连乘则可得到连锁指数及其序列。国际上关于连锁指数的英文名称有多种形式,SNA(2008)、Diewert(2001):Chain Indices;IMF(2001):Chain-linked Indices,美国劳工统计局:Chain-type Index,Balk(2004):Chained Indices 等。同时,国内对其翻译也不尽相同,赵红(2005)将 Chained Price Index 译为:链式价格指数,杨灿(2005)将 Chained Index 译为连锁指数或链基指数;SNA(2008,中译本)将 Chain Indices 译为链式指数。为了避免用词的混乱,本书统一遵循 SNA(2008,中译本)的表示形式,视链式指数为 Chain Indices;另外,本书所研究的链式指数序列为通过每年或每季度更新权重的环比指数序列依次连乘得到的指数及其序列。

(一)环比指数及其序列基本编制方法

链式指数是通过编制环比指数而得到的,因此有必要先介绍环比指数编制的一般方法。

为便于分析,此处不妨约定以下符号:记 t 时期消费者所消费商品的价格和物量向量分别为

$$p^t=(p_1^t,p_2^t,\cdots,p_i^t,\cdots,p_n^t)、q^t=(q_1^t,q_2^t,\cdots,q_i^t,\cdots,q_n^t) \quad (7.18)$$

其中,$t=0,1,2,\cdots$;$i=1,2,\cdots,n$;其中,$p_i^t、q_i^t$ 分别表示 t 时期商品 i 的价格和物量。

环比指数是通过双边指数反映某指标值在第 t 期相对于上一期(第 $t-1$ 期)平均变动的相对数。实践中,较为常见的环比指数公式主要有三类,也即:拉氏指数、帕氏指数和 Fisher 指数。若以物量指数为例,其数学表达式分别为:

$$Q_{LC}^{t/t-1} = \frac{\sum\limits_{i=1}^{n} p_i^{t-1} q_i^t}{\sum\limits_{i=1}^{n} p_i^{t-1} q_i^{t-1}} \qquad (7.19)$$

$$Q_{PC}^{t/t-1} = \frac{\sum\limits_{i=1}^{n} p_i^t q_i^t}{\sum\limits_{i=1}^{n} p_i^t q_i^{t-1}} \qquad (7.20)$$

$$Q_{FC}^{t/t-1} = \sqrt{\frac{\sum\limits_{i=1}^{n} p_i^{t-1} q_i^t}{\sum\limits_{i=1}^{n} p_i^{t-1} q_i^{t-1}} \cdot \frac{\sum\limits_{i=1}^{n} p_i^t q_i^t}{\sum\limits_{i=1}^{n} p_i^t q_i^{t-1}}} \qquad (7.21)$$

针对上述每一种指数逐期编制相应每一期的价格或物量指数,就得到环比指数序列,其他形式指数序列亦如此。

(二)链式指数及其序列基本编制方法

将逐期编制的某种形式的环比指数连乘,即得实现相应两期对比的链式指数,以衡量指标值长期变化水平及趋势。由于该指数通过环比链接实行了指标的跨期(间接)对比,因而被称为间接指数序列。其数学表达式为:

$$I_{链式指数}^{t/0} = \prod_{\tau=1}^{t} I_{环比指数}^{\tau/\tau-1} = I_{链式指数}^{t-1/0} \cdot I_{环比指数}^{t/t-1} \qquad (7.22)$$

其中,$I_{环比指数}^{t/t-1}$为拉氏、帕氏和 Fisher 及其他某种形式的环比指数。

需要注意的是:该指数参照期是唯一的(此处为第 0 期),而且从整体上来看是不存在基期的;但就其中的每个环而言,其基期则是逐期变动的,即分别为第 $0,1,2,\cdots,t-1$ 期等。[①]

由链式指数的基本含义,我们可知其至少存在三大优势:(1)由于只有参考期,因而链式指数值不再像定基指数一样受指数基期选择的影响,也即不存在基期依赖性问题;(2)链式指数可以通过对权数的不断更新来增强权数的代表性,从而可以使价格指数更好地反映经济生活中的价格变动情况、克服替代偏差;[②](3)由于产品的更新换代而增加(或删除)一项商品后,链式指数序列在增减之前和之后仍然是可比的,无须就此加以调整。[③]

---

① 需要说明的是:这一特征并不针对权重基期滞后于指标参考期的环比指数链接而成的链式指数。由于这一类链式指数也存在权偏误,本书不对其展开讨论。

② 赵红.GDP 核算中的价格指数及存在问题研[J],统计研究,2005(5):63-69.

③ 杨灿,孙秋碧.国民核算中的指数序列问题研究[J],统计研究,2006(6):74-79.

二、国民核算中链式指数序列的编制方法

根据链式指数的编制频率不同及实际的需要，各国在国民核算中，主要以编制两种不同频率的链式指数序列为主，下面分别对其进行介绍。

（一）年度链式指数序列的编制方法

若以第 0 期为参照期，则年度拉氏物量链式指数可按以下两种方法编制。

1. 直接法

以年份为权重基期和指标对比基期，先编制年度环比指数，而后将其连乘为年度链式指数。则其年度拉氏物量链式指数为：

$$Q_{\text{拉氏链}}^{y/0} = \cdot \frac{\sum\limits_{i=1}^{n} p_i^0 q_i^1}{\sum\limits_{i=1}^{n} p_i^0 q_i^0} \cdot \frac{\sum\limits_{i=1}^{n} p_i^{y-1} q_i^y}{\sum\limits_{i=1}^{n} p_i^{y-1} q_i^{y-1}} \cdots \cdot \frac{\sum\limits_{i=1}^{n} p_i^{y-2} q_i^{y-1}}{\sum\limits_{i=1}^{n} p_i^{y-2} q_i^{y-2}} \cdot \frac{\sum\limits_{i=1}^{n} p_i^{y-1} q_i^y}{\sum\limits_{i=1}^{n} p_i^{y-1} q_i^{y-1}}$$

$$= Q_{\text{拉氏链}}^{y-1/0} \cdot \frac{\sum\limits_{i=1}^{n} p_i^{y-1} q_i^y}{\sum\limits_{i=1}^{n} p_i^{y-1} q_i^{y-1}} \qquad (7.23)$$

其中，y 表示年份。

2. 间接法

即将每年细分为四季度，再以季度为权重基期和指标对比期编制季度环比指数，后将上述每四个季度环比指数连乘得到年度环比指数，再将其连乘得到年度链式指数，具体地，其年度拉氏物量链式指数为：

$$Q_{\text{拉氏链}}^{y/0} = \frac{\sum\limits_{i=1}^{n} p_i^0 q_i^1}{\sum\limits_{i=1}^{n} p_i^0 q_i^0} \left[\prod_{j=2}^{y} \frac{\sum\limits_{i=1}^{n} q_i^{j-1,4} q_i^{j,1}}{\sum\limits_{i=1}^{n} q_i^{j-1,4} q_i^{j-1,4}} \cdot \left(\prod_{c=2}^{4} \frac{\sum\limits_{i=1}^{n} p_i^{j,c-1} q_i^{j,c}}{\sum\limits_{i=1}^{n} p_i^{j,c-1} q_i^{j,c-1}} \right) \right]$$

$$(7.24)$$

其中，j 表示年份；c 为季度；$p^{j,c}$ 表示第 j 年第 c 季度某商品的价格；p_j 表示第 j 年某商品的价格；其他符号含义依此类推。

上述两类指数的主要区别在于，前者以年度指数为优先指数，后者则以季度指数为优先指数；另外，前者指标值的年度增长率为其链中的单个环比指数，后者则为（每年第四季度的）同比指数，或者一年内连续四个季度环比指数之乘积。但由于不同频率指数间的显著差异，因而上述两式并不等价。

对于这两种指数,显然后者更能反映商品间的相互替代关系,会将权偏误降到更低的程度,但却可能面临链式漂移风险,而且其对数据的要求也非常高,一般情况下统计官方可能难以获得较为准确、可靠的季度数据;而前者的链漂移程度相对较小,数据也更易获得,但可能会存在相对较高的权偏误。因此,两类指数各存优劣,统计官方可结合其关于数据调查和处理的各种综合能力加以选择应用。

(二)季度链式指数的编制方法

1. 季度链式指数的构造原则

基于同一样本数据的年度和季度指数,必然要求两者在反映经济现象上具备以下特征。

(1)季度链式指数及其序列应该同时具备反映经济现象短期波动和长期趋势的能力。季度指数作为一种编制频率相对较高的指数,能更为敏感、准确地反映宏观经济现象的变化特征,尤其是经济现象的拐点,此即为宏观经济现象的短期波动。但基于链式指数的基本特征,季度链式指数也应该反映经济现象的长期变化趋势。

(2)季度链式指数与年度链式指数所反映的经济现象应该基本趋同。实践中,由于季度指数与年度指数所反映的是同一经济总体。因此,从理论上来讲,不管以何种方式编制指数,其所反映的经济现象应该基本趋同。

(3)季度指数应该与年度指数进行有效衔接,以确保局部与整体的统一性。一年包括四个季度,两者具有总分关系,这种关系反映在链式指数中,也就要求两者应该进行有效的衔接,以便于国民核算中季度和年度账户相互衔接和保持一致性。

2. 季度链式指数的编制方法

下面以物量指数为例,具体介绍季度链式指数的编制方法。

(1)跨年度法。该方法使用上一年度的价格为权重,将报告期(当年的某季度)的指标值与上年同期的指标值进行对比,因此被称为跨年度法。若以物量指数为例,则其季度链式指数为:

$$Q_{OTY}^{(y,c)/0} = \frac{\sum_{i=1}^{n} \bar{p}_i^0 q_i^{1,c}}{\sum_{i=1}^{n} \bar{p}_i^0 q_i^0} \cdot \prod_{j=2}^{y} \frac{\sum_{i=1}^{n} \bar{p}_i^{y-1} q_i^{y,c}}{\sum_{i=1}^{n} \bar{p}_i^{y-1} q_i^{y-1,c}} \quad (7.25)$$

式中, $\sum_{i=1}^{n} \bar{p}_i^{y-1} q_i^{y,c} / \sum_{i=1}^{n} \bar{p}_i^{y-1} q_i^{y-1,c}$ 为季度同比指数,链式指数参考期为第 0

年;$\bar{p}_i^{y-1}$ 为商品 i 第 $y-1$ 年的平均价格。

上式实际上包含四个不同季度的链式指数,因而难以直接算出相邻两季度物量变化之比为。

(2)年度重叠法。该方法是使用年度权重,将报告期季度指标值同上一年度的平均值进行对比。其季度链式指数按照下列方式编制,也即:

$$Q_{AO}^{(y,c)/0} = \prod_{j=1}^{y-1} \frac{\sum_{i=1}^{n} \bar{p}_i^{j-1} \bar{q}_i^j}{\sum_{i=1}^{n} \bar{p}_i^{j-1} \bar{q}_i^{j-1}} \cdot \frac{\sum_{i=1}^{n} \bar{p}_i^{y-1} q_i^{y,c}}{\sum_{i=1}^{n} \bar{p}_i^{y-1} \bar{q}_i^{y-1}} = Q^{(y-1)/0} \cdot \frac{\sum_{i=1}^{n} \bar{p}_i^{y-1} q_i^{y,c}}{\sum_{i=1}^{n} \bar{p}_i^{y-1} \bar{q}_i^{y-1}}$$

(7.26)

由上式可以计算出相邻两季度物量之比为:

$$\begin{cases} Q_{AO}^{(y,c)/(y-1,4)} = \dfrac{\sum_{i=1}^{n} \bar{p}_i^{y-1} q_i^{y,c}}{\sum_{i=1}^{n} \bar{p}_i^{y-1} \bar{q}_i^{y-1}} \dfrac{\sum_{i=1}^{n} \bar{p}_i^{y-2} \bar{q}_i^{y-1}}{\sum_{i=1}^{n} \bar{p}_i^{y-2} q_i^{y-1,4}}, c=1 \\[4em] Q_{AO}^{(y,c)/(y,c-1)} = \dfrac{\sum_{i=1}^{n} \bar{p}_i^{y-1} q_i^{y,c}}{\sum_{i=1}^{n} \bar{p}_i^{y-1} q_i^{y,c-1}}, c=2,3,4 \end{cases}$$

(7.27)

(3)季度重叠法。该方法是以年度数据为权重,将指标报告期季度值同上年度某一季度进行比较。为便于比较,一般选择上年第四季度作为对比基期,据此编制季度链式指数:

$$Q_{QO}^{(y,c)/0} = \frac{\sum_{i=1}^{n} \bar{p}_i^0 q_i^{1,4}}{\sum_{i=1}^{n} \bar{p}_i^0 \bar{q}_i^0} \left(\prod_{j=2}^{y-1} \frac{\sum_{i=1}^{n} \bar{p}_i^{j-1} q_i^{j,4}}{\sum_{i=1}^{n} \bar{p}_i^{j-1} q_i^{j-1,4}} \right) \cdot \frac{\sum_{i=1}^{n} \bar{p}_i^{y-1} q_i^{y,c}}{\sum_{i=1}^{n} \bar{p}_i^{y-1} q_i^{y-1,4}}$$

(7.28)

该指数以每年第四季度对应的同比指数为链接因子,因而该方法被称为季度重叠法。同理,其相邻两季物量变化之比为:

$$\begin{cases} Q_{QL}^{(y,c)/(y-1,4)} = \dfrac{\sum_{i=1}^{n} \bar{p}_i^{y-1} q_i^{y,c}}{\sum_{i=1}^{n} \bar{p}_i^{y-1} q_i^{y-1,4}}, c=1 \\[4em] Q_{QL}^{(y,c)/(y,c-1)} = \dfrac{\sum_{i=1}^{n} \bar{p}_i^{y-1} q_i^{y,c}}{\sum_{i=1}^{n} \bar{p}_i^{y-1} q_i^{y,c-1}}, c=2,3,4 \end{cases}$$

(7.29)

（4）年度链式指数与季度环比指数进行衔接法。为了尽可能地减小权偏误，非完整年份的季度指数也可通过季度环比指数连乘的方法进行直接编制，并与完整年份的年度链式指数进行链接。相应地，其拉氏物量季度链式指数为：

$$Q_{AO}^{(y,c)/0} = \frac{\sum_{i=1}^{n} \bar{p}_i^0 q_i^{1,4}}{\sum_{i=1}^{n} \bar{p}_i^0 \bar{q}_i^0} \left(\prod_{j=2}^{y-1} \frac{\sum_{i=1}^{n} \bar{p}_i^{j-1} \bar{q}_i^j}{\sum_{i=1}^{n} \bar{p}_i^{j-1} \bar{q}_i^{j-1}} \right) \cdot \left(\frac{\sum_{i=1}^{n} q_i^{y-1,4} q_i^{y,1}}{\sum_{i=1}^{n} q_i^{y-1,4} q_i^{y-1,4}} \cdot \prod_{c=2}^{4} \frac{\sum_{i=1}^{n} p_i^{y,c-1} q_i^{y,c}}{\sum_{i=1}^{n} p_i^{y,c-1} q_i^{y,c-1}} \right)$$

(7.30)

同理，其相邻两季物量变化之比为：

$$\begin{cases} Q_{QLI}^{(y,c)/(y-1,4)} = \dfrac{\sum_{i=1}^{n} q_i^{y-1,4} q_i^{y,c}}{\sum_{i=1}^{n} q_i^{y-1,4} q_i^{y-1,4}}, c=1 \\[3em] Q_{QLI}^{(y,c)/(y,c-1)} = \dfrac{\sum_{i=1}^{n} q_i^{y,c-1} q_i^{y,c}}{\sum_{i=1}^{n} q_i^{y,c-1} q_i^{y,c-1}}, c=2,3,4 \end{cases}$$

(7.31)

（5）直接编制季度环比指数，并链接成季度链式指数方法。该方法与第四种方法的差异在于，季度链式指数中的每一个环都是季度环，而不包含任何的直接年度环。实践中，该方法无需再编制年度链式指数，完整年份的季度链式指数即为年度链式指数。仍以拉氏物量指数为例，其季度链式指数为：

$$Q_{AO}^{(y,c)/0} = \frac{\sum_{i=1}^{n} \bar{p}_i^0 q_i^{1,4}}{\sum_{i=1}^{n} \bar{p}_i^0 \bar{q}_i^0} \cdot \left[\prod_{j=2}^{y} \left(\frac{\sum_{i=1}^{n} q_i^{y-1,4} q_i^{y,1}}{\sum_{i=1}^{n} q_i^{y-1,4} q_i^{y-1,4}} \prod_{c=2}^{4} \frac{\sum_{i=1}^{n} p_i^{y,c-1} q_i^{y,c}}{\sum_{i=1}^{n} p_i^{y,c-1} q_i^{y,c-1}} \right) \right]$$

(7.32)

三、国民核算中链式指数及其序列有关问题分析

尽管相对定基指数而言，链式指数表现出了诸多明显的优势，但在国民核算实践中却面临一系列的实施难题，这些问题在很大程度上影响了链式指数的应用。下面将针对一些主要问题展开逐一分析。

（一）链式指数公式的选择性问题

国民核算中，可用于编制链式指数的指数公式非常多，包括一般指数，如：拉氏指数、帕氏指数、Lowe 指数和 Young 指数等；超越指数，如 Fisher 指数、Walsh 指数和 Törnqvist 指数等；以及（R）GEKS 指数。但在一般指数中，Lowe 指数和 Young 指数等并不适合于编制每年都更新权重的链式指数，而帕氏指数由于涉及到报告期的数据，拉氏指数则使用上一期的权重数据而更易获得统计官方的青睐；另外，在超越指数中，一般情况下，尽管三者计算的结果较为近似，但在指数的公理化检验中，Fisher 指数却是通过检验最多的超越指数。因而，Fisher 指数也就成了较为理想的目标指数之一；另外，根据后文的分析，（R）GEKS 指数应用于实践还存在诸多问题。目前并不是被应用的有利时机。所以，从指数理论和国际经验等角度来看，链式指数的构造主要包括两类指数：（1）拉氏指数。目前编制链式指数的国家中，大多以编制拉氏链式指数为主。例如，澳大利亚、英国、日本、德国、意大利以及英国等国家。（2）Fisher 指数。目前仅有美国和加拿大在国民核算中采用该指数，这主要是源于 Fisher 链式指数的显著优势。例如，有利于调和权偏误和型偏误，从而使得其计算结果更加准确；当价格和物量波动相对较大时，该指数值更加稳健、漂移性更小。即便如此，该指数也仅被少数国家所选用，显然与其对数据的苛刻要求是密不可分的，首先，该指数相当于同时编制拉氏和帕氏两种指数，数据要求相当高，编制成本更高，且难于向用户解释；其次，Fisher 指数需要报告期权重数据，因而使得估计存在一定程度的近似性或滞后性。而拉氏指数则不会存在类似的问题；再次，对于链式指数的每一个环节而言，年度链式的拉氏指数公式是可加的（但 Fisher 链式指数只具有近似意义上的可加性）这将大大简化了国民核算中投入产出表和供给与使用表的编制，而 Fisher 指数却并不具备这一特征；国民核算中，在较细的分类水平上，Fisher 链式指数实用性要小于拉氏指数。另外，还有一点值得注意的是，国民核算中，当价格和数量随着时间推移而平稳变动时，拉氏指数和帕氏指数之间的数值差距可能会通过链接而大大缩小。在这种情况下，指数公式的选择就不那么重要了（SNA，2008）。因此，实践中在不具备编制 Fisher 链式指数的条件下，编制更为实用的拉氏链式指数或许更为可取。

（二）链式漂移性问题及国际研究最新进展

链式漂移即指当价格与数量经过几个时期的震荡回到原始水平时，指数值通常不会返回到单位值。链式指数的漂移性起源于指数公理化检验中的循环性检验。该检验为：多个环比指数之循环乘积应为1；或者，多个环比指数之连乘积应等于相应的定基指数，也即：

$$I^{1/0} \cdot I^{2/1} \cdot I^{3/2} \cdot \cdots \cdot I^{t/t-1} \cdot I^{0/t} = 1 \qquad (7.33)$$

$$或\ I^{1/0} \cdot I^{2/1} \cdot I^{3/2} \cdot \cdots \cdot I^{t/t-1} \cdot I^{0/t} = I^{t/0} \qquad (7.34)$$

其中，$I1/0$ 为第 1 期相对于第 0 期的某一链式价格指数。

该检验被视为 Fisher(1922) 的三大核心检验之一，而且在实践中具有一定的经济现实意义。因而，近些年来，链式漂移性问题受到了指数理论界的极大关注，并获得了一些研究成果。

（1）链式指数的漂移程度主要受其编制频率的影响。Haan,Grient (2009) 基于扫描数据的研究表明，一般而言，链式指数的编制频率越高，其漂移程度越严重；Ivancic,Fox,Diewert(2009) 对扫描数据的研究也指出，每月和每周的链式指数会产生较大的漂移性，而季度链式指数的漂移性则相对较小。当然，链式漂移性还受指数公式的影响，也即对于同一样本而言，超越链式指数的漂移相对较小，不过，编制频率仍然是其主要影响因素。

（2）针对常见的链式指数可能出现漂移性的缺陷，国际上进行多边对比的 GEKS 指数被 Ivancic、Fox、Diewert（2009）等引入时间序列指数的编制中，并首先编制了滚动年份的 GEKS（也即 RGEKS）链式指数，同时被认为不存在链漂移性。下面对其进行简单介绍：

Ivancic,Diewert,Fox（2011）将 Gini（1931），Eltetö、Köves（1964）和 Szulc(1964) 等人提出的，用于国际多边对比的指数 GEKS 引入双边比较的 CPI 编制中。该指数是所有可能的，基于同样指数公式的双边价格指数之比的几何平均，其中的每一期均被当作基期（Haan, J. and Krsinich, F., 2012）。若以第 0 期为参考期，l 为链接期（$0 \leqslant l \leqslant M$），则从第 0 期到第 t 期的 GEKS 指数为：

$$P_{GEKS}^{0,t} = \prod_{l=0}^{M} [P^{0,l}/P^{t,l}]^{1/M+1} = \prod_{l=0}^{T} [P^{0,l} \times P^{l,t}]^{1/M+1} \ t = 0,1,\cdots,M$$

$$(7.35)$$

其中，$P^{0,l}$ 表示以 0 为基期，l 为报告期的（超越）定基指数。

同理，第 0 期到第 $t+1$ 期的 GEKS 指数为：

$$P_{GEKS}^{0,t+1} = \prod_{l=0}^{M+1} [P^{0,l}/P^{t,l}]^{1/M+2} = \prod_{l=0}^{M+1} [P^{0,l} \times P^{l,t}]^{1/M+2}, t = 0,1,\cdots,M+1$$

$$(7.36)$$

对比上述两式，我们发现，当时间每向前推进一个单位时，将会产生两大问题：第一，式（7.36）中会出现大量新的双边（定基）指数，原来式（7.35）的大量指数需要重新计算，这显然违反了时间固定的原则；第二，随着时间跨度的增加,样本的匹配性不断降低,从而致使误差急剧增加。为了解决这一问题,Ivancic,Diewert,Fox(2011)提出了"滚动年指数",也即 RGEKS 指数方法。该方法重复使用最后 13 个月的价格和物量构建 GEKS 指数,另外为了处理季节性产品,该指数选择最短的 13 个月作为滚动窗口。同时,其选择 $P^{0,12}_{GEKS}$ 作为编制月度指数序列的起始点,并与最近的月度环比指数链接成时间序列。因此,则从第 0 期到第 13、14 期的 RGEKS 指数分别为:

$$P^{0,13}_{RGEKS} = P^{0,12}_{GEKS} \cdot P^{12,13}_{GEKS} = P^{0,12}_{GEKS} \cdot \prod_{l=1}^{13} (P^{12,l} \times P^{l,13})^{1/13}$$

$$= \prod_{l=0}^{12} (P^{0,l} \times P^{l,12})^{1/13} \prod_{l=1}^{13} (P^{12l}/P^{l,13})^{1/13} \qquad (7.37)$$

$$P^{0,14}_{RGEKS} = P^{0,12}_{GEKS} \cdot P^{12,13}_{GEKS} \cdot P^{13,14}_{GEKS} = P^{0,13}_{RGEKS} \cdot \prod_{l=2}^{14} (P^{13,l} \times P^{l,14})^{1/13}$$

$$(7.38)$$

以此类推,从第 0 期到第 T 期的 RGEKS 指数为:

$$P^{0,T}_{RGEKS} = P^{0,12}_{GEKS} \cdot P^{12,13}_{GEKS} \cdot P^{13,14}_{GEKS} \cdot \cdots \cdot P^{T-1,T}_{GEKS}$$

$$= \prod_{l=0}^{13} (P^{0,l} \times P^{l,12}) \cdot \prod_{l=13}^{T} \prod_{l=T-12}^{T} (P^{T-1,l} \times P^{l,T})^{1/13} \qquad (7.39)$$

此后,众多学者对该指数展开了一系列的研究。例如,De Haan,Van der Grient(2009),Nygaard(2010),Johannsen,I.,Nygard(2011)等的研究。这些研究都明显支持使用 RGEKS 指数构建链式指数,并认为其不存在漂移性。但随后一些学者则对(R)GEKS 链式指数不存在漂移性提出了异议。例如,Haan,J. 和 Krsinich,F.(2012)的研究指出,GEKS 并不是绝对不存在链漂移。Ribe M(2012)的研究也认为,(R)GEKS 指数是否具备漂移衰减特征,有赖于进一步的理论研究。事实上,Lippe P(2012)关于 GEKS 和 RGEKS 指数系统性的研究中就指出,在 CPI 的指数序列中,由于对比的"媒介基期(l)"不可能是固定不变的,因此在较长的时间跨度中,GEKS 以及 RGEKS 显然是不满足循环性检验的,也即并不是免漂移的。同时作者还认为(R)GEKS 链式指数还受其参考期(第 0 期)选择的影响,并非像例如拉氏或帕氏链式指数那样,独立于指数的参考期。另外,Green-lees 和 McClelland(2010)关于服装的扫描价格指数表明,匹配项目的 GEKS 指数就存在严重的下偏。

其实,Samuelson and Swamy(1974)的研究曾指出,在非位似偏好的条件下,链式指数不可能通过循环性检验。也即,当位似假设成立的条件下,指数是可以通过循环性检验的。关于这一点,我们可以从有些例子中得到证实,例如,在指数家族中,有一些较为特殊的指数,如简单性质及固定加权性质的综合和简单指数,及固定加权性质的几何平均链式指数等就都是满足循环性检验。因为简单或固定权重性质的指数可以看作是满足某种特殊位似条件的,因而它们都满足循环性检验,从而其链式指数不存在链漂移性。但作为权重适时更新的链式指数,例如一般的由环比指数连乘而构成的链式指数,像拉氏、帕氏、Fisher 等链式指数显然不满足位似条件,也就理所当然地不满足循环性检验了。由此可知,适时更新权重和满足循环性检验两种间存在一定的矛盾性,而要想解决该矛盾显然并非易事,一般情况下,也只能权衡取舍。

总之,综合各种情况来看,(R)GEKS 链式指数并非不存在漂移性。但其漂移衰减的程度到底如何,显然还有待于学术界的进一步研究。况且,实践中构建(R)GEKS 链式指数还存在其他一系列的棘手问题:(1)由一系列的定基和环比 Fisher(或其他形式的)指数混合构成,其计算过程相当复杂、烦琐,样本的匹配性和编制技术面临较大的挑战;(2)受桥式对比期的影响,进行双边对比时,GEKS 指数并不是唯一确定的(这与定基指数和其他一般链式指数存在显著差异);(3)更难于向居民解释。可能正是基于这些问题的困扰,目前并没有任何国家编制 GEKS 链式指数。显然,关于该指数的有关特征和应用性问题还有待于进一步的理论与实践研究。

总之,实践中编制链式指数,可能会面临漂移性的风险。但根据目前的研究来看,或许以季度链式超越指数为主要指数,月度链式指数以此为参考进行适当的调整可能是一种较为可行的折中方案。

(三)链式指数的可加性问题及国际研究进展

其含义为,使用一组物量指数将某一参照期的价值总量及其分量做时间上的外推时,所得到的不变价估值难以保持局部与整体的合计关系(杨灿,2006),下面将对其加以说明。

设国民核算中 M 个子部门报告期(第 t 期)的现价 GDP 为 $\mathrm{GDP}^z_{t现价}$,其链式价格指数为 $\mathrm{GDP}^z_{t链式指数}$($z=1,2,\cdots,M$),M 个子部门总现价 GDP 为 $\mathrm{GDP}_{t总的现价}$,其链式价格指数为 $P_{t链式指数}$,总的不变价 GDP 为 $\mathrm{GDP}_{t总的不变价}$,则基于链式价格指数缩减法的不可加性为:

$$\mathrm{GDP}_{t总的不变价} = \frac{\mathrm{GDP}_{t总的现价}}{P_{t链式指数}} \neq \sum_{z=1}^{M} \frac{\mathrm{GDP}^z_{t现价}}{P^z_{t链式指数}} \tag{7.40}$$

同理,其基于链式物量指数外推下的不可加性为:

$$GDP_{t总的不变价} = GDP_{第0期总的} \cdot Q_{t链式指数} \neq \sum_{z=1}^{M} GDP_{第0期总的}^{Z} \cdot Q_{t链式指数}^{Z}$$
$$(7.41)$$

链式指数不可加性的严重影响在于,不仅增加了数据处理的复杂性,同时也会导致各组成部分 GDP 增长率及其对 GDP 增长率的贡献率计算上的误差。于是,学者们对其做了进一步的深入研究。其中 Dumagan(2010)的研究显示,链式指数是存在某种形式可加性的,并分析了三种指数体系下——帕氏价格与拉氏物量、拉氏价格与帕氏物量和 Fisher 物量和价格等链式指数的可加性,并分别推导出了其链式可加性的相应形式。前两种可加性分别为[①]:

$$Y_t^{chain} = \frac{Y_t}{D_t^P} = \sum_{Z=1}^{M} \frac{Y_t^Z}{D_s^P P_{st}^{PZ}} \qquad (7.42)$$

$$Y_t^{chain} = \frac{Y_t}{D_t^L} = \sum_{Z=1}^{M} \frac{Y_t^Z}{D_s^L P_{st}^{LZ}(Y_s^Z/Y_s w_s^{PZ})} \qquad (7.43)$$

但在第三种情况下,则只存在近似的可加性,也即:

$$Y_t^{chain} = \frac{Y_t}{D_t^F} \approx \sum_{Z=1}^{M} \frac{Y_t^Z}{D_s^F P_{st}^{FZ}(Y_s^Z/Y_s w_s^{FZ})} \qquad (7.44)$$

其中,$t=s+1$;D_s^P 为帕氏链式价格指数;P_{st}^{PZ} 表示部门 Z 的帕氏环比价格指数;$w_s^{PZ} = \sum_{k=1}^{M^Z} p_{kt}^z q_{ks}^z / \sum_{l=1}^{M} p_{lt}q_{ls}$,$M^Z$ 为第 Z 部门所包含的子部门数;其他符号的含义依此类推。

下面以拉氏数量指数和帕氏价格指数为例进行相应可加性的推导。

记(p_{is},q_{is})、(p_{it},q_{it})、(p_{ir},q_{ir})分别表示第 s、t 和 r 期商品 i 的销售价格和数量,其中,$i=1,2,\cdots,N$;$t=s+1,r$ 表示基期。

令 Y 表示 GDP,因此当期的 GDP 分别为:

$$Y_s = \sum_{i=1}^{N} p_{is}q_{is}; Y_t = \sum_{i=1}^{N} p_{it}q_{it}; Y_r = \sum_{i=1}^{N} p_{ir}q_{ir} \qquad (7.45)$$

相应地,其拉氏数量和价格的环比指数分别为:

$$Q_{st}^L = \frac{\sum_{i=1}^{N} p_{is}q_{it}}{\sum_{i=1}^{N} p_{is}q_{is}}st \qquad (7.46)$$

----

① 该种情况及其他情况下的链式指数可加性的详细推导过程,可参见 Dumagan. *Computing Additive Chained Volume Measures of GDP Subaggregates*,Discussion Paper Series,2010.

$$P_{st}^{L} = \frac{\sum_{i=1}^{N} q_{is} p_{it}}{\sum_{i=1}^{N} q_{is} p_{is}} \tag{7.47}$$

记上述环比指数相应的链式指数分别为 J_t、D_t，(其中 $J_r = D_r = 1$) 则有：

$$J_t = J_s Q_{st} = Q_{12} \times Q_{23} \times \cdots \times Q_{(t-1)t} = \prod_{\Gamma=r}^{t-1} Q_{\Gamma,\Gamma+1} \tag{7.48}$$

$$D_t = D_s P_{st} = P_{12} \times P_{23} \times \cdots \times P_{(t-1)t} = \prod_{\Gamma=r}^{t-1} P_{\Gamma,\Gamma+1} \tag{7.49}$$

则链式指数下名义 GDPY_s、Y_t 相应的不变价 GDP 分别为：

$$Y_s^{\mathrm{chain}} = J_s Y_r = \frac{Y_s}{D_s}; Y_t^{\mathrm{chain}} = J_t Y_r = \frac{Y_t}{D_t} \tag{7.50}$$

由环比指数的定义有：

$$\frac{Y_t}{Y_s} = \frac{J_t}{J_s} \frac{D_t}{D_s} = Q_{st} P_{st} = Q_{L_{st}} P_{P_{st}} \tag{7.51}$$

假设总的 GDP 由 M 个部门的 GDP 相加而成，也即：

$$Y_s = \sum_{z=1}^{M} Y_s^z; Y_t = \sum_{z=1}^{M} Y_t^z; Y_r = \sum_{z=1}^{M} Y_r^z \tag{7.52}$$

下面的不等式说明了一般情况下链式指数的非可加性：

物量外推法下的不变价 GDP：$Y_t^{\mathrm{chain}} = J_t Y_r \neq \sum_{z=1}^{M} J_t^z Y_r^z \tag{7.53}$

缩减法下的不变价 GDP：$Y_t^{\mathrm{chain}} = \frac{Y_t}{D_t} \neq \sum_{z=1}^{M} \frac{Y_t^z}{D_t^z} \tag{7.54}$

根据链式拉氏物量指数和链式帕氏价格指数的定义，我们有：

$$Y_s^{\mathrm{chain}\text{-}L} = J_s^L Y_r = \frac{Y_s}{D_s^P};$$

$$Y_t^{\mathrm{chain}\text{-}L} = J_t^L Y_r = \frac{Y_t}{D_t^P};$$

$$Y_t^{\mathrm{chain}\text{-}L} = Y_s^{\mathrm{chain}\text{-}L} Q_{st}^L = \frac{Y_s}{D_s^P} Q_{st}^L \tag{7.55}$$

下面以链式拉氏数量指数（J_s^L，J_t^L）和链式帕氏质量指数（D_s^P，D_t^P）及两部门 A、B 为例说明链式指数存在某种形式的可加性特征。于是有：

$$Y_s = Y_s^A + Y_s^B; \quad Y_s = \sum_{i=1}^{M} p_{is} q_{is}; \tag{7.56}$$

$$Y_s^A = \sum_{j=1}^{MA} p_{js}^A q_{js}^A; \quad Y_s^B = \sum_{j=1}^{MB} p_{js}^B q_{js}^B \tag{7.57}$$

其中：

$$M = M^A + M^B$$

即：

$$\omega_s^{LA} = \frac{Y_s^A}{Y_s}; \omega_s^{LB} = \frac{Y_s^B}{Y_s}; Q_{st}^{LA} = \frac{\sum_{j=1}^{MA} p_{js}^A q_{jt}^A}{\sum_{j=1}^{MA} p_{js}^A q_{js}^A}; Q_{st}^{LB} = \frac{\sum_{k=1}^{MA} p_{ks}^B q_{kt}^B}{\sum_{k=1}^{MA} p_{ks}^B q_{ks}^B} \qquad (7.58)$$

则有：

$$Q_{st}^L = \frac{\sum_{i=}^{M} p_{is} q_{it}}{\sum_{i=}^{MA} p_{is} q_{is}} = \sum_{i=1}^{M} \omega_{is}^L \left(\frac{q_{it}}{q_{is}}\right) = \omega_s^{LA} Q_{st}^{LA} + \omega_s^{LB} Q_{st}^{LB} \qquad (7.59)$$

其中

$$\omega_{is}^L = \frac{p_{is} q_{is}}{\sum_{i=1}^{N} p_{is} q_{is}}; \sum_{i=1}^{M} \omega_{is}^L = \omega_s^{LA} + \omega_s^{LB} = 1 \qquad (7.60)$$

结合式(7.55)、(7.60)有：

$$\frac{Y_t}{D_t^P} = \frac{Y_s}{D_t^P}(\omega_s^{LA} Q_{st}^{LA} + \omega_s^{LB} Q_{st}^{LB}) = \frac{Y_s \cdot \omega_s^{LA}}{D_t^P} \cdot Q_{st}^{LA} + \frac{Y_s \cdot \omega_s^{LB}}{D_t^P} \cdot Q_{st}^{LB}$$

$$(7.61)$$

将式(7.61)应用到相应的部门有：

$$\frac{Y_t^A}{Y_s^A} = Q_{st}^{LA} P_{st}^{PA}; \frac{Y_t^B}{Y_s^B} = Q_{st}^{LB} P_{st}^{PB} \qquad (7.62)$$

由式(7.61)和(7.62)可得：

$$\frac{Y_t}{D_t^P} = \frac{Y_t^A}{D_s^P P_{st}^{PA}} + \frac{Y_t^B}{D_s^P P_{st}^{PB}} \xrightarrow{\text{加以推广}} Y_t^{chain} = \frac{Y_t}{D_t^P} = \sum_{Z=1}^{M} \frac{Y_t^Z}{D_s^P P_{st}^{PZ}}$$

$$(7.63)$$

上式将大大简化目前的烦琐计算，并将更为准确地核算各部门对 GDP 增长的贡献率。

（四）链式指数编制方法的选择性问题

相对而言，国民核算中年度链式指数序列的编制方法更为简单，操作起来也较为方便。因而，此处主要针对季度链式指数序列的编制方法进行对比性分析。现将对比结果列于表 7.1。

表 7.1 不同季度链式指数序列编制方法的比较

方法	跨年度法（方法 1）	年度重叠法（方法 2）	季度重叠法（方法 3）	混合编制法（方法 4）	季度链式法（方法 5）
优点	避免季节性因素的干扰	链式漂移程度相对较小	链式漂移程度相对较小	计算指标的季度增长率极为方便、便于观测指标值的短期波动	极大地方便了季度链式指数与年度链式指数的衔接、减小了替代偏误和权偏误
不足	链接序列容易扭曲季节变化模式	不利于反映季度指标增长率变化的连续性	有利于反映季度指标增长率变化的连续性	容易在完整年份与非完整年份链接处产生明显的拐点，同时会导致季度指数值在基准化前后相差过大	容易产生链式漂移
适用条件	关注指标值的长期增长趋势	国民核算中对年度账户更为重视	国民核算中对季度账户更为重视	关注指标值的长期增长趋势，季节性波动情况并非关注重点	能够获得较为准确的季度数据且其数据已经过季节性波动处理

资料来源：作者整理。

　　由表 7.1 可知，方法 1 主要由于容易扭曲季节变化模式而极少被统计官方采用。而对于方法 5，与其他方法相比，其优点最为明显，而关于其链式漂移问题，从前文的分析来看，其影响可能并不大。不过其对季度数据的质量及季节性产品的处理技术等要求却非常之高；同时，由于方法 4 也需要针对非完整年份的各个季度编制链式指数，其同样会存在类似于方法 5 的问题。因而，对于这两种方法的应用，我们都需要保持适当的谨慎。相对而言，方法 2、3 则较为适用。一方面其漂移程度较小，而且它们都不存在明显的不足。为了进一步了解各种方法的特点，本书应用下表数据编制相应几种季度链式指数（表 7.2）。

表 7.2 1997—2000 年商品 A、B 各季度的物量与价格

年份	季度	物量		价格	
		A	B	A	B
1997	全年四个季度	251.10	236.0	7.0	6.0
1998	1	67.4	57.6	6.1	8.0
	2	69.4	57.1	5.7	8.6
	3	71.5	56.5	5.3	9.4
	4	73.7	55.8	5.0	10.0
1999	1	76.0	55,.4	4.5	10.7
	2	78.3	54.8	4.3	11.5
	3	80.6	54.2	3.8	11.7
	4	83.1	53.6	3.5	12.1
2000	1	85.5	53.2	3.4	12.5
	2	88.2	52.7	3.1	13.0
	3	98.0	52.1	2.8	13.8
	4	93.5	52.0	2.7	14.7

注：数据来源于 IMF：Quarterly National Accounts Manual—Concepts，Data Sources，and Compilation（Price and Volume Measures：Specific QNA-ANA Issues），May 10，2001：195-163.

限于篇幅，本书将所编制的几种季度链式指数值以图 7.1 的形式列出。

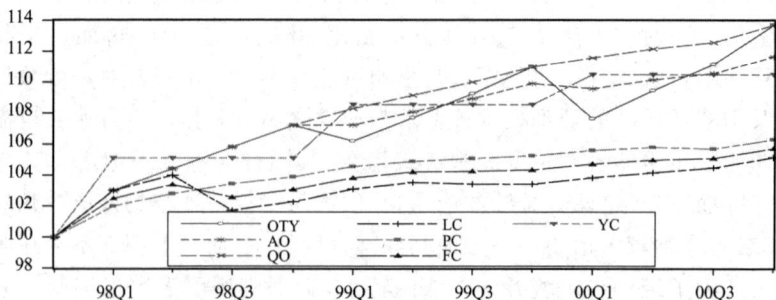

图 7.1 几种编制方法下的季度链式指数

注：图中 OTY、AO、QO 分别表示按照第 1、2、3 种方法编制的季度拉氏链式指数；LC、PC、FC 分别是基于方法 5 的拉氏、帕氏以及 Fisher 季度链式指数；YC 为基于年度环比的拉氏年度链式指数。

由图 7.1 可知,OTY 指数存在明显的台阶性,再次证明实践中不宜编制此类指数;而 AO 指数则显得稍微平滑,但却也存在一定的台阶性,不过从图形来看,其指数值与年度链式指数值(YC)更为近似,这可能是由于其可直接汇总成 YC 指数的原因;而 QO 指数则显得更为平滑,并保持了各个季度间的平稳变化,不过其指数值相对偏高,甚至高于 YC 指数,因而该方法可能会出现高估的情况。而 LC、PC、FC 等三类指数值明显偏小,这可能是由于它们更好地消除了替代偏误所致,但实践中一般难以获得编制该类指数更为准确的数据。

总之,从理论分析及有限的实践结果来看,在现有的统计水平下,选择年度重叠法或季度重叠法编制季度链式指数序列的方法可能更为可取。

(五)季度链式指数与年度链式指数的衔接性问题

实践中,编制年度和季度链式指数时,需要对两者进行相应的衔接,以尽量保持其一致性。

1. 直接衔接法

该方法即对季度链式指数直接进行变换,得出年度链式指数,因此被称为直接法。上述所涉及的链式指数编制方法中,按照年度重叠法编制的季度链式指数与按照直接法编制的年度链式指数间可以进行直接衔接,也即:

$$\frac{1}{4}\sum_{c=1}^{4}(Q_{AO}^{(y,c)/0}) = \frac{1}{4}\sum_{c=1}^{4}\left(\prod_{j=1}^{y-1}\frac{\sum_{i=1}^{n}\overline{p}_i^{j-1}\overline{q}_i^{j}}{\sum_{i=1}^{n}\overline{p}_i^{j-1}\overline{q}_i^{j-1}} \cdot \frac{\sum_{i=1}^{n}\overline{p}_i^{y-1}q_i^{y,c}}{\sum_{i=1}^{n}\overline{p}_i^{y-1}\overline{q}_i^{y-1}}\right)$$

$$= \frac{1}{4}\sum_{c=1}^{4}\left(Q_{AO}^{y-1/0} \cdot \frac{\sum_{i=1}^{n}\overline{p}_i^{y-1}q_i^{y,c}}{\sum_{i=1}^{n}\overline{p}_i^{y-1}\overline{q}_i^{y-1}}\right) = Q_{AO}^{y-1/0} \cdot \frac{\sum_{i=1}^{n}\overline{p}_i^{y-1}\overline{q}_i^{y}}{\sum_{i=1}^{n}\overline{p}_i^{y-1}\overline{q}_i^{y-1}}$$

$$= Q_{AO}^{y/0} \tag{7.64}$$

上式也即对一年内四个季度的链式指数直接进行简单算术平均得到年度链式指数。

另外,按照方法 5 编制的季度链式指数与按照间接法编制的年度链式指数间也可进行直接链接,此处不再赘述。不过,直接法的应用却是非常有限的,实践中经常需要另寻它法。

2. 基准化方法

当季度链式指数与年度链式指数难以直接进行衔接时,可以采用基准化方法进行强制性链接。该方法的作用在于,针对某个指标值,将一系列高频数据和与之相对应的低频数据合并为具有一致性的同一时间序列。实践中,基准化的方法非常之多,包括从最简单的按比例分配法到更为复杂的模型法。限于篇幅,此处仅就应用较为广泛的 Denton 比例法进行介绍。该方法的基本思想为:在满足季度链式指数平均值等于年度链式指数的前提下,使得基准化后的季度链式指数最大限度地维持原有的变动趋势。

若第 y 年第 q 季度的链式指数为 $I_{y,q}$,并令 $I^{y,q}=I^t$,且 $t=4y+q$,则:$t=1,\cdots,T=4(y-1)$。于是,Denton 比例法为:求基准化的季度链式指数 $\tilde{I}^1,\cdots,\tilde{I}^t$,以使两比例差的平方和最小:

$$\underset{(\tilde{I}1,\cdots,\tilde{I}t)}{\text{Min}} \sum_{t=2}^{T}\left(\frac{\tilde{I}^t}{I^t}-\frac{\tilde{I}^{t-1}}{I^{t-1}}\right)^2 \qquad (7.65)$$

$$s.t. \ \frac{1}{4}\sum_{t=4y+1}^{4y+4}\tilde{I}^t=I^y, I^y \text{ 为第 } y \text{ 年的链式指数} \qquad (7.66)$$

相对于直接法而言,基准化方法的应用更为广泛,包括链式指数修订前和修订后的应用。

第三节 GDP 中链式指数序列编制的 国际经验与比较

尽管以美国为代表的国家,例如,美国、澳大利亚、加拿大等国先后在国民核算中开始编制该指数。但各国在链式指数的编制实践上,却采用了不尽相同的操作方式,下面分别以相关国家为例,就其链式指数的编制经验与方法进行详细介绍,并进行适当的比较。

一、链式指数序列编制的国际方法与经验

下面分别介绍美国、澳大利亚、加拿大、英国和日本等国,国民核算中链式指数序列编制方法及相关问题的处理经验。

(一)美国国民核算中链式指数序列的实践方法

1. 季度和年度链式指数序列公式选择及其编制方法

美国劳工统计局国民收入和生产账户(NIPA)中均编制了年度和季度两类 Fisher 链式指数序列。其中,年度链式指数序列的编制方法为:以当

年和上一年度为权重编制环比指数序列,也即:

$$Q_{\text{Fisher}}^{y/y-1} = \sqrt{\frac{\sum p^{y-1}q^y}{\sum p^{y-1}q^{y-1}} \cdot \frac{\sum p^y q^y}{\sum p^y q^{y-1}}} \tag{7.67}$$

然后将其进行链式得到年度链式指数序列,也即按照直接法编制年度链式指数序列。

另外,季度链式指数序列以相邻两季价格或物量为权重,采用类似方法先编制环比季度指数序列,而后将其链接成链式指数序列。不过,其季度链式指数序列的编制只是针对非完整年份的,而当一年的四个季度全部结束后,就需要对指数序列进行相应的调整。而调整又分为两种情况:(1)当遇到修订年份时,需要对季度链式指数序列进行修订,以便其与年度链式指数序列保持一致性;(2)当该年介于两次修订期间时,则直接对该完整年份的四个季度链式指数序列进行平均,以获得年度指数序列。所以美国国民核算中季度链式指数序列的编制较为复杂,但本质上类似于前文的方法4。

2. 两类链式指数序列间的衔接性处理

从上述分析来看,为了实现季度指数序列与年度指数序列间的有效衔接,美国劳工统计局同时使用了两种衔接方法,当未经修订时,采用直接取平均数的方法进行衔接;而在修订年份,则采用基准化方法进行衔接处理。

3. 链式指数序列不可加性的处理

为了克服不可加性及数据修订对国民经济各子部门对总 GDP 增长率贡献测算的影响,美国运用下式进行相关贡献率的计算。

$$C\%\Delta_{i,t} = 100 \cdot \frac{(p_{i,t}/P_t^F + p_{i,t-1}) \cdot (q_{i,t} - q_{i,t-1})}{\sum\limits_{i=1}^{M} p_{i,t} \cdot q_{i,t-1}/P_t^F + p_{i,t-1} \cdot q_{i,t-1}}\% \tag{7.68}$$

其中,$t=c$(季度)或 y(年);P_t^F 为经济总体的理想环比价格指数;$p_{i,t}$ 为部门 i 在第 t 期的价格。

(二)加拿大国民核算中链式指数序列的实践方法

1. 季度和年度链式指数序列公式选择及其编制方法

在支出法不变价 GDP 核算过程中,从 2001 年秋季开始,加拿大统计局编制了季度链式 Fisher 物量指数序列,其基本过程为,先编制季度环比指数序列,然后对其进行链接以形成季度链式指数序列。而对于年度链式指数序列的编制,则通过对季度链式指数取算术平均得到。由此可知,加拿大使用了本书第5种季度链式指数序列编制的方法。

2. 两类链式指数序列间的衔接性处理

从加拿大统计局网站公开的信息来看,该国并没有编制真正意义上的年度 Fisher 链式指数序列,其年度链式指数序列主要通过对季度 Fisher 链式指数序列进行算术平均得到。因而,其统计局无需就季度指数与年度指数进行专门衔接,也不需要对季度指数进行基准化处理(Baldwin,2004)。

3. 链式指数序列不可加性的处理

对于链式指数序列的不可加性,加拿大统计局采用与美国类似的处理方法。

(三)澳大利亚国民核算中链式指数序列的实践方法

1. 季度和年度链式指数序列公式选择及其编制方法

从 1998 年开始,澳大利亚统计局在国民核算中,运用拉氏公式分别编制了年度和季度链式指数序列。其中,季度链式指数序列采用前文的年度重叠法进行编制,年度链式指数序列则采用前文的直接法进行编制。

2. 两类链式指数序列间的衔接性处理

由于按照年度重叠法编制的季度链式指数序列可直接与年度链式指数序列进行衔接。因而,澳大利亚统计局通过对季度链式指数序列取算术平均实现与年度指数的衔接。

3. 链式指数序列不可加性的处理

澳大利亚统计局关于链式指数序列不可加性的处理方法为,依据指标总量及其各组成部分上年度、当年度的价值与它们上年简单的价格缩减指数的乘积为参考,对总量和各组成组分的物量值进行重新调整。这相当于将每一个季度环比物量时间序列值除以上年度链式物量值,然后再乘以上年的价格,进而计算各组成部分对总 GDP 的贡献率。

(四)英国国民核算中链式指数序列的实践方法

1. 季度和年度链式指数序列公式选择及其编制方法

从 2003 年开始,英国在国民核算中编制链式指数序列,其指数的编制采用拉氏指数公式。具体地,年度链式指数序列采用直接法进行编制,季度链式指数序列采用季度重叠法进行编制。另外,英国还编制了月度链式指数,并与季度链式指数所使用的权重相同。

2. 两类链式指数序列间的衔接性处理

英国统计局依据全年的完整数据编制了基准化的季度链式指数序列,以实现两类链式指数的衔接,同时还使得季度链式指数序列的漂移性得以较大程度的控制。而对于月度指数与季度指数的衔接,实行季度链式指数与年度链式指数基本一致的衔接方式,以实现不同频率链式指数序列间的有效衔接。

3. 链式指数序列不可加性的处理

对于链式指数的不可加性,英国国家统计局国民经济核算协调司工作人员认为,对于年度链式指数序列,有些年份指数的可加性可能难以满足,不过其不可加性的程度还有赖于所选择的链接方法(Tuke and Rfeed,2001)。因而,英国对其链式指数不可加性的处理,可能依据实际情况采取了较为灵活的解决方式。

(五)日本国民核算中链式指数序列的实践方法

1. 季度和年度链式指数序列公式选择及其编制方法

从 2004 年第二季度开始,日本在国民账户中正式使用链式指数。不过早在 2001 年,日本内阁府已经就链式指数在国民核算中的应用进行了试编,并公布了链式指数序列值以供参考。之后,从 2004 年 4 月开始,关于SNA 的咨询委员会及其进行相关方法研究的附属委员会成立,正式就链式指数序列方法的应用等相关问题做了进一步的深入研究。对于链式指数序列的公式的选择,日本内阁府同时使用了两类指数,也即测算物量时,使用拉氏公式;而在进行价格缩减时,则使用帕氏公式。其中,年度链式指数序列使用直接法进行编制,季度链式指数序列则按季度重叠法进行编制。另外,内阁府还同时编制了定基指数以供参考。

2. 两类链式指数序列间的衔接性处理

对于这一问题的处理,日本内阁府使用了与英国相同的衔接处理方法,此处不再赘述。

3. 链式指数序列不可加性的处理

日本内阁府分别针对年度、季度数据中各组成部分对 GDP 相关贡献率采用如下处理方式。

以日历年份为基础的各组成部分对 GDP 年度和季度增长率的贡献率分别为：

$$\% \Delta_{i,y} = 100 \cdot \frac{p_{i,y-1} \cdot q_{i,y-1}}{\sum_M p_{i,y-1} \cdot q_{i,y-1}} \cdot \left(\frac{q_{i,y}}{q_{i,y-1}} - 1 \right) \tag{7.69}$$

$$\% \Delta_{i,c} = 100 \cdot \frac{p_{i,c-1} \cdot q_{i,c-1}}{\sum_M p_{i,c-1} \cdot q_{i,c-1}} \cdot \left(\frac{q_{i,c}}{q_{i,c-1}} - 1 \right) \tag{7.70}$$

其中，M 为总部门数；$q_{i,y}$、$q_{i,c}$ 分别表示第 i 部门第 y 年、第 c 季度的产出；其他式子含义与此类似。对于按照比例 Denton 基准化得到的(季度、年度)加总的增长率与其按照各组成部分初始值算得的增长率之和所产生的差异，内阁府将其按照比例分配给各组成部分；而对于各组成部分而言，其年平均贡献度则通过将它们各自季度的贡献度乘以 4 得到，对于其与上述按照各组成部分初始值算的(各季度)增长率之和间的差值，同样采用比例法分配给各个季度。①

二、各国链式指数序列实践经验的比较

1. 各国链式指数序列公式的选择性问题

结合本书以及 Schreyer, P.(2004)介绍的情况来看，除了美国和澳大利亚(在支出法不变价 GDP 核算中)选用 Fisher 指数公式外，实践中绝大多数国家在国民核算中都选择拉氏指数公式。由此可知，尽管超越指数具有一系列的优良特征，但其应用性还是会受到很大的限制。因而，国民核算实践中，对于指数公式的选择并不十分重要的情况下，各国偏向于选择实用性较强的指数公式，例如拉氏指数公式。

2. 各国季度链式指数序列编制方法的选择性问题

从季度链式指数序列编制方法的选择来看，美国和加拿大分别选择了各方面要求均相对较高的方法 4、5；而澳大利亚、英国和日本则分别选择了

---

① 此外，日本内阁府还就各部分对 GDP 同比季度增长率的贡献度进行了计算，此处不再详述，有兴趣可以访问日本内阁府网站进行详细了解。

年度和季度重叠法。

结合这些国家关于上述方法的选择来看,基本上遵循了在现有的条件下选择更为合适指数公式的思路。

3. 链式指数序列衔接性及可加性实践的比较

首先,对于季度与年度链式指数序列衔接性的处理,美国先后使用了直接法和基准化方法,其过程显得较为复杂,但不乏严谨;加拿大则并没有进行专门的衔接性处理;澳大利亚统计局则使用直接法进行衔接,但其中的算术平均法显得有些不妥;另外,英国和日本则使用基准化方法进行相关衔接。由此可知,固然直接衔接法具有一定的实用性,但基准化方法的应用则显得更为普遍和重要。

其次,对于可加性的处理,各国使用的方法较为类似,也都较为复杂。不过,其中日本的处理方法则显得更为完整和充分。

第四节　中国 GDP 中指数序列问题与改进方向

一、中国 GDP 中指数序列的编制方法及问题

(一)中国 GDP 中指数序列的编制方法

中国 GDP 主要从生产法和支出法的角度来核算,其中对于不变价 GDP 的核算,主要使用相应的价格指数或物量指数分别对现价 GDP 进行缩减及外推得到的。因此,实践中需要编制有关的物量指数(又称生产指数)和价格指数(又称缩减指数),而这两类指数又与总值指数一起构成相应的指数体系。也即:

$$V = \frac{\sum_{i=1}^{n} p_i^1 q_i^1}{\sum_{i=1}^{n} p_i^0 q_i^0} = Q_L \cdot P_P = \frac{\sum_{i=1}^{n} p_i^0 q_i^1}{\sum_{i=1}^{n} p_i^0 q_i^0} \cdot \frac{\sum_{i=1}^{n} p_i^1 q_i^1}{\sum_{i=1}^{n} p_i^1 q_i^0} = Q_P \cdot P_L = \frac{\sum_{i=1}^{n} p_i^1 q_i^1}{\sum_{i=1}^{n} p_i^1 q_i^0} \cdot \frac{\sum_{i=1}^{n} p_i^1 q_i^0}{\sum_{i=1}^{n} p_i^0 q_i^0}$$

$$(7.71)$$

由上述指标体系可知,在给定总值指数的情况下,帕氏价格指数及数量

指数与拉氏物量及价格指数互为"暗含指数"[①]。目前,中国主要先编制帕氏价格指数[②],再用价格指数缩减相应的总值指数,间接给出暗含的 GDP 物量指数。

实践中,为了更好地反映各行业价格结构的不断变化对经济的影响,目前中国对不变价 GDP 核算所用到的指数每隔 5 年调整一次指标基期。相应地,其年度帕氏价格指数和暗含的拉氏物量指数分别为:

$$P_p^{t+y_0/y_0} = \frac{\sum_{i=1}^n p_i^{t+y_0} q_i^{t+y_0}}{\sum_{i=1}^n p_i^{y_0} q_i^{t+y_0}}$$

$$L_q^{t+y_0/y_0} = \frac{\sum_{i=1}^n p_i^{t+y_0} q_i^{t+y_0}}{\sum_{i=1}^n p_i^{y_0} q_i^{y_0}} / P_p^{t+y_0/y_0} = \frac{\sum_{i=1}^n p_i^{t+y_0} q_i^{t+y_0}}{\sum_{i=1}^n p_i^{y_0} q_i^{t+y_0}} \qquad (7.72)$$

其中,年份 $t=1,2,3,4,5$(下同);基期 $y_0=2000,2005,2010,\cdots$。

另外,第 s 季度定基指数主要通过"(上年同期现价增加值÷上年同期不变价增加值)×当期价格指数"进行编制,其数学表达式为:

$$P_p^{(s,t+y_0)/y_0} = \frac{\sum_{i=1}^n p_i^{s,t-1+y_0} q_i^{s,t-1+y_0}}{\sum_{i=1}^n p_i^{y_0} q_i^{s,t-1+y_0}} \cdot P^{s,t-1+y_0} \qquad (7.73)$$

其中,$P^{s,y}$ 表示第 y 年第 $s(s=1,2,3,4)$ 季度当期(环比)价格指数。

由此可知,中国国民核算中的季度定基指数具有同比指数和链式指数的双重特征。

(二)指数序列的相关问题

从现实情况来看,目前中国国民核算中指数的编制存在以下问题:

(1)不同基期的指数序列缺乏必要的衔接,造成居民解读和应用上的不便。目前,中国国民核算中编制的是每 5 年更换一次基期的定基指数,而实践中往往需要将这些不同基期的序列进行链接,以形成一个完整或具有统一指数参考期(指数被确定为 100 的时期)的定基指数序列。目前中国统

---

① 根据指数体系的内在联系,人们常常利用已知的指数去推算未知的指数,后者被称为前者的"暗含指数",更详细的信息可参考杨灿:国民经济核算教程(第九章)[M],中国统计出版社,2008 年第 1 版。

② 具体包括总产出怕是价格指数和中间消耗的价格指数。

计局并没有就其不同基期的指数序列进行必要的链接,从而导致不变价 GDP 采用分段编制和公布(见表7.3),这一处理方法在国际上也并不多见。其影响是导致不变价 GDP 历史数据序列间缺乏相应的可比性及用户对数据的使用与理解上的困难。

表 7.3　2000—2009 年中国不变价 GDP 数据　单位:亿元

年份	国内生产总值						指标基期
		第一产业	第二产业			第三产业	
				工业	建筑业		
2000	99214.6	14944.7	45555.9	40033.6	5522.3	38714.0	2000 年
2001	107449.7	15363.2	49401.5	43504.6	5896.9	42685.0	
2002	117208.3	15808.7	54257.3	47842.2	6415.1	47142.3	
2003	128958.9	16203.9	61132.7	53942.5	7190.2	51622.2	
2004	141964.5	17224.8	67926.1	60151.3	7774.8	56813.6	
2005	158020.7	18125.8	76133.1	67114.7	9018.4	63761.8	
2005	184937.4	22420.0	87598.1	77230.8	10367.3	74919.3	2005 年
2006	208381.0	23541.0	99328.5	87175.1	12153.4	85511.6	
2007	237892.8	24422.4	114290.6	100170.1	14120.5	99179.7	
2008	260812.9	25735.9	125579.7	110117.4	15462.2	109497.4	
2009	284844.8	26812.6	138062.7	119731.4	18331.3	119969.4	

资料来源:国家统计局网站。注:中国国家统计局网站上公布的不变价 GDP 分别使用了 1970 年、1980 年、1990 年、2000 年和 2005 年等基期,上表只是摘取部分数据进行说明。

根据中国国家统计局公布的不变价 GDP 数据来看,一般在更换基期的年份,例如 2000 年、2005 年及 2010 年等,都会同时公布按照两种价格计算的不变价 GDP,在没有同时公布统一基期的不变价 GDP 的情况下,这一方法将会使得普通民众、学者和专家对数据的解读和应用带来极大的不便。

(2)每五年换基的定基指数存在较大的替代偏误,容易导致 GDP 增长率的误算。根据指数理论,由于经济行为中的替代效应,一般而言,帕氏价格指数和拉氏物量指数可能分别会导致其指标值比实际值偏小和偏大,并且这种偏差会随着时间的推移而增加。从这一角度来讲,使用缩减法和外推法核算的不变价 GDP 均有可能会被高估。

由此可知,尽管通过不断地更新权重基期能够在某种程度上解决权偏误和替代偏误,但新的问题又会随之产生。因而,从长远来看,定期地更新权重基期并非权宜之计,要想从本质上提高国民核算中指数序列的数据质量,中国有必要转向链式指数的编制。

二、中国 GDP 中指数序列的优化对策

(1)中国有必要在 GDP 核算中转向链式指数的编制。但我们仍然需要了解链式指数的基本特征,尤其是其漂移性问题。由适时更新权重的环比指数链接而成的链式指数几乎都具有链漂移性,实践中不宜过分关注其链漂移,否则将致使问题复杂化。目前已经知道的拉氏、帕氏和超越链式指数等都存在不同程度的链漂移,而且最近极受关注的(R)GEKS 链式指数,显然也是存在链漂移性的。另外我们应该注意到,在相同条件下,超越链式指数和(R)GEKS 链式指的漂移性可能会更小。然而这些链式指数往往会存在实践编制上的困难,尤其是(R)GEKS 链式指,该指数的样本单位的匹配性是极其棘手的问题,其对数据要求相当高,国民核算中显然不适合于编制该链式指数。但也需要认识到,随着权重更新频率的不断提高,上述一系列链式指数间的差异也在不断缩小,相应地指数公式选择的重要性也在不断降低。基于上述原因,尽管我们需要关注链式指数的链漂移,但不必过于警惕。

(2)国民核算中对于链式指数的构造,在条件未成熟之前,可以先选择拉氏或与之对应的帕氏指数。首先,Fisher 链式指数对数据的要求相对较高,其次在实践应用中,后者也存在更为明显的不足;再次,Dumagan(2010)的研究显示,Fisher 链式指数仅仅具有近似上的可加性。因此,国民核算中,构建拉氏链式指数或与之对应的帕氏链式指数或许更为可取。事实上,从目前国际上的情况来看,仅有美国在国民核算中系统性地编制了 Fisher 链式指数,而加拿大则仅仅在支出法的核算中才使用 Fisher 指数。

(3)国民核算中,编制真正意义上的季度链式指数较为困难,选择季度重叠法或年度重叠法编制季度链式指数的方法或更为可取。实践中,这两种方法各有优劣,但具体做何选择,还取决于国民核算中对年度与季度账户两者的重视程度。当然,在经济统计水平不断提高并能获得较为准确的季度数据后,实践中编制基于季度环比指数下的链式指数是可行的。

(4)拉氏、帕氏和 Fisher 链式指数均存在 Dumagan(2010)提出的可加

性,国民核算中可以争取对其加以利用。目前各国针对传统意义上的关于链式指数的"不可加性",采用了较为复杂的处理方法,Dumagan(2010)关于链式指数可加性的应用将有助于简化其计算过程。

(5)在链式指数具体的编制方法上,中国可以借鉴例如日本和英国等发达国家的经验。例如,日本在选择编制链式指数之前,事先就进行了大约三年的测试,并成立了专门的研究部门。而且在转向链式指数的编制后,依然编制了相应的定基指数以供参考。

参考文献

一、中文

[1] 金勇进等.抽样技术[M].第2版.北京:中国人民大学出版社,2008.

[2] 帕尔·科夫斯著.夏一成、刘运哲、胡伏云译.夏一成校.指数理论与经济现实[M].北京:中国统计出版社,1990.

[3] 孙慧钧.指数理论研究[M].大连:东北财经大学出版,1998.

[4] 万大宁等.住宅消费对上海经济增长贡献度研究[M].上海:上海社会科学院出版社,2000.

[5] 王光远.会计历史与理论研究[M].福州:福建教育出版社,2004.

[6] 王建忠.会计发展史[M].第2版.大连:东北财经大学出版社,2007.

[7] 伍超标.统计指数的随机方法及其应用[M].北京:中国统计出版社,2001.

[8] 徐国祥.统计指数理论及应用[M].北京:中国统计出版社,2009.

[9] 徐强.基于指数的宏观经济价格与物量测度论[M].北京:中国财政经济出版社,2011.

[10] 许宪春.中国国民核算体系改革与发展(修订版)[M].北京市:经济科学出版社,1999.

[11] 杨灿.国民经济核算教程(国民经济统计学)[M].北京:中国统计出版社,2008.

[12] 约翰·伊特韦尔,默里·米尔盖特,彼得·纽曼 编.中译版.《新帕尔格雷夫经济学大辞典》[M].第二卷:E—J,北京:经济科学出版社,1992.

[13] 陈立双,祝丹.通胀的成本因素,传导机制及其区域差异——基于中国省际面板数据的实证研究[J].财经理论与实践,2013(1):67—71.

[14] 陈立双,祝丹,周宇驰.中国城镇居民分层CPI估计与比较[J].西部论坛,2014(3).

[15] 陈立双,祝丹.中国CPI编制方法与国际《CPI手册》及美国之比较分析[J].统计研究,2013(11):30—37.

[16] 陈立双,周宇驰.国民核算中链式指数序列编制方法、国际经验与借鉴[J],统计与信息论坛,2014(8):57—64.

[17] 范跃进,冯维江.核心通货膨胀测量及宏观调控的有效性:对中国1995—2004的实证分析[J].管理世界,2005,(5):6—13.

[18] 高艳云.CPI编制及公布的国际比较[J].统计研究,2009(9):15—20.

[19] 葛守昆.居民住房究竟是投资品还是消费品的经济学探讨——我国居民住房的属性判断与发展取向[J].现代经济探讨,2011(2):5—8.

[20] 何廉.三十年天津外汇指数及外汇循环[J].清华大学学报(自然科学版),1927(2):1361—1396.

[21] 黄燕,胡海鸥.核心通货膨胀衡量方法的比较研究[J].统计与决策,2006:141—143.

[22] 黄燕.核心通货膨胀率的界定与衡量[J].上海金融,2004(10):19—21.

[23] 简泽.中国核心通货膨胀的估计[J].数量经济技术经济研究,2005(11):3—13.

[24] 雷怀英.关于价格指数的质量调整问题探究[J].价格理论与实践,2008(12):56—57.

[25] 李永强,白璇,吴伶.关于居民购房是投资还是消费的理论思考[J].经济学动态,2008(7):29—32.

[26] 刘都庆.也论确定经济指数同度量因素的一般原则[J].统计工作通讯,1956(9):15—19.

[27] 刘建平.利用线性支出系统(LES)编制居民生活费用价格指数的研究[J].数量经济技术经济研究,1995(11):61—63.

[28] 龙革生,曾令华,黄山.我国核心通货膨胀的实证比较研究[J].统计研究,2008(3):20—26.

[29] 罗纪宁.消费者行为研究进展评述:方法论和理论范式[J].山东大学学报(哲学社会科学版),2004(4):98—104.

[30] 莫万贵.在CPI中体现住房消费成本变动的基本方法及国际比较[J].中国金融,2007(12):56—58.

[31] 石刚.提高CPI数据质量的编制技术研究评述[J].统计研究,2012(5):105—112.

[32] 孙慧钧.动态统计指数理论探讨[J].统计研究,2005(2):13—19.

[33] 孙慧钧.统计指数理论的再认识[J].财经问题研究,1995(7):52—58.

[34] 汤丹.中国核心通货膨胀的估计[J].经济评论,2011(5):39—46.

[35] 王健真.编制职工生活费指数的几个问题[J].统计工作通讯,1954(4):38—40.

[36] 王健真.论确定经济指数同度量因素的一般原则[J].统计工作通讯,1956(13):9—14.

[37] 王军平.住房消费在 CPI 中的权重亟须提高[J].价格理论与实践,2006
(2):33—35.

[38] 王少平,谭本艳.中国的核心通货膨胀率及其动态调整行为[J].世界经
济,2009(11):13—22.

[39] 王小波.超越指数综述[J].统计研究,1994(6):66—73.

[40] 吴慧,黄惠.解决经济指数同度量因素问题的一个途径[J].中国统计,
1956,23:004.

[41] 吴丕斌.对我国经济增长率计算方法的看法[J].经济研究,1999(4):
72—76.

[42] 徐强.CPI 编制中的几个基本问题探析[J].统计研究,2007(8):30—35.

[43] 徐强.价格指数编制中的 Hedonic 质量调整方法研究[J].财经问题研
究,2009(8):22—28.

[44] 徐唐龄.编制因素指数时遵循指数体系原则是否就是形式数学主
义?——"论确定经济指数同度量因素的一般原则"一文的商榷[J].
统计工作通讯,1956(22):7—8

[45] 许宪春.中国现行工农业不变价增加值的计算方法及其改革[J].管理
世界,2001(3):61—66.

[46] 杨灿,陈龙.基于效用函数和消费数据的动态价格指数测度[J].统计研
究,2011(10):98—102.

[47] 杨灿,陈龙.中国 CPI 与 PPI:因果关系和传导机制[J].厦门大学学报:
哲学社会科学版,2013(3):1—9.

[48] 杨灿,董海龙.基于国家标准学科分类的统计学科体系研究[J].统计研
究,2010(1):50—56.

[49] 杨灿,孙秋碧.国民核算中的指数序列问题研究[J].统计研究,2006
(6):74—79.

[50] 杨灿.经济指数理论问题研究[J].中国经济问题,2001(4):49—56.

[51] 杨灿.现代指数形式理论评析[J].厦门大学学报,2002(3):32—40.

[52] 杨灿.指数性质的数学检测问题[J].统计研究,1987(6):53—56.

[53] 杨灿,郑正喜.中国 CPI 偏差的估计[J].统计研究,2013(12):31—40.

[54] 赵红.GDP 核算中的价格指数及存在问题研究[J].统计研究,2005
(5):63—69.

[55] 赵留彦.通货膨胀、政府收益与社会福利损失[J].经济学(季刊),2008
(1):180—196.

[56] 赵昕东.基于 SVAR 模型的中国核心通货膨胀的估计与应用[J].统计
研究,2008(7):45—51.

[57] 中国人民银行武汉分行,国家统计局湖北调查总队联合课题组.关于建立中国核心 CPI 问题的研究[J].金融研究,2006(2):137—145.

[58] 周清杰.自有住房与 CPI 的关系之谜:来自欧盟价格指数改革的启示[J].宏观经济研究,2008(7):74—79.

[59] 朱启贵,段继红,吴开尧.国际油价向中国通货膨胀的传递及其影响因素研究[J].统计研究,2011(2):8—12.

[60] 焦鹏.现代指数理论与实践若干问题的研究[D].厦门:厦门大学博士学位论文,2008.

[61] 王力宾.特征价格指数研究[D].天津:天津财经大学博士学位论文,2006.

[62] 杨灿.指数基本理论问题研究[D].厦门:厦门大学硕士学位论文,1987.

[63] 张瑾.随机指数方法及其应用问题研究[D].厦门:厦门大学博士学位论文,2007.

[64] 国家统计局.流通和消费价格统计报表制度(2010 年统计年报和 2011 年定期报表).

二、英文

[1] Balk,B. M. . Price and Quantity Index Numbers Models for Measuring *Aggregate Change and Difference*[M].Cambridge:Cambridge Press,2008:1-2.

[2] Balk,B. M. . *Direct and chained indices:a review of two paradigms. Paper presented to the SSHRC International Conference on Index Number Theory and the Measurement of Prices and Productivity*[M].Vancouver,2004.

[3] Bryan,F. ,Stephen,G. . *Measuring Core Inflation,Monetary Policy*[M]. The University of Chicago Press,1994:195-219.

[4] Coleman,D. . *The Economy of Englang 1450-175*[M]. Ox-ford University Press,1982:23.

[5] Diewert, Heravi, S. , Silver, *M. . Hedonic Imputation versus Time Dummy Hedonic Indexes*[M]//Price Index Concepts and Measurement. University of Chicago Press,2009:161-196.

[6] Dow,J. P. . *Measuring Inflation Using Multiple Price Indexes*[M]. Department of Economics,University of California,Riverside,1993.

[7] EC,IMF,OECD,UN,World Bank. *System of National Accounts*[M]. United Nations,2008.

[8] I, Fisher. *The Purchasing Power of Money*[M]. London: Macmillan, 1922: 390-410.

[9] ILO, IMF, OECD, UNECE, Eurostat, and the World Bank. *Consumer Price Index Manual: Theory and Practice*[M]. Geneva: International Labour Office, 2004.

[10] Jehle, Geoffrey, A. , Philip, J. Reny. . *Advanced Microeconomic Theory*, 2/e[M]. Pearson Education India, 2006.

[11] Kostenbauer, K. . *Housing Depreciation in the Canadian CPI*[M]. Statistic Canada, Prices Division, 2001.

[12] Oosthuizen, M. . *Consumer Price Inflation across the Income Distribution in South Africa*[M]. Development Policy Research Unit, 2009: 1-65.

[13] Samuelson, P. A. . *Foundations of Economic Analysis*[M]. Cam-bridge, MA, Harvard University Press, 1947.

[14] VerSteeg, R. . *Early Mesopotamian Law*[M]. Durham, NC: Carolina Academic Press, 2000.

[15] Voughan, R. . *A Discourse of Coin and Coinage*[M]. England, 1675.

[16] Allen, R. G. . On the Marginal Utility of Money and its Application[J]. *Economica*, 1933(40): 186-209.

[17] Bagliano, F. C. , Morana, C. A. . Common Trends Model Of UK Core Inflation[J]. *Empirical Economics*, 2003(28): 157-172.

[18] Baldwin, A. . Chain Price and Volume Aggregates for the System of National Accounts[J]. *Price and Productivity Measurement*, 2004(6): 241-78.

[19] Baldwin, A. . Chain Price and Volume Aggregates for the System of National Accounts[J]. *Price and Productivity Measurement*, 2004(6): 241-78.

[20] Balk, B. M. . Axiomatic Price Index Theory: a Survey[J]. *International Statistical Review Revue Internationale de Statistique*, 1995: 69-93.

[21] Balk, B. M. . Divisia Price and Quantity Indexes 75 Years After[J]. *Department of Statistical Methods, Statistics Netherlands*, PO Box, 2000, 4000: 2270.

[22] Boumans, M. . Fisher's Instrumental Approach to Index Numbers [J]. *History of Political Economy*, 2001, 33(5): 313-344.

[23] De, Haan. J. , H, A. Grient. . Eliminating Chain Drift in Price Indexes

Based on Scanner Data[J]. *Journal of Econometrics*, 161, 2011, 36-46.

[24] Díaz, A. , Luengo-Prado, M. . On the User Cost and Homeownership [J]. *Review of Economic Dynamics*, 2008,11(3):584-613.

[25] Diewert, Alterman, W. F. , Feenstra, R. C. . Time Series Versus Index Number Methods of Seasonal Adjustment[J]. *Discussion Paper*, No:4-6,2004.

[26] Diewer. Cost of living Indexes and Exact Index Numbers[J]. *Contributions to Economic Analysis*, 2009,288:207-245.

[27] Diewert. Exact and Superlative Index Numbers[J]. *Journal of Econometrics*, 1976,4(2):115-145.

[28] Diewert. The Consumer Price Index and Index Number Purpose [J]. *Journal of Economic and Social Measurement*, 2001,27(3):167-248.

[29] Diewert. The Early History of Price Index Research, in Essays in Index Number Theory [J]. *Volume 1. W. E. Diewert and A. O. Nakamura*, eds. Amsterdam: Elsevier, 1993:33-65.

[30] Diewert. The Treatment of Owner Occupied Housing and Other Durables in a Consumer Price Index[J]. *Manuscript, University of British Columbia*, 2003.

[31] Diewert. Hedonic Regressions: A Review of Some Unresolved Issues [J]. *Proceedings of the Seventh Meeting of the International Working Group on Price Indices(Ottawa Group)*, 2003,(3):27-29.

[32] Diewert. Time Series versus Index Number Methods of Seasonal Adjustment[J]. *Discussion Paper*, No:4-6.

[33] Dumagan, J. . Avoiding Anomalies of GDP in Constant Prices by Conversion to Chained Prices: Accentuating Shifts in Philippine Economic Transformation[J]. *Philippine Journal of Development* 35, 2008,1-28.

[34] Dumagan, J. . Computing Additive Chained Volume Measures of GDP Subaggregates[J]. *Discussion Paper Series*, Philippine Institute for Development Studies, Makati City, Philippines, 2010.

[35] Garner, T. , Johnson, D. S. , Kokoski, M. F. . An Experimental Consumer Price Index for the Poor[J]. *Monthly Labor Review*, 1996, 119(9):32-42.

[36] Good, D. H. , Sickles R, C. , Weiher, J. C. . A Hedonic Price Index for

Airline travel[J]. *Review of Income and Wealth*, 2008, 54(3): 438-465.

[37] Goodhart, C. What Weights should be Given to Asset Prices in the Measurement of Inflation[J]. *The Economic Journal*, June, 2001 (111): 335-356.

[38] Greenlees, J. S., Williams, E.. Reconsideration of Weighting and Updating Procedures in the US CPI[J]. *Bureau of Labor Statistics Working Paper* 431, 2009.

[39] Haan, J., Grient, H.. Eliminating Chain Drift in Price Indexes Based on Scanner Data[J]. *Journal of Econometrics*, 2011, 161: 36-46.

[40] Hansen, B., Lucas, E. F.. On the Accuracy of Index Numbers[J]. *Review of Income and Wealth*, 1984, 30(1): 25-38.

[41] Hausman, J.. Sources of Bias and Solutions to Bias in the Consumer Price Index[J]. *Journal of Economic Perspectives*, 2003, 17(1): 23-44.

[42] Hill, R. J., Melser, D.. The Hedonic Imputation Method and the Price Index Problem[J]. *Economic Inquiry*, 2006.

[43] Hobijn, B., Lagakos, D.. Inflation Inequality in the United States[J]. *Review of Income and Wealth*, 2005, 51(4): 581-606.

[44] Johnson, D. S.. Price Measurement in the United States: a Decade after the Boskin Report[J]. *Monthly Lab. Rev.*, 2006, 129: 10.

[45] Klevmarken, N. A., Grünewald, O., Allansson, H.. A New Consumer Price Index that Incorporates Housing[J]. *Journal of Economic and Social Measurement*, 2012, 37(3): 177-195.

[46] Konüs, A. A.. the Problem of the True Index of the Cost of Living[J]. *Econometrica*, Vol. 7, No. 1, 1939: 10-29, Reprinted in Translation from the Russian. First published in the Economic Bulletin of the Institute of Economic Conjecture Moscow, No. 9-10, 1924: 64-71.

[47] Lieu, P., Chang, C., Chang, J.. Inflation Rate Variations across Household: Empirical Evidence from Taiwan[J]. *International Journal of Business*, 2004, 9(1): 103-124.

[48] Martini, M. A.. General Function of Axiomatic Index Numbers[J]. *Journal of the Italian Statistical Society*, 1992(3): 359-376.

[49] McGranahan, L., Paulson, A.. Constructing the Chicago Fed Income Based Economic Index-Consumer Price Index: Inflation Experiences by Demographic Group: 1983-2005 [J]. *Federal Reserve Bank of*

Chicago Working Paper ,No. 2005-20,2006.

[50] Michael,R. T.. Variation Across Households in the Rate of Inflation [J]. *Journal of Money,Credit and Banking* ,1979,11(1):32-46.

[51] Moulton, B. R. , Stewart, K. J.. An Overview of Experimental US Consumer Price Indexes[J]. *Journal of Business & Economic Statistics* ,1999,17(2):141-151.

[52] Oulton,N.. Chain indices of the Cost-of-living and the Path-dependence Problem:An Empirical Solution[J]. *Journal of Econometrics* , 2008,144(1):306-324.

[53] Quah,D. Vahey S P,Measuring Core Inflation [J]. *Economic Journal* , 195(105):1130-1144.

[54] Reinsdorf,M. B.. Axiomatic Price Index Theory[J]. *Measurement in Economics:A Handbook* ,2007:153-188.

[55] Rodriguez,J. ,Haraldsen,F.. The Use of Scanner Data in the Norwegian CPI:The "new" Index for Food and Non-alcoholic Beverages [J].*Economic Survey* ,2006:21-28.

[56] Silver,Mick. ,Saeed,Heravi.. Why Elementary Price Index Number Formulas Differ:price Dispersion and Product Heterogeneity[J]. *Journal of Econometrics* ,2007,140(2),874-83.

[57] Triplett,J. E.. Should the Cost-of-living Index Provide the Conceptual Framework for a Consumer Price Index? [J]. *The Economic Journal* , 2001,111(472):311-334.

[58] Triplett,J.. Handbook Hedonic Indexes and Quality Adjustments in Price Indexes:Special application to Information Technology Products[J]. *Source ECD General Economics & Future Studies* ,2006.

[59] Tuke,A. ,Reed,G.. The Effects of Annual Chainvlinking on the Output Measure of GDP Australian Bureau of Statistics[J]. *Australian System of National Accounts Concepts ,Sources and Methods* ,2012,Edition 3,http://www. abs. gov. au/.

[60] Van,M. , Weide, R.. A Note on Different Approaches to Index Number Theory[J]. *American Economic Review* ,2008,98(4):1722-1730.

[61] Wynne,M. A.. Core Inflation:a Review of Some Conceptual Issues [J]. *Federal Reserve Bank of St. Louis Review* ,2008(5):205-228.

[62] Yu,K. ,Homme,P. M.. Econometric Issues in Hedonic Price Indices:the Case of Internet Service Providers[J]. *Applied Economics* , 2010

(42):1973-1994.

[63] Baldwin, A. , Nakamura, A. O.. Prud'homme M, Different Concepts for Measuring Owner Occupied Housing Costs in a CPI: Statistics Canada's Analytical Series[J]. *Price and Productivity Measurement: Volume 1-Housing*, 2009:151-160.

[64] Ivancic, L. , Diewert, Fox, K. J.. Scanner Data, Time Aggregation and the Construction of Price Indexes[J]. *Journal of Econometrics*, 2011, 161(1):24-35.

[65] Melser, D.. Accounting for the Effects of New and Disappearing Goods Using Scanner Data[J]. *Review of Income and Wealth*, 2006, 52(4):547-568.

[66] Afriat, Sydney, N.. *Computation of Consistent Price Indices*[C]. Presented at The 2008 European Meeting of the Econometric Society, Milan 27-21 August, 2008.

[67] Artsev, Y. , Roshal, V. , Finkel, Y.. *Consumer Price Indices-Measuring Across Households* [C]. Paper Presented at Nineth Ottawa Group Meeting on Prices, 14-16 May 2006.

[68] Auer, L.. *Questioning Some General Wisdom in Axiomatic Index Theory* [C]//World Congress on National Accounts and Economic Performance Measures for Nations, Arlington(VA). 2008.

[69] Baldwin, A. , Prud'homme, M. , Nakamura, A. O.. *An Empirical Analysis of the Different Concepts for Owned Accommodation in the Canadian CPI: the Case of Ottawa , 1996—2005* [C]. OECD-IMF Workshop, Real Estate Price Indexes, Paris, 2006.

[70] Diewert. *Hedonic Regressions: A Review of Some Unresolved Issues* [C]. Proceedings of the Seventh Meeting of the International Working Group on Price Indices(Ottawa Group), 2003, (3):27-29.

[71] Grient, H. , and Haan, J.. *The Use of Supermarket Scanner Data in the Dutch CPI*[C]. Paper Presented at the Joint ECE/ILO Workshop on Scanner Data, Geneva, 10 May 2010.

[72] Haan, J. , Krsinich, F.. *Scanner Data and the Treatment of Quality Change in Rolling Year GEKS Price Indexes* [C]//Meeting of the Group of Experts on Consumer Price Indices. 2012:36-46.

[73] Johannessen, R.. *Owner-occupied Housing in Norway: Why the Rental Equivalence Approach is Preferred* [C]. Eight Meeting of International

Working Group on Price Indices, Helsinki. 2004.

[74] Milana, C. . *Solving the Index-Number Problem in a Historical Perspective*[C]. Ppaper prepared for the EUKLEMS project funded by the European Commission, Research Directorate General as part of the 6th Framework Programme, 2009.

[75] Murphy, E. , Garvey, E. . *A Consumer Price Index for Low-Income Households in Ireland* (1989—2001)[C]. Combat Poverty Agency Working Paper, No. 04/03, 2004.

[76] Nygaard, R. . *Chain Drift in a Monthly Chained Superlative Price Index*[C]. Paper Written for the Joint UNECE/ILOs workshop on scanner data, Geneva, 10 May 2010.

[77] Ribe, M. . *Some Properties of the RGEKS Index for Scanner Data*[C]. Paper presented at Statistics Sweden's scanner data workshop, 7-8 June 2012, Stockholm, Sweden.

[78] Roberts, H. . *Laspeyres and His Index*[C]. European Conference on the History of Economics. 2000:20-22.

[79] Schreyer, P. . *Chain Index Number Formulae in the National Account*[C]. 8th OECD-NBS Workshop on National Accounts. 2004: 6-10.

[80] Bradley, R. , Cook, B. , Leaver, S. E. , et al. *An Overview of Research on Potential Uses of Scanner Data in the US CPI*[C]//Third Meeting of the International Working Group on Price Indices, Statistics Netherlands, Voorburg, April. 1997:16-18.

[81] Diewert, W. E. , Hill, R. J. . *Comment on Different Approaches to Index Number Theory*[R]. UBC Department of Economics, 2009.

[82] Diewert, Nakamura, A. O. . *Accounting for Housing in a CPI*[R], Discussion Paper, Federal Reserve Bank of Philadelphia, No. 09-4, 2009.

[83] Ehemann, C. . *Chain Drift in Leading Superlative Indexes*[R]. Working paper, 2005.

[84] Lippe, P. . *Notes on GEKS and RGEKS Indices*[R]. University Library of Munich, Germany, Archive Paper No. 42730, November 2012.

[85] Warne, A. A. . *Common Trends Model: Identification, Estimation and Inference*[A]. IIES, Stockholm, 1993.

[86] IMF. *Quarterly National Accounts Manual*: Concepts, Data sources, and Compilation: Chapter 9 Price and Volume Measures: Specific QNA/

ANA issues,2001.

[87] Milana,C.. *The Theory of Exact and Superlative Index Numbers Revisited*,Working paper no. 3,2005,EU KLEMS Project.

[88] Woolford,K.. *An Exploration of Alternative Treatments of Owner-occupied Housing in a CPI*,Paper Presented at the 9 the Keith Woolford Meeting of the Ottawa Group,London,14-16 May,2006.

[89] Bureau of Labor Statistics. *Price Measurement in the United States: A decade after the Boskin Report*[EBOL]. http://www. bls. gov/opub/mlr/2006/05/art2abs. htm.

[90] Bureau of Labor Statistics. *The Redesign of The CPI Geographic Sample*,http://www. bls. gov/mlr/1996/12/art2abs. htm.

[91] Cabinet Office. *How to Calculate Contributions to Percent Change in real GDP*,http://www. cao. go. jp/index-e. html.

[92] National Bureau of Economic Research. *Concepts and Methods of the U. S. National Income and Product Accounts*,http://www. nber. org/.

[93] Statistics Canada. *Guide to the Income and Expenditure Accounts*,http://www. statcan. gc. ca/start-debut-eng. html.

后　记

　　300多年前英国主教威廉·弗利特伍德关于货币购买力和商品价格变化的研究,开创了指数研究之先河。经过对指数理论与实践问题的长期研究和探索,人类形成了丰富系统的指数基本理论,并积累了大量解决实践问题的宝贵经验。如今统计指数的实践应用性极其广泛,并已经在各个社会实践活动领域落地生根,开花结果。

　　但统计指数在社会经济统计中的应用无疑是最为悠久和广泛的,而其中最具代表性的应用则非价格指数莫属。该指数是反映社会经济生活状况的"晴雨表",在国际范围内,作为关系国计民生的热点经济指标,其宏观经济分析与管理和微观决策等实践意义举足轻重,相应编制工作普遍受到各国政府的高度重视和社会各界的广泛关注。但经济现实中价格指数的编制则是一个极其复杂的系统性工程,实践中还面临着一系列难以解决的棘手问题,世界各国CPI编制的理论和方法水平也还远未达到社会公众所企盼的程度。就中国而言,在既往指数编制传统和现有价格统计条件下,CPI的实践编制问题往往以更为特殊的形式呈现出来,并常常引发社会公众的困惑、误解和研究者们的分歧、质疑。价格指数的重要实践意义及亟须解决的若干现实问题,激励着人们努力去做进一步的探索和研究。

　　指数理论是经济统计学中既传统又常青的研究课题之一,源远流长,积累丰厚。该书是在笔者的博士论文《CPI理论及中国之实践问题研究》的基础上修改而成的。同时也是厦门大学杨灿教授主持的教育部哲学社科研究重大课题攻关项目《中国居民消费者价格指数(CPI)的理论与实践研究》(项目批准号:11JZD019)和国家社科基金重点项目《中国产业关联特征及支柱产业研究》(项目批准号:11ATJ002)的阶段性研究成果,并分别获得有关课题(组)或实验室的资助和支持,在厦门大学经济学院、厦门大学国民经济与核算研究所、福建省统计科学重点实验室(厦门大学)完成。也正是在杨灿教授主持的这一重点项目的有关工作中,笔者才有幸步入指数研究领域,并逐渐对指数问题产生兴趣。在笔者攻读博士学位的四年间,以及在该书的选题、研究、撰写、修改到最后的定稿与出版过程中,始终得到了导师杨灿教授的深切关心和谆谆教诲。导师渊博的学识,严谨的治学态度、精益求精的工作精神,以及谦逊宽厚、平易近人的人格魅力对我影响深远。在此谨向我的导师致以崇高敬意和由衷感激,唯有继续刻苦努力,方能无愧于恩师的教导和期望。

另外,我还得感谢经济学院及统计系的各位老师,感谢高鸿桢教授、陈珍珍教授、陈建宝教授、钱争鸣教授、龚敏教授、刘榆教授、戴平生副教授等老师对我学习和学术研究上的教诲和指导。感谢文娟、陈龙、李小明、付荣、郑正喜等同门,以及统计系 2010 级博士班全体同学的友爱和帮助。感谢我的妻子祝丹女士,唯妻子无怨无悔,全力支持,无私奉献,我才得以最终完成学业。儿子聪明喜人,活泼可爱,多添欣慰。父母数十年含辛茹苦的抚养与教诲,如今两老鬓发已苍。惟以此文向家人致歉、致谢!

学无止境,书海无涯。由于笔者仅是粗浅研究,书中不足之处在所难免,恳请各位识者批评指正。

陈立双

2014 年秋于鑫荣嘉园